For my Taiwanese readers—

A heartfelt THANK YOU for being so receptive to my work. Ever since Faces began publishing me, your response to my books has been one of the great satisfactions of my life as a writer.

My memoir of my beginnings, as A WRITER PREPARES, is in some ways my most personal work. I hope you like it!

Lawrence Block
March 2022

致我的台灣讀者：

衷心感謝你們這樣欣賞我的作品。自從臉譜引介我到台灣，各位的反應讓身為作家的我，感到無比的滿足。

追記我踏入文壇之初的回憶錄，A WRITER PREPARES，從某些角度來看，是我最私密的作品。希望你們會喜歡。

勞倫斯·卜洛克

2022年3月

酒店開門之前

卜洛克的作家養成記

勞倫斯・卜洛克——著
LAWRENCE BLOCK

劉麗真——譯

LAWRENCE BLOCK
A WRITER PREPARES

卜洛克作品系列 5

酒店開門之前：卜洛克的作家養成記

A WRITER PREPARES

作　　者　勞倫斯・卜洛克（LAWRENCE BLOCK）
譯　　者　劉麗真
封面設計　沈佳德
行銷企畫　陳彩玉、楊凱雯
業　　務　陳紫晴、林佩瑜、葉晉源

出　　版　臉譜出版
發 行 人　凃玉雲
總 經 理　陳逸瑛
編輯總監　劉麗真
城邦文化事業股份有限公司
台北市中山區民生東路二段141號5樓
電話：886-2-25007696　傳真：886-2-25001952

城邦讀書花園
www.cite.com.tw

發　　行　英屬蓋曼群島商家庭傳媒股份有限公司城邦分公司
台北市中山區民生東路二段141號11樓
客服專線：02-25007718；25007719
24小時傳真專線：02-25001990；25001991
服務時間：週一至週五上午09:30-12:00；下午13:30-17:00
劃撥帳號：19863813　戶名：書虫股份有限公司
讀者服務信箱：service@readingclub.com.tw
城邦網址：http://www.cite.com.tw

香港發行所　城邦（香港）出版集團有限公司
香港灣仔駱克道193號東超商業中心1樓
電話：852-25086231　傳真：852-25789337

馬新發行所　城邦（馬新）出版集團Cite（M）Sdn. Bhd.
41-3, Jalan Radin Anum, Bandar Baru Sri Petaling,
57000 Kuala Lumpur, Malaysia.
電話：603-90563833　傳真：603-90576622
電子信箱：services@cite.my

一版一刷　2022年5月
I S B N　978-626-315-100-0

定價：420元
（本書如有缺頁、破損、倒裝，請寄回更換）

國家圖書館出版品預行編目（CIP）資料

酒店開門之前：卜洛克的作家養成記／勞倫斯・卜洛克（Lawrence Block）作；劉麗真譯. -- 一版. -- 臺北市：臉譜出版：英屬蓋曼群島商家庭傳媒股份有限公司城邦分公司發行, 2022.05
面；　公分. --（卜洛克作品系列；5）
譯自：A writer prepares
ISBN 978-626-315-100-0（平裝）

1. CST: 卜洛克（Block, Lawrence.）　2. CST: 作家
3. CST: 傳記　4. CST: 美國

785.28　　111003733

緣起

二〇二〇年三月三日
紐貝里，南卡羅萊納州

大家好。

此時，我正坐在書桌後，一棟距離紐貝里市中心幾條街外的閣樓公寓客房裡。這座城市位於首府哥倫比亞市西北三十五英里的地方。去年八月，我和我的妻子來到這裡，預計在紐貝里學院擔任一個學期的駐校作家。我的老朋友華倫・摩爾（Warrant Moore）在該校英語系當教授，已經有接近二十年的歷史。

我想在此實現我長久以來的夢想。我沒有拿過任何大學文憑。一般來說，擁有博士學位才能教大學；但我盡可以說，我寫作六十年，單就這履歷想來也足以勝任——而我唯一取得的畢業證書，來自水牛城路易斯・班內特高級中學（Louis J. Bennet High School）。如今的班內特高中是一所好學校；我在那裡的四年拿到了寶石榮譽胸針（Jeweled Honor Pin），畢業時還是一九五五年的班級幹部。

更是，請你讀下去就會知道，更是班級詩人。

我只是沒進入正式的教育系統而已。事實上，我投入很長的時間，從事寫作教育。從一九七六年到一九九〇年，每個月的《作者文摘》（*Writer's Digest*），都有我的連載專欄；這些年來，也出版了五、六本教導寫作的專著。一九七〇年代末期，我在安提阿學院（Antioch College）主持長達一週的講座；二十五年後，在凱利郡（County Kerry，譯註：在愛爾蘭）利斯托爾作家週的年度聚會，我也上過同樣的課程。

此外，還有「為你的生命寫作」（Write for Your Life）。那是我接觸到日後被稱為「人類潛能運動」（Human Potential Movement，譯註：興起於一九六〇年代的反文化運動，相信開發人類蘊藏在自身的潛能，便可激發出非凡的能量，增進滿足感）的某些活動，讓我在一九八〇年代興起為新銳作家開設體驗式講座的念頭。連續兩年，我跟妻子巡迴全國，將各種互動課程壓縮到一天之內，獲得巨大的迴響。（但只賺到場面，沒賺到錢。我算了好一會兒才發現，我們忙活了半天，每小時只賺進三毛五分錢。日後，我卻覺得這也不是壞事，如果這個講座收入不壞，我們可能被迫持續推動，但搞這兩年應該也夠了。計畫喊停之際，巡迴課程已經有點像是精神導師之旅。但我壓根不想扮演這種角色。）

所以，我並不是完全沒有教學經驗。一九八二年，我真的在紐約霍夫斯特拉大學（Hofstra University）擔任過兼職教授，每週搭乘長島火車到漢普斯泰德上課，應該是教授推理小說寫作吧。起初有三個學生選修，後來只剩一個，有關那次的教學經驗，我就只記得這麼多。他有沒有交習作給我？我有沒有什麼評語給他？

毫無概念。我只希望我那個學生，無論他可能是誰、無論他現在是什麼身分，最好不要想起我的教學內容。那些是應該拋諸腦後的糟粕。

於是，我來到紐貝里，感受複雜，相信你想像得到，我是來實現夢想的。我開設兩門課程：「小說寫作工坊」、「推理小說文獻研究」。從八月底到十二月初，每週二、週四上課——即便我不滿意教學成果，反正日後也沒人逼我再去教書。

我覺得我會喜歡，事實證明，確是如此。原本我擔心不知道自己在幹什麼，幸好，我的心裡還算明白。或多或少，我感受到你能夠預期的各種恐懼與希望，也許，還有一點別的什麼。

誠實的說，我沒想到我會愛上這所學校跟這個城市。我考慮過各種可能性，偏偏沒預料到二〇二〇年的秋天，我又重新拾回卜洛克教授的例行教學生涯。（我還是教兩門課，但都是寫作課。一門是秋季班寫作工坊的進階版——「藉由寫作，自我實現」，針對性向不適合寫作，或者對寫作本身不感興趣的學生開設。可以說是從「為你的生命寫作」的樹下，滾落得不算太遠的蘋果。）

我們還租了這間公寓。上課的那個秋天，我們就住在這裡；之後，就每隔一或兩個星期回到校園一次。我可以在賓州車站搭乘銀星號，一路南下，找個地方窩著，料理點事情。就像我現在這樣。

在我教書的第二個秋天，我安排出時間，跟李查・雷曼（Richard Layman）共進午餐。雷曼是達許・漢密特（Dashiell Hammett，譯註：「冷硬派」推理的開派宗師）傳記的作者，穩坐研究漢密特的第一把交椅。他特別開車從哥倫比亞過來，共進咖啡之際，他邀請我參加他跟太太聯合幫推理界自成一格的瘋狗——詹姆士・艾洛伊（James Ellroy，譯註：《鐵面特警隊》、《黑色大理花》電影原創者）舉辦的聚會。艾洛伊將在儀式中，把他的書稿、文件捐贈給南卡羅萊納大學圖書館典藏。

我起碼二十年沒見到詹姆士了，非常高興有這個機會跟他聊聊近況。我還跟李查說，我對於自己的文件，態度更率性，某些書稿賣給收藏家，剩下的就扔了。

他臉上的表情，讓我不由得閉上嘴。

我只好改口說，如果他能在大學有所安排，找出處理的人手，我也很樂意捐贈幾個紙箱的書稿、通信、合約以及在我手上的其他文件。

一個念頭勾起一連串的後續，跟南卡大學圖書館的伊麗莎白・蘇度斯（Elizabeth Sudduth）通過兩次電話後，我回到紐約，在垃圾桶、盒子、櫃子裡東翻西找，還沒完全整理完，就已經寄出三十個沉甸甸的紙箱到南卡去了。

裡面到底有些什麼，我並不十分清楚，也不太在意。我每寄一張紙頭給他們，我孩子將來就少扔掉一張。

整理檔案也沒什麼好處。我找到好些我寫了一半就扔到一邊的殘稿、幾個未完成的短篇；還有一個職業罪犯轉做警方線人的回憶錄。這是一個受人委託的創作，寫完之後，好幾個出版商都覺得不錯，也付了稿費，但受限於法律約束，無法出版。

我可能會把幾個短篇寫完吧，儘管我也不敢打包票。有兩本書，我也可能會處理一下，如果我判定版權清楚、值得出版的話。

然後，我找到第三本已經寫到一般書籍長度的初稿。我稱之為《酒店開門之前》（*A Writer Prepares*，譯註：這是這本回憶錄的原名），約有五萬字。在紐貝里盤桓的我，去到沃爾瑪買了一張帕森款桌（parson-style desk，譯註：一般放在客廳沙發前的長方形茶几，帕森學院設計，因此命名），自行組裝，著實費了不少力氣，用它來寫這篇「緣起」。

打開紙箱，抽出這篇手稿，我一定不會驚呼：「喔，我的天啊，怎麼還會有這個！」我不曾忘記這一篇，時時刻刻都在惦記。就在我翻箱倒櫃，幫南卡大搜尋文件的同時，我就知道我會找到《酒店開門之前》的草稿。我記得這篇稿子，是我在伊利諾州雷格戴爾（Ragadale）藝術聚落小住的時候，情緒澎湃，用盡一個星期寫成的。我記得那種無論是體能、心智或是情緒，都被耗得一乾二淨的虛脫。即便是我返回紐約，都還是個空殼子，難以復原。

我想我應該冷卻一下，擱一擱。這一擱就是二十五年。

這是怎麼了？我不大確定，心裡沒個準，無法解釋這種異樣的感受。反正我就是不願意再承受在雷格戴爾經歷的苦楚。創作時異常帶勁，一個星期的時間栽進過去，卻把我整個人都淘空了，強迫自己回顧某段歷史，稱不上是什麼賞心樂事。

「當你凝視深淵，」尼采（Friedrich Wilhelm Nietzsche）告訴我們，「深淵也同樣凝視著你。」我不確定這句話是什麼意思，覺得尼采可能自己都說不出個所以然來，但我喜歡這句話的語調。我深度感激能有一整個星期，凝視我自己獨特的深淵——但絕不意味著我願意審視過去，久久不忍回眸。

這當然也不構成扔掉這篇初稿的理由。遇到這種進退兩難的時候，有一招倒是派得上用場，就是找我當時的經紀人諾克斯．柏格（Knox Burger），接下來，你會讀到，就是他在金獎（Golden Medal）當總編輯的時候，買下我第一篇犯罪推理小說。之後，他改行當文學經紀人，在某個時機點，改做我的經紀人。好幾次，我拿著不知道該怎麼辦的稿子給他看，他幾乎都會很委婉的告訴我，做點別的事情去吧。如果我想中斷某個寫作計畫，諾克斯是很牢靠的，肯定會遞給我一個衣架子。（作者按：以前，墮胎還是違法的行為，情急之下，有些女生甚至會把鐵線衣架子拆開，自力救濟。）

但這次不是。他覺得這個起手式很有趣，值得寫完。可能不大容易登上暢銷書排行榜，但讀來妙趣橫生，有機會出版。

那時，剛巧也是他跟威廉·莫羅（William Morrow）出版社，協議新約的當口。莫羅出版正在編輯我的馬修·史卡德（Matthew Scudder），希望能持續出版這個系列。他建議打包出售——兩或三本史卡德新書，外帶這本《酒店開門之前》。既然如此，我能不能從雷格戴爾返回紐約的時候，帶一篇「序言」給他們呢？

我可以啊，於是乒乒乓乓的打了五六頁，也就是你等會兒會看到的「序言」。你還會發現有一小段收尾的文字，括弧裡是這樣寫的：

〔請注意：這篇序言預計在正文殺青後修訂，屆時，內容非常可能會改頭換面。〕

你想呢？

諾克斯跟莫羅達成協議。但我忘記條款內容，只記得接下來的三年到四年間，我要交給他們三本小說跟一本回憶錄。從數字看來，他們準備通融《酒店開門之前》，用來換三本史卡德小說。回憶錄的簽約金相當可觀，但其他三本小說的稿酬更加驚人。

我記得這本回憶錄的預付款是三萬五千美元。簽約交付一半費用，剩餘的款項在書稿交寄、修改到出版社滿意後支付。

他們始終沒有支付尾款。因為我再也沒有處理這本回憶錄了。我依約完成三本史卡德小說，又替另外一家出版社創作柏尼．羅登拔（Bernie Rhoderbarr）雅賊系列。但始終沒有再看《酒店開門之前》一眼，更別說接著往下寫了。就這麼拖拖拉拉，莫羅出版社也沒有逼我交稿；直到某個時間點，態勢很明顯，這本書僵在那裡，無以為繼了。

所以，我收回這本書的版權。我不記得我開過支票，比較可能是出版社從新作稿酬中，直接扣除回憶錄的訂金。

破財消災。不管金額是多少，就此鬆一口氣。我最討厭欠人家什麼東西。雖然不至於徹夜難眠，但無債一身輕，通體舒泰。已經好多年了，我都不願意依照出版界的慣例，創作殺青前，就跟出版商議約；而是把書寫完，再把成品交給出版商，我因而快樂得多。

《酒店開門之前》半途而廢，心裡也沒什麼疙瘩。我想得明白：就算我把書交了，莫羅出版社裡面，也沒有任何人會特別重視。在我腦海裡，這個想法不斷湧出：這本書束之高閣，忘了有這麼件事情，從此皆大歡喜。

我真的這麼做了。

我知道這本書的下落，就在櫃子的一個牛皮紙袋裡，距離書桌幾步之遙。隨時都可以寫完，什麼時候想看，找出來看就是。

但我始終沒有動手。

直到去年十二月，我返回紐約，開始整理資料，準備捐給南卡大。它又出現了，這當然是意料中事。接連幾天，我坐在那個牛皮紙袋前；終於，我把書稿抽出來，端詳良久。浮現的時機，恰到好處。在紐貝里，不同因素輻輳出難以想像的生產力。除開兩本合集（其中一本還是我的自選集）的序言之外，並沒有發表什麼值得一提的作品。但在這段期間裡，我組裝好一本選集、一本著手執行；連我自己都不敢置信的是：這是兩個塵封已久的計畫，沒想到還有推進的可能。

其中一本集結我非小說的作品——多年來的旅遊雜記、給紐約市的情書、懷念我母親的感言、蒐集地鐵舊車廂以及寫完這個換那個的序言。我自費出版《我們生命的罪行》（*The Crimes of Our Lives*），這是歷年來我為推理小說撰寫的評論。我一直考慮找個合適的時間，編纂推理小說之外的雜文。在書桌上，好些候選文章收在檔案夾裡，但我一直沒有開工。

類似的作品還有我從二〇〇九年秋天起，連續三十三個月，在《林氏郵票新聞》（*Linn's Stamp News*）上發表有關集郵的專欄文章。我蒐羅前面的二十幾篇，以電子書的方式發行，之後，就沒有進一步的動作了。我一直覺得，我應該把整個系列整理出來，完整問世，同時發行電子書跟紙本。

待我搭火車返回紐約之際，這兩本書都處理好了。預計年底同時發行、銷售。難以置信。

於是，再次打量四分之一個世紀，被拋在腦後的這本書，我突然很想看看它究竟有怎樣的潛力。我涉足個人出版，已經頗有成績，不再需要看出版商的臉色，也不擔心要如何調整風格，爭取他們的首肯。我只想把這本書寫成我想要的樣子。

我開始閱讀，很高興發現自己還滿喜歡的。我開始了解為什麼當年諾克斯沒有勸我棄守；只是不明白為什麼這麼多年來，終究不願意把這本書寫完。多半無關乎寫作本身，而是執筆者出了問題。

我覺得是年齡跟閱歷無法匹配的緣故。

根據我的觀察，有關這種年輕歲月的書寫，需要一個輕到還記得、老到不在乎的年紀——想清楚過去應該揭露多少，別人的回應又要保留多少。當時的我夠年輕，如今的我，翻閱當年的文字，已經不太在乎讀者會怎麼想了。但，很明顯的，當時的我會擔心某些事情，於是，怒濤澎湃的創作能量打了退堂鼓。完成五萬字，決定停筆喘口氣，內心的顧慮擅下結論：夠了就是夠了。

我現在年長得多。

只是現在該怎麼辦？

最簡單的方法就是直接出版我在一九九四年寫下的段落，不管字數多少。問題是：這五萬字有頭沒尾，寫我早年的經歷，卻嘎然而止；總不好說，我結束了雷格戴爾的短暫停留，就此擱筆吧？等我回家，有機會，再在記憶的長巷裡，繼續我的漫步。

當然，非常可能我就此罷手。

大家可能會想起塞謬爾・泰勒・柯立芝（Samuel Taylor Coleridge，譯註：英國浪漫派大詩人）從鴉片館裡出來，走進迷離的夢境，滿腦子絕妙好詩。於是開始創作，靈感泉湧，汩汩流出，寫得忘我之際，文學史上著名的一幕發生了，來自波洛克的某人意外造訪，打斷了他的思緒。

結果就是如此。詩句永絕，《忽必烈汗》（*Kubla Khan*）就留下那麼幾句。

這當然不是說雷格戴爾就是上都（Xanadu，譯註：上都是元朝的夏都，內蒙一帶，也是柯立芝《忽必烈汗》的開場），但兩者確有一點神似之處。柯立芝的這首詩寫於一七九七年，直到拜倫（George Byron）苦勸，才在一八一六年出版。在近二十年的時間裡，難道《忽必烈汗》也被收進牛皮紙袋，放在櫃子裡嗎？不是的。柯立芝不時拿出來，朗誦給陸續到訪的嘉賓欣賞。

我想，裡面應該沒有人來自波洛克吧。

他有沒有做一點小小的修改呢？賣給書商約翰．莫雷（John Murray）的時候，有沒有潤飾過呢？

除了校正錯別字、偶爾修改不通順的句子，我一直在抗拒誘惑——要不要讓原稿的文字看起來更老練？——倒不是因為原稿無懈可擊，而是我實在無法用二〇二〇年的神奇纖維，去修補一九九四年留下來的破洞。

如果這違反了藝術的整體性，對不起，我道歉。

這就是呈現在讀者眼前的表現形式。有點像是俄羅斯套裝娃娃，每個娃娃打開，裡面還有一個更小的娃娃。八十一歲的老頭，搜索枯腸，介紹五十五歲的自己登場。他還要告訴你，在記憶中，他十來歲到二十來歲的時候，有過怎樣的經歷。

三個不甚牢靠的敘事者，組成的三頭馬車。

也許吧。不管了。接下來的五萬字是我從伊利諾州帶回家的原稿。待你讀完之後，先看它把我們帶到什麼地方。

序言

一九九四年春
紐約市

我沒料到會寫這篇。

一九九二年十一月，一個名喚吉姆・希爾斯（Jim Seels）的傢伙找上正在南加州舉辦簽書會的我，提議替我的作品編本書目。我同意合作。計畫進行中，我接到他的電話。「我現在需要的是，」他說，「給我一份你的筆名清單，用什麼名字發表過哪些作品。」

我委婉解釋，這點斷無可能。我挺樂意讓人知道我用保羅・卡凡納（Paul Kavanagh）寫過三本書；奇普・哈里森（Chip Harrison），四本，再版的時候也都改回本名。但早期匿名發表的那批，我不想提，理由不及備載。

「你的書迷會想知道。」希爾斯說。

我引用「滾石」合唱團的名句回覆：「不是你想要的任何東西，都能到手。」那天晚上，我伏案寫下一千兩百字的短文說明我的筆名以及為什麼至今不願意承認。我解釋說，在寫那些東西的時候，是多麼心不在焉；編輯又是多麼低能，印出來的文字比從我打字機裡抽出來的初稿還差；出版商又是怎麼胡亂的把我的筆名栽給別人，或者把別人的名字冠在我的作品上。許多年來，我一直雇用影子寫手（ghost writers），好些作品儘管用我的筆名，其實是其他作家刻意模仿的代筆，別說寫，連看都不曾看過。

我把這篇短文寄給希爾斯。他相當喜愛，決定將這篇短文放進書目中。態勢很明顯，他傾向我把最誠實的一面交代明白，面對讀者。

幾個月之後，厄尼．布洛（Ernie Bulow）進城來。厄尼是作家、小型出版商，也從事印地安特產品交易，活動基地在新墨西哥州的蓋洛普（Gallup），還跟東尼．席勒曼（Tony Hillerman）合寫了一部很精采的書，《推理小說開講》（*Talking Mysteries*）。他曾經推出這本書的限量版，後來委請新墨西哥大學出版社發行一般版。這本書賣得很不錯，還得到愛倫坡獎的提名。厄尼想乘勝追擊，再推出五本系列作品，其中一本跟我合作。我們準備叫它《收工之後》（*After Hours*），包括幾個長篇訪談、兩篇零碎散文，外帶一篇我首次刊行的短篇小說。

我們坐定，他架好錄音設備。第一次的訪談沒有什麼進展，在他提及我的匿名作品之後，陷入僵局。我把給希爾斯的那篇短文做成摘要，請他參考，解釋我為什麼不想觸及這個課題。

「但是有人就是想要弄個一清二楚。」他說。

「在地獄裡的人當然想喝杯冰水。」我說，借用我岳母的著名口頭禪。

「聽仔細了，」他說，「好多人知道你以前用過哪些筆名，還有人做過研究呢。」他給我一張附有註釋的書目，來自一個平裝本書商，林恩・孟羅（Lynn Munroe），大約三十頁，蒐羅兩百本，有的只有一行，有的寫了好長一段文字，解釋那本來歷不明的書，為什麼被認定出自我的手筆。

我跟厄尼重申我的立場：我不會證實或者否認這批匿名的作品是我寫的；但把這批書，遞到我面前，我不會簽名，更不想坐下來討論。他費盡唇舌勸我改變心意，最後還是客客氣氣的放棄了。

我們天南地北的聊了好幾小時，結束前，我向他借閱林恩・孟羅的書單，他說，非常歡迎我拿去看看。

這反而折騰了我一個夜晚。書單上的某些書出自他人手筆，有些倒真是我寫的——只是這些年來，壓根忘得一乾二淨。光想弄明白哪些書是我寫的、哪些跟我沒半點關係，就把我累得半死。比方說，一九六〇年出版的《我賣愛》（*I Sell Love*），作者是莉慈．克羅利（Liz Crowley），「帝王圖書公司（Monarch Book Company），編碼ＭＢ五〇八……『人類行為系列』旨在寫實描繪妓女生活。其實就是卜洛克的創作。維克多．柏奇（Victor Berch）抽絲剝繭，清理出帝王圖書的作者群筆名，曾經提到有兩位作者要求他不要洩漏他們的筆名。根據我的訪談成果，這個二人組，就是卜洛克跟唐諾．威斯雷克（Donald Westlake）。威斯雷克在帝王圖書的匿名作品……相當透明，閱讀作者簡介不難分辨。現在就只剩下卜洛克了……我上次特別造訪了華盛頓ＤＣ的國會圖書館。跟床頭書（Nightstands）、米德伍德（Midwood，譯註：這兩家出版社的主力都是通俗小說，競爭相當激烈）不同的是：帝王圖書的版權註冊非常完整。這也就是為什麼我會知道《我賣愛》的真實作者是卜洛克的緣故。同時，莉慈還在第二十八頁提到她喜歡《鼙鼓雷鳴》（*A Sound of Distant Drums*）這部電影。四十六頁說她遇見了阿娜．莫希（Honour Mercy），肯塔基來的『蜜糖』，這個名字似乎來自於洛德與馬歇爾（Lord & Marshall，譯註：這是卜洛克與威斯雷克的筆名。卜洛克是薛爾頓．洛德〔Sheldon Lord〕，威斯雷克是亞倫．馬歇爾〔Alan Marshell〕）合著的《一個叫做蜜糖的女孩》（*A Girl Called Honey*），米德伍德編碼四十一。」

讀完這些，我的心情波濤起伏，激烈程度出乎想像。這些研究者異想天開，竟然能在子虛烏有的地方，挖掘出無中生有的意義，我也只能乾笑兩聲。有幾個筆名，他們分辨不出，我不禁暗自竊喜。但有種情緒，宛如千鈞之重，當頭壓來，突然間，我覺得掉進過去的陷阱中，難以自拔。

「總有這麼一天，」我跟我太太說，「我要把這段歲月寫清楚。」

「應該啊。」她很同意。

「時候未到。」我說，「我要等到那一天到來：年紀輕得還記得住，卻老得什麼也不在乎。」

上述的事情發生在一九九三年四月。十月，我參加鮑徹聚會（Bouchercon，譯註：每年一度的推理與偵探小說家聚會，安東尼・鮑徹是美國早期的推理小說作家），遇到一個叫做馬丁・霍克（Martin Hawk）的人，跟我推銷一本大部頭的筆名導覽。裡面當然有我，大部分（但也不是全部）用過的筆名，都找得到；還有幾個無關的名字，也掛在我的帳上。他告訴我，如果我能協助他釐清幾個錯誤，讓下一版更精準，他真的會感激不盡。我告訴他，這本導覽已經精準到有點討厭了。

「有一天我非得把這段經過寫清楚不可。」我告訴一兩個朋友。「但，時候未到。」

一九九四年二月，我前往雷格戴爾，位於伊利諾州湖邊森林的作家聚落。我有本書要寫，剛好在那裡埋頭工作，預計停留四週，頭兩週我就把進度趕出一半。寫到某個當口，我突然發現筆鋒走歪了。頭三分之一還可以，剩下的，我得刪掉，調整布局，重新開始。不妨等等吧，因為我並沒有準備好要徹底翻修。

剩下的時間要用來幹什麼？

首先，我想寫一個比較長的短篇小說，《穿著閃亮護具的凱勒》（*Keller in Shining Armor*）；然後考慮下一步。我收到奧圖．潘斯勒（Otto Penzler）傳來的消息，說他想要發行《作廢的捷克人》（*The Cancelled Czech*）精裝本。請我為這本一九六六年出版的作品，寫一篇序。不過，不急，他說。反正我也不知道要幹什麼，索性就先來寫序吧。

沒想到，寫這篇序竟是如此棘手。我開始回想創作譚納（Evan Tanner）的初期，《作廢的捷克人》是這個系列的第二本，那時候的我，過著怎樣的日子？序文寫到三分之二，我發現我已經準備妥當，準備在回憶的巷陌中，多盤桓一陣子——也就是說，我可以開始著手撰寫早期的回憶錄了。

那天晚上我沒怎麼睡，心思遨遊在不同地方。第二天醒來，一吃完早餐，立即工作，毫不誇張，半刻也停不下來。我只有在吃東西的時候休息會兒，然後馬上回去接著寫。午夜時分，我已經完成八千字了。腦筋還是一個勁兒的在轉，當晚睡得多差可想而知。

第二天我緊接著再寫。一個星期多一點的時間，我完成了五萬字。

就在我拿定主意當作家的同時，埃爾斯金・柯德威爾（Erskine Caldwell，譯註：美國小說及短篇故事作家，敘述的主題多半是他出身的南方，二戰之後，作品較少人問津）出版了他的自傳，《稱之為經驗吧》（*Call It Experience*）。一開頭就解釋，自傳只處理與作家有關的歷程。他說，他就要這麼寫，有興趣的讀者也只想知道這些吧。

我認為這番話說得很有道理。我也不想敘述太多個人瑣事，造成你不必要的負擔。更不想寫一本書，不小心侵犯到某人，尤其是我自己的隱私。

但，我曾經在別的地方說過，寫作是一種整體的探索；絕不只有指尖派得上用場，而是必須卯足全副心力。於是，這本書無可避免的，終究還是要揭露全部的自我。

這是我盡我所能，在此時，所能提供最誠實、最坦率的記錄。一年前，我多半無法下筆。如果我拖到以後的年頭才動手，可能無法把內心的大門敞得如此寬闊；但換個角度說，或許我就能把畢生的職志，思考得更加周詳。

〔請注意：這篇序言預計在正文殺青後修訂，屆時，內容非常可能會改頭換面。〕

1

一九九四年二月
湖邊森林，伊利諾州

一九五六年八月，我在中央車站下車；七個小時前，我在上大學前不曾離開的老家——水牛城上火車。我念的是安提阿學院，位於俄亥俄州黃泉村（Yellow Spring）。安提阿素來會——至今依舊有——開設建教合作的特色課程。每學年分成四學期，兩個學期在黃泉村上課，兩個學期則是透過建教合作部門張羅來的職缺，到外面工作。有的學生會利用這個機會攢點錢，但這不是重點；工作旨在提供學生真實世界的職場經驗，讓他們在掌握內情的前提下，選擇未來職涯，在起跑點，領先其他孜孜不倦的勞動階級。

校方鼓勵學生第一年都留在校園裡。我照辦，學年在六月份結束，我跟父母與妹妹蓓希（Betsy），一塊兒到邁阿密海灘度假。我們開我爸五六年份的雪佛蘭南下。這部車是剛用五四年褐色雪佛蘭換回來的。他對這宗買賣顯然很懊惱。「那部車從不找麻煩，半毛錢都沒花過。」說了不只一次。這部新車在北返的時候，歷經火災洗禮。車開到南卡、北卡交界處，我朝窗外扔了個菸頭，沒留神被風吹回來，一屁股被我坐在座墊下。我們一路聞到煙味兒，四處打量地平線的遠方，哪兒森林著火？最後，我們把車子停在路旁，這才發現著火點是我們的車子。

我老爸，我得說，面對這事兒顯得很大器，儘管他的遺憾可能又加深了：實在不該跟前部車那般草率的分手。

保羅・葛里洛（Paul Grillo）到車站來接我。他比我年長幾歲，去年擔任我的書院輔導員；接下來的幾個月裡，我們將在紐約共住一個房間。保羅雖然來自印地安那州埃爾克哈特，但他以前參加安提阿的建教合作計畫，在紐約住過，對這個城市還算不陌生。他覺得住在格林威治村不錯，先我一步到紐約，在西十四街一四七號找到一個帶家具的房間。他告訴我要怎麼回到臨時的家，還把地鐵站的方向指給我看。

之前我來過紐約兩次。第一次是一九四八年十二月，時年十歲半。我的父親在這個城市長大。他去康乃爾上學，跟我的母親，一個水牛城女孩，相戀結婚。大學畢業後，兩人曾經在紐約住過很短的一段時間，然後搬回水牛城，定居終身。他想帶我看遍紐約，我記得那次我們什麼地方都去了、什麼該看的都看了，在這個超級瘋狂的週末。我們住在「准將旅館」（Commodore Hotel，譯註：就是現在的紐約君悅酒店，在中城）、到貝德羅島看自由女神像、登上帝國大廈最頂層、搭乘第三大道高架、到百老匯看雷・波爾傑（Ray Bolger）演出的《查理去哪兒？》（*Where is Charley?*），還去參加《城裡的風雲人物》（*Toast of the Town*），也就是艾德・蘇利文秀（Ed Sullivan Show）的現場錄影。當時的我對這個活動有點不明所以，因為我連電視是什麼都沒聽說過。我猜，他們搬去水牛城的時候，電視就問世了，只是我沒聽說誰家裡有這玩意兒。

幾年以後，我們又去紐約旅行。這次還帶了我媽媽跟妹妹，還是住在准將旅館，看了《南太平洋》（*The South Pacific*）、《國王與我》（*The King and I*）兩齣音樂劇。比我小五歲的蓓希一直覺得《南太平洋》裡面「血腥瑪麗」（Bloody Mary，譯註：這是《南太平洋》音樂劇中的一個角色，設定為越南人，一般由體型發福的女性飾演）在美國海軍陸戰隊員中，不斷聒噪，簡直是「帶刺兒的胖水桶」！讓她覺得很討厭。我們覺得這反應很妙，一直被家人掛在嘴上開玩笑。某天下午，我跟父親出去散步，在時代廣場看到一家藝品店，不小心看到一組有點猥褻的照片。我現在只記得一張——也許是因為我只好好的端詳過那張搞笑照片，一個女人挺著三個乳房，下面一排字：「通緝——三隻手的男人！」

有個工作在紐約等我，潘恩出版社（Pines Publications）的收發小弟，東四十街一一○號。老闆叫做奈德・潘恩（Ned Pines），印象所及，實際負責經營的是另外一個人，法蘭克・勞迪（Frank Lualdi）。勞迪先生每天中午都叫外賣，可不是一般的咖啡店，而是一家名為「銅軌」（Brass Rail）的高級餐廳。多年以後，每回我經過「銅軌」，都不免會想起他來——如果我沒記錯，餐廳位於第五大道的東段、四十二與四十三街之間。我從來沒進去過，因為我總覺得我沒那個身分，那裡是高級人士，像是勞迪先生的專利。

潘恩出版社的經營範疇包山包海：既發行電影迷雜誌，也出版包括西部牛仔羅曼史在內的類型小說、仿冒《讀者文摘》的期刊、幾種漫畫，還有一條很穩定的平裝書路線——大眾圖書館（Popular Library）。我的工作多半是分發郵件、傳遞辦公室備忘錄、跑腿打雜。一週收入是四十美元，實拿三十七元。（在我即將結束打工之前，我與其他兩名非安提阿的收發小弟一起，薪水自動調成每週四十五美元。）

工作沒什麼挑戰性，自然也學不到什麼。選擇這個職務純粹是因為出版業至少跟寫作沾上一點邊，此外，上班的地點在紐約，想當作家，不是就該來這個城市嗎？我想我應該在潘恩出版社上了六十或者六十五天的班，到底幹了什麼，卻想不怎麼起來。只記得所有人都對我很好。雖然這個工作沒什麼前途，不過，至少是個工作，暫時窩一下沒問題。

打工過了一半多一點，我正把信件放在行銷部門主管桌上，被他叫住了。我想他的名字叫做維克多・羅賓遜（Victor Robinson）。他跟我說他的助理茱莉・沙皮諾（Jules Shapiro）只做到月底。我對這個職位有興趣嗎？

我說，應該有興趣。但我是安提阿建教合作計畫的學生，預定十月底要回學校去，但是——

「我的老天爺啊，還是回學校去吧，」他說，「不要為了這種工作，放棄學業。」這事兒就這樣畫上句號。回想起來，我想他是對的。難道我真的想休學嗎？其實我沒有認真考慮過，至少在他冒出這個點子，把話講得這麼明白前沒有。我挺安於現狀的，不是說我特別愛上學，只是我在安提阿很自在，跟待在家裡沒兩樣，雖說不見得喜歡念書，卻喜歡東晃西晃。我休學，一定不是為了中斷，而是延續我的追求。

我的確可以在潘恩出版學到東西。但，工作不是重點。紐約才是。

在我把行李拉上三樓，剛在十四街安頓好，就去逛格林威治村了。當天晚上，我特別在巴羅街（Barrow Street）流連好一陣子。巴羅街十五號是一家爵士名店，波西米亞酒吧（Café Bohemia，譯註：這是爵士史上的最重要的酒吧之一，一九五五年到六〇年是最風光的年代，二〇一九年重新恢復營業）。我大一的室友史帝夫．施維納（Steve Schwerner）提及，在這裡聽過查理．帕克（Charlie Parker），也就是他領我進入爵士樂的世界。（施維納到安提阿，想成為專業爵士DJ，頭一年在校園電台，WYSO，開節目，取了個藝名，史蒂芬・查理，又擔心聽眾會日後忘記他本人，每週「史蒂芬・查理秀」開場的時候，總不忘記用這句開場白歡迎聽眾：「這是您的主持人，史帝夫・施維納。」史帝夫最後拿到教育學博士學位，在紐約皇后學院擔任輔導處主任，之後回到安提阿，接任教務主任。校方還是讓他在WYSO主持週播節目，照舊播放他過去偏愛的音樂，但這一次，節目名稱就不叫「史蒂芬・查理秀」了。）

我錯過欣賞查理・帕克的機會——在我懂得欣賞爵士樂前，他就過世了——第一次去波西米亞的那個晚上，我花了五毛錢買了一瓶罐裝啤酒，站在吧台邊，聽阿爾・柯恩（Al Cohn）與祖特・西姆斯（Zoot Sims）。暫住格林威治村期間，把這裡的酒吧、咖啡館與公園，全都逛了個夠。麥克道格街邊有個叫做「漫畫」（Caricature）的小咖啡館，隔壁就是「魚壺」（Kettle of Fish）沙龍（譯註：格林威治的聖地之一，多位名人，像是巴布・狄倫不時造訪）。窗戶上有手寫的麥斯威爾・波登海姆（Maxwell Bodenheim，譯註：被稱為格林威治村波西米亞國王的詩人、作家）著名詩作，喬・古爾德（Joe Gould，譯註：一個特立獨行的作家，經常無家可歸）就坐在對街的明內塔餐廳（Minetta's Tavern），黎恩濟咖啡館（Café Rienzi）坐落於北邊的一個街區。每一天我都看到、聽到以前不曾見聞的新鮮事。

每個週日，我都會加入人潮，在華盛頓廣場公園唱民謠；也總有穿著黑色西裝的人，朝我們拍照，根據傳統智慧判斷：這些人肯定是聯邦調查局幹員。否則的話，我無從想像誰會想要我們的照片。我猜在什麼機構裡，找得到我的檔案，根據《資訊自由法》（*Freedom of Information Act*），我有權要求查閱，但幸好也有「冷漠自由法」（Freedom of Apathy Act），不必麻煩了，管他去的吧。

保羅跟我在西十四街一四七號住了兩週，還有另外一個安提阿建教生，佛雷德．安利厄特（Fred Anliot）。他在想辦法走後門，弄個跟鐵路相關的工作，在內燃機列車上當消防員，這是工會超額雇用單位負責的項目——內燃機又不會起火，要消防員幹什麼？——結果他還真拿上了工會的薪水，足足是我的兩倍半。至於保羅，我一直沒弄懂他的錢從哪裡來。在我們相處的三個月裡，他多半處於失業狀態。

有人認為每週二十四元的租金太貴，最終，我們還是搬離西十四街。其實三個人分攤，負擔也不算太重，但我們一直覺得還能再省一點。我們搬到西十二街的地下室，面積小得多，裡面有一張單人床。我們輪流：一個人睡床箱、另一個人睡床墊、第三個人就睡地板。房租每週十二美元，但沒能撐太久，也只在那邊住了兩週。然後保羅——一定是保羅——又在巴羅街五十四號找到一樓臨街的住處，三個房間的鐵路公寓（railroad flat，譯註：長條型的布局，房間緊挨著，以走廊相通），有一個客廳、一個廚房跟一個臥房，坐落在格林威治村最熱鬧的中心地帶，就在謝理敦廣場地鐵站一轉角的地方。佛雷德九月回安提阿上課去了，保羅跟我一直留在那裡，直到十一月初返校。

搬進巴羅街後沒多久，週日下午華盛頓廣場的聚會進入新階段。下午六點，警察就開始從噴泉區驅趕聚會群眾。有一次，保羅跟我邀請意猶未盡、不願派對散場的參與者，跟我們一起回巴羅街的住處，就此成為儀式的一部分。接下來的一個月多一點的時間裡，每個週日，我們家都是鬧烘烘的，塞滿了陌生人。大家呼朋引伴，人數持續擴增，實在是多到擠不進來了，在春天街有棟房子——真的是整棟房子——的某人，邀請大家從廣場直接去他家，我們做東道主的日子才跟著結束。

我忙著探索這個世界，對於寫作的熱愛不免有些若即若離。十月的某一天，某個週六或週日午後吧，我一個人在巴羅街公寓，決定試著寫點什麼。我把我的「皇家」攜帶式打字機擺在廚房餐桌上，開始工作。第一個句子是：「在這個國家裡，挨餓的人都活該。」如今看來，這個破題的句子，著實欠缺幾分激情。故事的主角靠點小聰明混日子，先是佔老闆的便宜，接著進階為郵件詐騙，就這麼一路憤世嫉俗、招搖撞騙個六或七頁，直到他騙到意興闌珊、金盆洗手為止。

我把這個故事拿給幾個朋友看，得到的評語還不壞。然後，我把這篇小說放到一邊，月底，塞進手提箱，回安提阿去了。

返校之後，我參加了由諾蘭・米勒（Nolan Miller）主持的寫作工坊。諾蘭四十歲左右，出過幾本小說。幾年前，還有幾篇作品登上光面雜誌（slick magazines，譯註：使用光面紙印刷的雜誌，成本比較高，意味著品質也比較好）。他的工坊每週上課一次，教法頗為尋常。把某位同學的作業唸一遍，讓我們討論。我想這種方法也適用邱吉爾對於民主的評論：這個體系壞透了，但別的制度更爛！

我幾乎每週都會繳一個短篇去工坊。算是很驚人的成績，絕大多數的學員都愛交不交的，儘管某些人的作品，據我記憶所及，非常精采。但我絞盡腦汁怎麼也想不出來，當年我到底交了什麼短篇故事或者寫作大綱。

那些年，我的作品被刊登過嗎？我想是沒有，不過，我也不敢打包票就是了。大一的時候，我很認真的找機會披露我的心血結晶——兩至三頁的短篇、模仿沙林傑（J. D. Salinger）的拙劣小品、平平無奇的寓言（世界全面毀滅倖存者成為亞當與夏娃）——全都是跟慘綠歲月相應的青少年廢文。我還寫詩。比起短篇故事，我更喜歡寫詩，因為兩個無庸置疑的原因：第一，詩很短，想長也寫不長。同等重要的另外一個原因是：詩，較難評斷好壞。

我把詩作投給頂尖的文學期刊。於是，我蒐集到《大西洋》（*Atlantic*）、《哈潑》（*Harper*）、《詩》（*Poetry*）與《紐約客》（*New Yorkers*）等大雜誌的退稿信。我投稿之際，心知肚明，多半會被退稿；即便如此，我還是可以察覺到對方的評價。一般會附張退稿小紙條，被我視若珍寶，釘在記事板上。有一封，是《農場月刊》（*Farm Journal*）退給我的，（我毫無概念，當初，我把哪首詩寄給《農場月刊》？怎麼會想到這家雜誌？）在退稿信下方，有人打了幾個字：「或許，我們可以嘗試刊登您的大作，」上面寫著，「但憂慮對我們的讀者來說，內容恐怕太過艱澀，所以抱歉！」我的朋友對這段評語印象非常深刻。我不懂為什麼，難道是他們猜不出誰打了這行字嗎？

回到學校，我還是在諾蘭工坊裡練習小說創作，但投給雜誌社的稿件，多半都是詩作。在詩人圈子裡，有本備受尊重的小刊物，《重音》（*Accent*），並不例外，跟別的刊物一樣，總是退稿；不過，很有誠意，會附上一些手寫的評語。接近學期末的時候，一本名為《詩人傳說》（*Poet Lore*）的雜誌，刊登我兩首詩。他們給我幾本「投稿者贈書」，充當稿費；我好不容易才收到，卻不知道被我放到哪裡去了。

我還有一首詩登上學生文學刊物。在我心中，最值得一提的事情就是我把姓裡的k拿掉。《果籽強尼》（*Jonny Appleseed*）的作者，叫做勞倫斯·卜洛克（Lawrence Bloc）。我自認這招別出心裁，頗能引人入勝。等到雜誌印出來，我才發現這個創意的效果看起來好像是手民誤植。

我渴望作品能夠印行！壓力巨塔般的沉重。有些作家一開始就知道他們要寫什麼，尋找特定媒介，傾訴心聲。他們渴望告訴全世界，有些故事注定要被講出來。

我很不同。就算我有什麼非講不可的內容，也找不到線索去分辨。我只知道，從十五歲開始，我就想當作家，我希望我寫的東西能被印出來，被世界看到。我想賣文字換錢，靠這種方式謀生。我當然想有錢、想出名，但我也不覺得幹這行能賺到富可敵國、出名到世人皆知。我讀過詹姆士・米奇納（James Michener，譯註：美國作家，曾經獲得普利茲小說獎）的觀察：在美國，一個人能寫出暴紅大作，但卻沒法靠寫作餬口。我不知道哪個人靠寫作一夜致富；但過日子應該不成問題。

作家的求生伎倆，我拒絕照單全收。我不想當新聞記者、不想教書。除了寫作，根本不去思考別的生涯規畫，或者在掙扎成為作家的同時，找點兼差。我一定以為我終究會想出辦法。

就在這個時候，我跟雜誌社做成第一筆買賣，儘管不是收購我的作品。潘恩出版旗下僅存的西部類型小說雜誌——《牧場羅曼史》（*Ranch Romances*），花兩美元徵求剪報，填補空白版面。我挑上一起新聞事件，正合他們眼前的需求（或者說填補了他們長期的缺稿），寄給編輯海倫・托諾（Helen Tono），還提醒她，前陣子，她每天早上收到的郵件，都是我送過去的。我收到一封很親切的回信，外帶兩美元支票。

安提阿的秋季課程只有兩個月。一月份又是上工的時候了。我爸爸猜我可能想回家待三個月，不用付房租，也不用花錢張羅吃的，薪水可以全部存起來，還真幫我弄到個工作。當時他是共和黨黨務委員，託了關係，把我安排在艾利郡主計長辦公室擔任稽核。

天啊，這實在是個蠢到不行的工作。多半時間都在計算郡裡面各類公務人員的花費。開車執行勤務，每英里，可以拿到七到八毛錢。收工之際，他們會提交詳細的工作報表，去過哪裡、跑了多遠。我坐在桌子前面，攤開全郡的街道地圖，拿出一根鉛筆似的小棍子，用尾端附的小輪子，在地圖上滾來滾去，估算里程，核對每一筆費用，統計這邊花了八毛、那邊又花了八毛……

我每天就這樣搞八小時，回家，吃晚餐。我在水牛城的朋友都去上大學了。我在安提阿的同學不是在學校念書，就是待在比水牛城更有趣的地方，做更有意思的工作。我在紐約的朋友，當然，非常合邏輯的，當然在紐約。

那是我想去的地方。小公務員我做到一半，選了某個週末，跑去紐約，暫住庫珀廣場（Cooper Square，譯註：在曼哈頓下城）十四號的一間公寓裡。那裡挺寬敞的，諢號尼姑庵，由四個女生分租。其中一個是我在安提阿的同學，瓊・魏斯（Joan Weiss），另外一個是她的閨密，海瑟・瑪利曼（Heather Merryman），來自康乃狄克州一個超級有錢人的家庭。不過，在她生命中的這段時間，也只是個分攤四分之一房租的尼姑庵女生，每個月十五元。每週，她要接受五天的心理分析，她父母月付四百美元。我記得我那時在想：如果她把需求調整一下，花十五元去做心理分析，四百元拿來付房租，說不定會快樂得多，心情也會調適得比較健康。

我在尼姑庵跟瓊、海瑟、戴夫．凡．藍克（Dave Van Ronk，譯註：日後他成為一個民謠歌手，一九六〇年代活躍於格林威治村）還有幾個連名字都叫不上來的人，消磨一個週末。爐子上不間斷的供應燉飯。路過這裡，進來坐會兒的朋友，多半會在第一大道市場，買條鰻魚或者什麼食材，一股腦的扔在鍋子裡，攪和一下，繼續燉飯。

我真想留在這裡，混到時間差不多，再回學校去。老天爺知道我有多麼不想走。在這個週末裡，每一個小時都比水牛城三個月的加總，來得更加興味盎然。但我無法留下。我可憐的爸爸託遍人情才幫我張羅來這個爛差事，怎麼樣也得撐完。就算我不回去，辦公室裡面的人多半也不會在意，說不定壓根沒發現。但不管，我就是得回去。

我才到紐約，剛坐定，跟雜誌第一筆真正成功的交易契機，就此萌芽。我跟海瑟在某個傍晚，晃進尼姑庵所在地的街角邊，包里街的救世軍教會。兩個大二生被眼前的景象搞得很火大：街友為了那碗湯，乖乖坐著聽訓。我印象特別深刻的是：有個講者疾呼，他很高興「世上有個包里街，有你們這樣的人，好讓我傳遞耶穌基督捎來的消息」。

回到水牛城，我把這段經歷訴諸文字，只是在轉換過程中，加了點東西。我寫道，

「我的未婚妻跟我」走進貧民區，湊巧看到這個儀式。宣教產生魔力般的效果，我這樣描述：「我們想要嘲弄，」我說，「卻不斷祈禱。」我嘮嘮叨叨的寫了七百字，加上「我們在包里街遇見神」這個標題，寄給救世軍的官方雜誌──《戰爭的吶喊》（*The War Cry*）。他們選中這篇文章，一字一分，寄給我七塊錢的支票，邀請我們進一步參與他們的組織活動。我兌現支票，跟他們的聯繫，到此為止。

四月，我結束了「里程計費稽核」，或者隨便你管它叫什麼都成，回安提阿上學去。回到學校的第一件事情就是挖出我在巴羅街寫的那個短篇。我不知道在哪裡，應該是專門為作家發行的刊物上吧，看到一份清單，裡面列了一本雜誌，叫做《追緝》（*Manhunt*）。

我沒看過《追緝》，但聽說過這本雜誌。一年前，我隨意拾起一本伊凡·杭特（Evan Hunter）的平裝短篇故事集，那是他在《黑板叢林》（*The Blackboard Jungle*）大暢銷之後，緊接推出的結集。內容多半是描述少年犯的故事，就是我們口中的「不良少年」，看著他們的經歷，我突然有所頓悟。這些故事都很精采，但我覺得我寫不出來，就算是仿效，多半也是畫虎成犬。我不怎麼認同故事裡面的年輕人，卻非常認同作者。我希望自己也能像他那樣開創寫作領域。

我發現這本書裡的好些故事曾經刊載於《追緝》上。你可能以為受了刺激的我會出去買本《追緝》來看，但並沒有。一搞清楚《追緝》的地址與徵稿需求之後，我馬上就拿出那個短篇，寄給他們。

稿件退回，卻附了一張編輯法蘭西斯．X．列維斯（Francis X. Lewis）的短函。「就差臨門一腳了。」他寫道。收場貧弱，缺乏峰迴路轉的戲劇張力，如果我能好好的潤飾補強，他就請其他同事再看一遍。

我這才驚覺：我真是混蛋。

我在黃泉村東逛西逛，終於找到《追緝》雜誌。我買了一本，帶回宿舍，拜讀裡面的每一篇故事。有些很不錯，有些我認為只是一般般。突然間，我想到要怎麼修改，看起來會比較像有結尾。那個招搖撞騙的混混大肆吹噓：他不靠小把戲謀生了，因為他透過祕密管道，投資鈾產業的股票，肯定可以大撈一票。我們當然知道這個意圖騙人的傢伙最後被人詐騙了。

我把文字打好，寄出去。我覺得收場至少證明了一件事情：我讀過歐．亨利（O. Henry，譯註：美國小說家，尤其擅長短篇小說，結局出人意表，時人稱之為「歐亨利結尾」）的作品，因為他的經典《頂尖處的男子》（*The Man at the Top*）就是這樣畫下句點的。依舊被退稿、依舊附了一張疑似列維斯寫的紙條，謝謝，不用麻煩了。這次的結尾太理所當然，不出所料；但我應該持續創作，將來某一天或許能寫出堪用的作品。

喔，好吧。

念完這個學期，六月底我回到水牛城。我父親替我找了一輛車，五三年的別克。我自己找了幾個工作，這次，決定執行「自己的計畫」。暑假，我想開車去鱈魚角，趁著旺季，找個工作，認真寫作。

開車出發去鱈魚角的前一天，我睡不著覺。創作失眠焦慮症發作，腦筋一直在轉，希望能冒出個好點子。這一次的主題明確——怎麼樣能寫出一篇好故事投給《追緝》。我迫不及待想要趕到鱈魚角，架好我的打字機。

我開車到海恩尼斯，找間民宅打發第一個夜晚；然後在大街理髮店還沒完工的閣樓上，租個房間。一週八塊錢，唯一麻煩的是天花板是斜的。三不五時站起來，就「碰」一聲，腦袋直接撞上屋頂。

除此之外，這裡是天堂。

我再次修正投給《追緝》雜誌的故事，換上重新安排的結尾。自作聰明的主角告訴讀者，歡迎有人來接手他的詐騙「事業」，因為他找到更好、更大的生意。有人給了那傢伙一大筆錢——我忘了是多少——只消殺一個人就成了。「我今晚就開工！」結尾這樣寫。

如今重述這個故事，我必須承認：我這手三腳貓的功夫，還不至於讓契訶夫（Anton Chekhov）看了自嘆弗如。但是結尾反轉，應該符合列維斯先生的要求。我寄出去，誠心祝願這篇小說順利刊出，出門，在密爾德巧達濃湯店（Mildred's Chowder House）找到一份工作。我從四點做到午夜，把洗碗機裡面滾燙的碟子拿出來，疊好。午夜時分，他們給我點吃的；老闆說，請我明天早上八點到店裡報到。

我跟他說，我只想做下午四點到十二點的班。

「工作時間必須依據我們的需求調整。」他解釋說，「今天，四點到午夜，明天八點到四點。」

「喔。」我說。

我回到閣樓，又讀了三到四個小時書。正想設鬧鐘，決定算了，賭一把勝負各半的機率：如果我起得來，我就去濃湯店上工；如果我睡過頭，就隨它去吧。

不出所料，醒來的時候已經中午了。我懶得回去討工資，儘管那筆錢明明該我的。我猜我是不敢，他們一定會痛罵我一頓。

接下來的兩週我窩在閣樓上寫短篇。每天幾乎都可以寫完一個故事，分頭寄給不同的雜誌。第一個星期，我收到《追緝》雜誌給我的短信，簽名的人不是列維斯先生，是另外一個人。他告訴我，列維斯先生度假去了，但辦公室裡的同事一致認為列維斯先生應該會購買這篇稿子。他說，介不介意讓《追緝》先保留這篇故事，等列維斯先生回來定奪？

我高興到幾近發瘋。聽起來我真的會拿到生平第一筆稿費，但畢竟錢沒到手，還不是慶祝的時候。但是，天啊，我心中浮現好多計畫。我已經想到每個月固定幫《追緝》雜誌寫一個短篇，計算每個月會有幾元幾毛的進帳。

此時，我得靠花生醬三明治與一毛五分的緬因州沙丁魚罐頭過活。就節食的角度來看，這種搭配還不算差，但是，然後呢？

我最多再撐兩個禮拜。雖然我的花費低得可以，但錢總有一天會花完。就算是《追緝》買了我的稿子，能拿到多少錢也在未定之天。更何況別的稿件都無法引起其他編輯的興趣。更慘的是，我手上根本沒有幾個像樣的新鮮點子。

我沒輒了，只好在奧斯特維爾的東灣屋找了個沙拉廚師助理的工作，放棄舒適的閣樓，搬去員工宿舍。他們給我一張床、供餐，月薪一百一十元。但我每天得工作十一小時，每週七天，輪班制，中午休息兩個半小時；算起來，我的工作時間其實是從早上七點開始，一直到晚上八點半。

如果我熬得住，這工作可能挺有趣的。主廚是紐海芬烹飪學院的講師，四個廚師是他的得意弟子。我們在廚房工作，吃得當然不壞。（從這點看來，我們的地位比門房、侍者要高一些。他們受不了血汗剝削，動不動就不幹了。每隔兩天，就有門房小弟把制服綁在前院的樹上離職。這好像是當地的傳統。）

但我受不了。上這種班，根本沒法寫作：沒有時間、沒有精力，也沒有隱私。老闆是個一本正經的老頑固，姓萊亨（Leghorn，譯註：一種肉雞），最喜歡看到員工在工作。明明坐在小板凳上更有效率，但就是得站著；因為老闆不喜歡看到員工坐著。

十天之後，我辭職了。這次我去要薪水，但我記得還是一毛錢也沒拿到，原因是必須要先償還幫我搶到這個工作的人力仲介費。萊亨雞把我的薪水扣光不說，算算還說我欠他錢。我希望這個吝嗇老頭不要至今還盼著我還錢。

我決定回水牛城，重新開始。回程路上，我不知道是煞車踩得太遲了，或是煞車鎖死，或是不知道哪裡出了毛病，反正我追撞上了前面滿載孩子的廂型車。

無人傷亡，謝天謝地。真正受創慘重的是我那輛別克。我把它修到勉強能開，提心吊膽的挨到家，請我爸爸賣了。然後我搭了巴士或火車——誰還記得是哪個？——轉去紐約。

我在東十九街一〇五號找到一個還不錯的出租房間。幾年後，那裡改為合作公寓，一度還成為「美國推理作家協會」（Mystery Writers of America）辦公室。我入住的那年頭，這房間只容得下每週付得起十二美元的房客。這筆錢我勉強拿得出來，但非得找到工作不可。我急著開工，卻不知道要幹什麼。我找了一輪人力仲介，他們給我找來各式各樣的事務員職缺，週薪五十到五十五美元不等。我當然可以靠此為生，但內容太過瑣碎，也看不出能從這個經驗裡學到什麼。

海瑟還是住在尼姑庵，她的哥哥菲爾跟他太太，卡門，也在紐約。（你注意到了吧，在「哥哥」跟「菲爾」中間沒有逗點，因為海瑟不只一個兄弟。在「太太」跟「卡門」中間就有逗點，當然是因為菲爾就這麼一個太太。這種吹毛求疵的鳥事會讓我恨不得跳到地板上，把椅子的腿啃進肚子裡。如果我真的忘了在「太太」跟「卡門」中間打上逗點，你就會覺得菲爾・瑪利曼犯了重婚罪嗎？）

菲爾是數學家，非常聰明，聽說我在找工作，在我面前打開一份《紐約時報》。「這裡！」他說，「十來個徵才廣告。行政助理，年薪五千五百美元起跳。管理訓練生，週薪一百二十美元。這裡。」

「這都要大學畢業啊。」我指出。

「你長這麼高。」他說。我問說這有什麼相干？「個頭大，看起來就像是大學畢業生。」他解釋說，「你又聰明。你說，接下來兩年，學校還能教你什麼？」我的神情看起來一定很狐疑。「就算他們真的去查好了，」他說，「發現你沒有大學文憑的時候，你也回學校去了。但他們非常可能不會去查。好啦，如果你不想撒謊，你就頭低低，裝做害羞的樣子，嘴裡嘟囔著『碩士學位』。你其實說的是，我『也』沒有碩士學位，但多半他們聽不到『也』這個字。」

就在我找工作的同時，我竟然拒絕了《時代—生活》（*Time-Life*）的工作機會。我父親念康乃爾的時候，參加過兄弟會，終其一生，跟成員都保持非常好的關係。其中一個是莫頓．托勒利（Morton Tolleries），長期在紐約市刑事法庭擔任法官，他弟弟羅夫的太太璧蒂在《時代》工作。我跟她聊了一下，她說，她可以幫我在雜誌社找個影印小弟的工作。

但這工作有兩個缺點。《時代》影印小弟一週上班五天，放週一、週二，不是週六週日，而且週薪只有五十五美元。

「我已經決定了，不做週薪六十元以下的工作。」我這麼跟她說。

她可能覺得我瘋了。十二、十三週之後，我就要回學校去，會少賺多少？稅前，不過六十五美元。說真的，我不覺得錢是真正的關鍵，我只是不想在週六日上班而已。

但我真正不願意的是，接受別人介紹給我的工作，不好意思說不幹就不幹。艾利郡主計長辦公室稽核是多麼的「有趣」？記憶猶新。

我自認做出正確的決定，毫無疑問。但我也不得不承認，我的孩子如果只想每週多賺五塊錢，拒絕《時代》雜誌的工作，寧可去替胸罩、束腹業者打收據，我一定順手拿個東西朝他的頭扔過去。

我發現有一則廣告挺吸睛的。「偵探急需年輕助手」——聽起來極具潛力。我去仲介機構，填了表，就此沒有下文。「文字機構誠徵編輯」這則廣告讓我趕緊衝去西四十二街的「夠格人力仲介」（Qualified Employment Agency），有個人問了我的閱讀習慣、是否有意從事文學創作等幾個問題。接著又問我有沒有固定閱讀什麼雜誌？我提到《追緝》，看起來他很喜歡這個答案，再追問我有沒有特別欣賞《追緝》裡面的哪位作者？我回他伊凡・杭特跟其他兩位。他覺得我更有意思了。

他解釋說，這工作很不錯。一週的基本工資是六十美元，動作快，賺得更多。但是，首先我得測試看看自己有沒有能力應付這個工作。他寫了個地址給我：史考特・梅雷迪斯作家經紀公司（Scott Meredith Literary Agency），第五大道五八〇號。

「喔，我知道這家。」我說，「事實上，他們還寫信給我，對我的作品很感興趣。」

他臉上的笑意看起來更濃了。不濃，才奇怪。

2

一九五七年，史考特．梅雷迪斯的辦公室位於第五大道五八〇號。這棟大樓當時是（現在還是）三十五層樓高，快速電梯停靠的第一站是十八樓。走進門去，你會來到一個窄窄的接待區，盡頭又是一扇門，右手邊的牆上有個橫拉窗。幾個梅雷迪斯引以為傲的作家客戶，像是亞瑟．克拉克（Arthur C. Clarke，譯註：科幻小說作家，最著名的小說是《二〇〇一星際漫遊》）、米基．史畢蘭（Mickey Spillane，譯註：創作邁克．漢默系列的推理小說作家）的照片與來信，都用相框鑲好，做為接待區的裝飾。（史考特曾經短暫代理過史畢蘭的創作。沒多久，兩人就拆夥了，鬧得不甚愉快，惡言相向。所以很難想像史考特還是拿他當經紀公司的招牌。）當然，伊凡．杭特也掛在牆上；我現在知道「夠格人力仲介」那傢伙為什麼總是一副興味盎然的表情了。

窗子通向牛棚（bullpen），全體雇員工作的區塊：總共有五個編輯（或者編輯委員，或者不曉得叫什麼職稱），還有一個接待秘書。編輯全都是男性。接待秘書是一個中年女性，瓊。我按鈴之後，就是她來應的門，確認我的身分，招呼我找個位子坐。過了一會兒，一個三十好幾的男性出現，自稱是悉尼．梅雷迪斯（Sidney Meredith），人看起來挺和善的，儘管面部特徵暗示他的生肖應該是屬老鼠的。他帶我進牛棚，找到一張空桌子給我，上面有部雷明頓（Remington）標準打字機，告訴我接下來要做什麼。一個挺有潛力的客戶送了一篇作品給經紀公司，請我讀一遍，寫一封信回覆。我有三種選擇：可以跟作者說，這篇稿子我們要了，而且會大力促銷；也可以說，這篇稿子必須修改，才可望刊出，並解釋其原因；或者，我可以直接退稿，但必須講明這篇作品出了哪些問題。

他遞給我《響尾蛇穴》（*Rattlesnake Cave*），留我一個人埋頭苦戰。

我不知道有多少編輯或者作家讀過《響尾蛇穴》。有一段時間，半個出版界幾乎認定這就是史考特・梅雷迪斯本人在某個時期的作品；起碼有幾十個求職者，在獲聘之前，讀過這篇小說。

我不記得小說的細節了——畢竟只讀過一次——但絕對是歷經風霜、多人披閱的「名作」。署名「雷・D・雷斯特」（Ray D. Lester）。這位接受委託執筆的作家，全名是雷斯特・戴爾・雷（Lester Del Rey，譯註：美國科幻小說作家），故事內容盡可能保留最多的結構缺陷；特別是寫法刻意跟史考特主張的「情節架構」（plot skeleton）唱反調。

「情節架構」在史考特那本《寫來賣》（*Writing to Sell*）裡解釋得很清楚。簡單來說「情節架構」就是寫出暢銷小說的操作模式：主角強而有力又能誘發同情，一個棘手的問題擺在他的面前，最終，成功解決。這當然不是史考特・梅雷迪斯的創見，最早可以回溯到亞里斯多德時代，這套公式就已經發展出來了。但他做了大量的引伸、擴大詮釋。據我所掌握的最新情報，這本書並未絕版，現在還買得到。

我不用靠「情節架構」，只要讓我看完一篇故事，爛不爛，當下立判。我知道，只要腦子靈光到扣得上襯衫釦子的人，肯定是會給你一篇漏洞百出的作品。所以，我寫了一封客客氣氣的退件信，婉拒代理《響尾蛇穴》，還跟作者解釋這篇小說哪裡出了毛病：架構設計失誤，情節有氣無力，主角猶豫不決，跟「倉促上陣的埃塞爾雷德」（Ethelred the Unready，譯註：英格蘭國王，在位期間，面對丹麥的侵略，左支右絀，狼狽不堪）很有拚，最終發現洞穴裡面根本沒有響尾蛇，結尾欲振乏力。

我乒乒乓乓的在打字機上打好——打字機感覺很耐操、夠結實——交還給悉尼。他說，如果通過的話，他們會主動跟我聯繫。「如果沒收到通知，」他說，「表示你沒錄取。」

兩個月前，我剛滿十九歲，這是我夢寐以求的工作。我自認考得還不差，儘管我也不敢抱著太高期待。

兩天之後，我檢查租屋處的郵箱。裡面有張明信片，我上次去的那家人力仲介寄來的。我看上面寫的是：「請速向人事經紀（employment agency）報到。」

我扮了個鬼臉，把明信片扔到一邊。某間人事經紀公司裡有個老好人，常常通知我週薪五十美元左右的工作，我總是拒絕，有時按捺不住，還會直接挑明了跟他說，我對這種工作做何感受。我想這次也不例外吧。

一個小時後，我猛地省悟，趕緊拾起明信片重新檢查，幸好我沒有直接把它扔掉。再讀一遍，這次我看到的是：「請速向作家經紀（literary agency）報到。」

我得到那個工作了。

幾個月後，我發現兩件事情：第一，這個工作懸缺已久，起碼來過兩百個人，都應徵不上，全以慘敗收場。經常是終於找到一個人，做沒多久就不幹了。

另外一件事情是：我考試應答得太好了，讓人以為我幕後有高人指點。我的回信純粹就是「情節架構」的展現，像是「雷・D・雷斯特」這樣的傻瓜陷阱，也一個一個被我揪出來。

最重要的是：我的文字很漂亮。這工作當然不需要莎士比亞來做，但是，句子總得寫好一點吧？這封信最後會由史考特・梅雷迪斯簽名寄出。當然，實際簽名的不是他，而是他的弟弟悉尼，但他簽的是史考特。文字差了當然不行。

如果用「優異」來形容我的考試成績；那麼，我頭一個禮拜的工作成果就只能說是

「令人震驚」了。

悉尼跟我解釋工作內容。經紀公司代理兩種作家：專業客戶與收費客戶。專業客戶比較簡單，佣金規定得很清楚：美國版權，百分之十；加拿大版權，百分之十五；海外版權，百分之二十。另外一邊呢，是收費客戶，他們必須先付錢，請經紀公司評估他們的作品賣不賣得出去。如果賣得掉，那麼版權抽成就跟專業客戶一樣。但加工後可望賣得掉，我們會建議作者做某些更動，再請他們把新稿子交給我們，不另收費。如果，壓根沒指望，我們會奉上一封長信，解釋稿子出了什麼問題，未來請勿再犯。

我慢慢也就了解這行業中的潛規則。首先，在我看過的稿子中，只有極少數推得出去，頂多就是百分之一、二。其次，我從來不建議對方重寫，因為沒有賺頭。修正稿寄回來二次審核，我們是收不到錢的。

所以呢，那封信多半是告訴作者故事內容不合標準，必須採行特別的格式書寫。我一般會強調情節設計有缺陷，會害他永遠不可能達到海明威或福克納的水平。「務必要他們謹守『情節架構』的要求，」悉尼告訴我，「尤其是第一次投稿的人。我的書，《寫來賣》裡面交代得那麼清楚……告訴他們什麼叫做『情節架構』。」

也別忘了奉承他們是極佳的作者，行文、對話、角色塑造都得高分。其實，我要告訴你，寄稿子給我們的人，絕大部分連自己的名字都未必寫得清楚。句子慘不忍睹。選字莫名其妙。有些人還勉強擠得進英文搶救班，有的直接去放牛班報到就好。

無所謂。我當然指出他行文、對話中的缺點，必須改正，但這關我的事。我要集中全力猛攻他的情節設計。一開頭，我就要展開百般不情願，但不得不有話直說的姿態，痛加抨擊稿子的缺點根深柢固，根本無法修改；比較實際的做法，就是另起爐灶，重新創作一個故事，期盼盡快收到。這就不用說了，他自然得乖乖的再奉上審稿費。

審稿費還算合理，這批傻蛋一時之間也想不到他們被騙了。短篇故事或單篇文章，一千字一元，最少五元起跳。書籍長度的手稿，十五萬字以下二十五元；超過就收五十元。

我的底薪是每週六十元，必須掙到四十點的閱讀量。五塊錢的短篇算一點，二十五塊的書籍算五點。也就是說：我閱讀價值兩百元的稿件，只能從裡面拿到六十元。

處理得越多，自然掙得越多。超過基本配額之外，每多一點，就能多得一元。如果我累積了兩百五十元的審稿費，那麼，那週我就可以帶七十美元回家。以此類推。

回信也跟費用息息相關。史考特・梅雷迪斯回信的格式跟十九行詩一樣自由。開始是「敬愛的某某某先生」，除非他送來的稿子字數非常多，否則換不來直接叫名字的親切問候。結尾一定是「祝你好運」。空下兩行，打上「誠摯的」，再空下四行，打上字母全部大寫的史考特・梅雷迪斯。然後再空四行，不縮排，打上SM：uck。（SM代表我們的「無畏領導」〔Fearless Leader，譯註：一九六〇年代初期，美國卡通的反派角色〕其他兩到三個字母是你的姓名縮寫，我選的是Irb。）

賴瑞．哈里斯（Larry Harris，後來的筆名叫羅倫斯．M．真納佛〔Laurence M. Jannifer〕）寫過一首詩，諷刺收費報告寫作的行話，使用叫做輪旋曲（Rondeau）的法國詩體，格外優雅。我還在公司任職的時候，一個後來轉成客戶的前史考特雇員背給我聽，終生難忘。原詩抄錄如下：

不像阿伊努（Ainu，譯註：日本北海道原住民）
或者曼島（Manx，譯註：凱爾特語系）語那般直白，
我們掩飾自己其實是個無賴。
開頭一句，謝謝感激來函知悉，
結尾一句，祝你好運投稿順利。
久而久之，我們進化成為釣魚的誘餌；
故做客氣，冷笑投稿怪胎也不過爾爾。
開頭還是那句，謝謝感激來函知悉，
結尾改成這句，造化弄人身不由己，
或者還是這句，祝你好運投稿順利。

在謝謝你的來信與祝你好運之間，審核報告採取商業信件格式，四周設定窄邊、齊頭，段落不內縮、單行間距，段落與段落之間空兩行。回信者首先會感謝投稿人把他寫的故事寄給我們，稱讚作品卓越出色，然後報上壞消息，把漏洞百出的情節拆開來，逐一剖析。五千字以下的短篇，收五塊錢，分析作品的優缺點大概從第一頁信紙的下半開始，一直要寫滿第二頁，總字數約為七百字。二十五塊的小說，回信按照比例加長，從頭到尾要四頁。（我是不希望發生這種事情，但如果真有傻瓜寄一本超過十五萬字的小說來，報告當然更長，起碼要打個六、七頁。）

懇請審查的信件，如雪片般飛來。悉尼會把所有的信件拆開，先把裡面的支票放到一邊收好，接著把手稿一篇一篇歸放不同的卷宗內，再放進大辦公室的檔案櫃。初次投稿，就找個新的夾子放；如果老客戶有先前的記錄，手稿就放進幾個月甚至好幾年來的通信卷宗內。每份手稿都會貼上日期，兩週內送回悉尼桌上。這就是我們的截稿期限，公司規定回信一定在收件之後的兩週，準時寄還客戶。我們絕對不能讓客戶乾等，但也要讓他們相信史考特（理論上他應該親自閱讀每一篇投稿，撰寫審核報告）花了相當的時間，看他們的稿子，仔細斟酌與評量。

我上班之後，認識一個也在撰寫審核報告的同事，叫做約翰・多賓（John Dobbin），一九五五年在亞凡出版（Avon Books，譯註：以浪漫小說為主力的出版社）出過一本小說，《血肉與海洋》（*Flesh and Sea*）。每天早上，約翰跟我從檔案櫃取出幾個卷宗，開始工作；做完了，再去拿更多過來。

在我們周邊，有一圈同仁執行其他工作。吉姆．波漢（Jim Bohan）負責聯繫專業客戶及收件。這些客戶的業務，都由史考特親自處理，有嚴謹的抽成規範。伊凡．萊恩斯（Evan Lyons）有兩項工作，其一是配合史考特的「客製協力」項目，其二是擔任史考特寫作學校僅此一位的教師。（這家學校叫做「作家工作室」或是什麼類似的名稱。在宣傳文字上，刻意避開梅雷迪斯經紀公司，好像兩者毫不相干、兩邊的同仁絕不混淆。郵寄地址是西七十四街一號，其實就是第五大道五八〇號的轉角小門。一套課程十堂課，每一堂課都附有一篇評論，由約翰．凡．普亞格〔John von Praag〕、羅易．卡羅爾〔Roy Carroll〕還有一個我忘記名字的人加簽在旁。這三個人都出過書，其實就是史考特．梅雷迪斯早期寫通俗小說用的筆名。伊凡．萊恩斯一人分飾這三角。他經常閱讀競爭對手——《作者文摘》函授學校的廣告，若有所思。他們經營得比較好，還會張貼學員榮譽榜，回報刊登成績；而據所有人所知，史考特函授學校從來沒有任何一位畢業生賣出過任何一篇作品。）

這學校始終賺不到什麼錢，因為它是登記在案的教育機構，如果有人退學，就必須根據比例退還學費。史考特素來不樂意退款，幾年之內，這家函授學校就揮別市場了。

相對而言，史考特的「客製協力」算是利潤頗為豐厚的項目。但究其本質，絕無疑問，是會觸犯刑法的詐欺行為。

把戲是這麼玩的。你顯然是一個前途無量的作家，被選中跟偉大的史考特・梅雷迪斯共同參與這個協力計畫。費用相當合理。（短篇故事，二十五美元，一組三篇，七十五美元；小說，一百美元。我記憶裡的價目表就是這樣。）史考特陪著這位新銳作家，提煉大綱、初稿、修正，一步一步的引導他前進。根據史考特的祕訣逐一打磨出最終版本，史考特會寫一封結業信，保證他會催生作者的心血結晶，進入市場，希望很快就能傳來好消息。

還不壞，是吧？但，有件事情非常抱歉：絕大多數參加「客製協力」的作者，送來的作品基本上跟收費客戶的小說，差不多一樣爛。無論是伊凡還是別人，都不可能讓它脫胎換骨，成功銷售。史考特也沒傻到真把這批爛玩意兒寄出去，而是直接歸檔。作者來信詢問，會得到史考特的回信。他對於作品依舊信心滿滿，還跟作者保證，他會持續代理；如果作者堅持自己處理，就會得到一張可以投去試試看的機構清單。

公允一點來說，我會覺得「客製協力」算是相當成功的構想。約翰・法里斯（John Farris）如今已經是相當知名的懸疑推理、恐怖小說作家。年輕時候的他也是梅雷迪斯的專業客戶，天生的寫作奇才。經紀公司幫他銷出好幾本作品。有一次，法里斯計畫創作一篇以高中為主題的長篇小說，主動要求史考特協助，寄來一百美元，參與「客製協力」計畫。

這件事情可笑到莫名其妙。法里斯是個孩子沒錯，但他是不折不扣的專業客戶，史考特能怎麼辦？告訴他所謂的「客製協力」只是騙局？而且史考特現身押陣，會不會讓他在心理上產生類似輔助輪（training wheels，譯註：小朋友腳踏車後輪的那一組輔助小輪胎）的振奮效果？又有誰說得上來呢？

管他的，一百美元就是一百美元。

所以伊凡跟史考特．梅雷迪斯其實只在袖手旁觀，寫一些不痛不癢的話鼓勵他。法里斯還真的依照規定，先是把大綱，接著是一章又一章的成品寄來。伊凡幫不了什麼大忙，就東一點、西一點的給點零碎建議。態勢很明顯，法里斯自己就有本事把小說寫得好端端的，創作歷程紮紮實實的控制在他手上。寫完之後，史考特——史考特本人，不是伊凡——出面，把這本書賣給某家專門出精裝書的出版社，萊恩哈特（Rinehart）吧，我記得。這本書就是《哈里森高中》（*Harrison High*），為法里斯賺進豐厚的稿費，史考特當然也抽到大筆佣金。接下來，史考特就拿這本書成功的案例，大肆宣傳「客製協力」，長達十年之久，好像只要參加這個計畫，就能跟法里斯一樣成功似的。

反正這就是伊凡的工作。不過，在那個時候，我其實不大知道他是幹什麼的，也無法想像有朝一日，我坐上他的位子，每天用幾不可聞的音量，去唬弄捧錢上門的笨蛋。

另外一張桌子後，坐著亨利．摩里森（Henry Morrison），負責協助史考特處理海外版權，其他的雜務也堆給他處理，算是工具內野手。到公司上班不滿一年，大概只比我大一歲而已；每次有比他還小的新人報到，就會格外開心。就是這個喜歡找點小樂子的亨利，揭開《追緝》雜誌的內幕。

當時的我力圖突破，卻往往操之過急。另外一個同事是瓊。單單她在電話裡的梅菲爾（Mayfair，譯註：倫敦的精品店、酒吧區，是時尚的代名詞）口音，就已經值回薪水，更何況她還有別的功能。史考特不在乎別人死活，卻受不了親自開除員工；偶爾叫她去找他不滿意的同仁，傳達壞消息。如果還有空閒時間，她就去打「近期通知」。

什麼是「近期通知」？就是史考特寫的紙條。「近期，您投給某家雜誌的稿件，保留時間已經屆滿。」上面寫著，「這封信就是通知您，我們對於這篇作品很有興趣。」還夾了一本小冊子，解釋經紀公司提供的服務、收費標準，還有一張清單列出他們最厲害的專業客戶以及最新的銷售情況。

那年春天，我才剛收到他們寄來的「近期通知」。就在《追緝》的法蘭西斯・X・列維斯退稿之後沒多久，史考特就寄來公司的宣傳小冊子與「近期通知」。我當然不會質疑這封信的可信度，投給《追緝》的稿子，保留期屆滿，也是理所當然；我只是弄不懂史考特・梅雷迪斯是怎麼知道的？能做梅雷迪斯的客戶固然好，但，我並不想花核稿費。我不敢說這是家詐騙公司，純粹是負擔不起罷了。

現在我才知道「近期通知」並沒有表面上看起來那麼簡單。有兩家不同的雜誌社，會把退稿裝進公司專用信封裡，供給史考特．梅雷迪斯。瓊在原信封上，打好地址，塞張「近期通知」寄出去。

說不定他們會附上支票，寄回經紀公司。我不知道回信比例，想來應該不壞。單單用兩個句子，史考特讓心懷作家夢的投稿者知道：(a)他的作品引起了編輯的注意；(b)這個姓梅雷迪斯的傢伙，真的非常能夠掌握最新狀況。

在我摸清楚「近期通知」的底細之後，非常慶幸自己沒有傻到附上五塊錢支票，把作品寄給經紀公司審閱，也才明白「夠格仲介」那個人為什麼臉上流露一副賊忒嘻嘻詭異笑容。「梅雷迪斯還寫信給我，」我曾經說過，想要給他留下深刻印象，「對我的作品很有興趣。」原來他是在笑這個。

但，我並沒有發現故事的下半部。

我上班的第一天就看完五篇故事，寫完五篇報告，交給悉尼審核。他全都看完了，其中一封做了一點小修正，其他的沒問題。

第二天我料理完七篇報告；第三天，八篇。我的速度越加越快，如果你不健忘，我每週都要完成四十點。

我覺得我做得還可以，卻不知道我的表現異常驚人。一般來說，一個新人，在第一、第二週，每天只能料理少數幾篇報告；即便勉強送出去，一大部分會退回來修改。不過，這個「比春天還年輕」（Younger Than Springtime，譯註：音樂劇《南太平洋》的插曲）的新人幹得著實出色；儘管亨利老是欺我懵懂，開些小玩笑。

某個午後，忘了是我打完第六篇還是第七篇報告。他跟吉姆、伊凡聊起《追緝》，半開玩笑的批評它是本內容拙劣、編輯粗糙的刊物。起初，我埋首處理審核報告，沒很在意；但他們越聊越起勁，勾起我的注意力，也想發表一點意見。

「不要把《追緝》講得這麼不堪。」我說，「他們可能會買我一篇故事呢。」這新聞引發轟動，超出預期。亨利想知道更多細節。「編輯出城了，」我說，「但是他的助理相當確定，列維斯先生一定會喜歡這篇作品，希望我讓他們保留較長的猶豫期，等列維斯先生回來之後定奪，最近也該接到通知了。」

亨利從座位上一躍而起，一臉的興味盎然，隨後消失在辦公室後面。回來的時候，原本的嘲弄轉為驚訝。「他說得沒錯，」他告訴大夥兒，「那篇小說真的在庫存清單裡。」

我壓根不知道他在說什麼。什麼小說？該不會是我的小說吧？什麼又是庫存清單？

他又飄到別的房間去了。過了一會兒，悉尼走出來，把我拉到一邊。「嗯……」他說，「看來《追緝》真的收了你的稿子。」

「還沒有正式通知，」我告訴他，「但是我的短篇可能真的被錄用了。列維斯先生在度假，但是——」

「根本沒有什麼列維斯先生。」

他接著解釋，史考特．梅雷迪斯就是《追緝》的編輯。為了不讓同業覺得這有利益輸送的嫌疑，他用法蘭西斯．X．列維斯做為代名，真實身分被列為高度機密。（《追緝》的前一任編輯是一個叫做約翰．麥克勞〔John MaCloud〕的傢伙，跟法蘭西斯．X．列維斯一樣，也是個不存在的人物，同樣也是史考特．梅雷迪斯的分身。）

「這些都是我們的業務機密。」悉尼解釋說，「在我們這裡，你會聽到很多小道消息，這只是其中之一罷了。請你不要告訴別人，《追緝》的編輯部就在這間辦公室裡面。」我發誓絕對不洩漏。

「就算你說了，」他說，「我們也會否認。」

上個月初，在我把小說改完寄回，列維斯，應該說是史考特，並沒有出城。他讀完我的作品，決定買下，放進庫存清單裡面。《追緝》實際的經營者是麥克．聖約翰（Michael St. John）的飛鷹出版社（Flying Eagle Publications），那時剛巧碰上金流周轉的問題。史考特想晚點再付稿費，所以謊稱自己是並不存在的列維斯先生的不存在的助理。說巧不巧，這個禮拜史考特真的出城了，下個禮拜才會進辦公室，到時候正式通知我，他會買下這個短篇。或者他會再拖上一會兒，等到金流解決再說。不管如何，他已經拿定主意，我的第一筆買賣算是成交了。

「這個短篇兩千字。」悉尼說，「《追緝》每個字的稿費是兩分錢，所以，稿費是四十元。」

「這很好啊。」我說。天啊，我想，四十大洋啊，真好。

「但我的客戶拿的比較多。」悉尼還沒講完，「同樣篇幅的故事，我們的客戶可以拿一百元。你想成為我們的客戶嗎？」

我當然要成為他們的客戶。

他手上剛好有一份合約。只有兩行字，列舉佣金比例，確認雙方的創作與代理關係，為期一年，如果任何一方未以書面通知中斷，每年自動續約。

「這買賣不錯。」他說，「你寫故事，我們幫你處理。有時還會有工作找上門，比方說，某個編輯發現某期雜誌缺了一個稿子，需要有人盡快把這個洞填補起來；你反正就在辦公室，加上你又是我們的客戶。我會安排你優先得到這個機會。」

讚，我想。

「在這裡簽名。」他說。

我簽了。

「好了，過陣子就給你一百美元。」他說，「可是，別問我什麼時候。」他轉身，正要走，又轉了回來，做點修正。「事實上，」他說，「你只能得到九十元。十元是我們的佣金。」

3

態勢發展相當樂觀。我找到個不壞的工作、成功賣出第一篇小說，現在連經紀人都有了。儘管尚未謀面，但我有簽約。

我後來發現很多經紀人根本懶得簽約。他們深信人際關係的本質奠基在雙方善意的互動；不想續約也不勉強，好聚好散。我有過三個經紀人，不管哪一個，頂多就是握個手，並沒有發展出更深的交情。（其中一人，凱利、布拉霍爾與福特經紀〔Kelly, Bramhall & Ford〕的傑洛德・凱利〔Gerald Kelly〕，別說沒握過手，連面都沒見過。）

當時，就算是我知道這些，眼前擺著悉尼交給我的合約，依舊會簽得無怨無悔。我寫上我的名字，交還給他。這是正式的法律文件。我是作家了。

十五歲，剛上高中一年級的我，就知道我想當作家。這個想法是怎麼冒出來的，我記得一清二楚。

我的英文老師是玫・傑普森（May Jepson）小姐。她出了很多作文功課，對我很好。

寫作，素來難不倒我。有一次，老師要我們寫足兩頁，說明自己的生涯計畫。我知道我會上大學，這是家裡的規矩，但畢業之後要幹什麼，卻沒有清楚的概念。我父親是律師，但這些年來卻只零星執業過幾次而已；其他時間，他投資酒店、銷售保險、開了一間玩具店、參與開發計畫，蓋了幾棟房子，還從事好些自認會發財的事業，幾乎全部鎩羽而歸。我一點都不想尾隨他的腳步。他曾經希望我能當個醫生，但我不認為自己對行醫有絲毫的興趣。我不知道我能幹什麼，在作文中流露出徬徨，列舉了我很小很小的時候，見識過的幾種職業。我一度想要當清潔隊員，直到我媽說，做那行手掌很容易皸裂，這才作罷。通篇作文行筆輕快。我還記得結尾。「讀過這篇作文，」我寫道，「有件事情倒是很清楚——我絕對當不了作家。」

傑普森小姐給我A。更重要的是她寫的眉批，就在我結尾最後一句的旁邊，她寫道，「我可沒這麼確定。」

讀了她的評語，我立定決心，我要當作家。

我已經得到某些證據：我或許稱不上才華洋溢，但對於文字的運用，相當得心應手。八年級，校方要求我們參加由《水牛城晚報》（*Buffalo Evening News*）與美國退伍軍人協會聯合主辦的徵文活動。那年的主題是：「什麼是美國主義？」艾利郡的所有學校都必須要投稿。最後，從普通高中、重點學校湧進的徵文，分成三類：城區、郊區、教區，決選出最後的十二篇優勝作品，而我的作品正是其中之一。

我已經不記得我寫些什麼了。想來跟卡爾文·柯立芝（Calvin Coolidge）的牧師反對罪惡（譯註：柯立芝是美國第三十任總統，有一次跟夫人上教會，記者上前追問佈道內容。夫人說，講的是罪惡。記者還問，「牧師是怎麼說罪惡的呢？」柯立芝在一旁搭腔，「當然是反對啊。」）一樣，我肯定擁護美國主義。有關內容，只記得這麼多了。交稿前，媽媽幫我看了一遍，做了一兩個小修正，這裡、那裡潤色一下。我的英文老師，詹森女士，選了兩篇：一篇是我的，另外一篇的作者是代表第六十六公立學校的羅蘭·琥珀（Lorrain Huber）。她沒動內容，卻對筆名有點意見。

沒錯，筆名。所有的文章必須用假名進入評審程序，不能讓評審認出某某投稿者是朋友的孩子、是出自主流或是少數族裔，以免偏見作祟，影響最終結果。

所以，我必須想好我第一個筆名。為了符合這次徵文的精神，我決定從三任總統的名字中，各取一個，組成盧瑟福特·戴蘭諾·昆西（Rutherford Delano Quincy）做為筆名。這名字來自盧瑟福德·伯查德·海斯（Rutherford Birchard Hayes）、佛蘭克林·戴蘭諾·羅斯福（Franklin Delano Roosevelt）與約翰·昆西·亞當斯（John Quincy Adams）。

（我依舊記得歷任美國總統的名字，以前可以——如今還是可以——按照順序背出來。但我不是靠死記，而是因為我蒐集郵票，當時流通市面的常用郵票，就是以總統的頭相為主題，面額對應任職順序。比方說，第十九任總統，盧瑟福特・戴蘭諾・昆西，面額就是一毛九分；約翰・昆西・亞當斯印在六分錢的郵票上。總統系列在一九三八年發行，並不包括羅斯福總統。當時他還在世，是現任總統。活人不能出現在美國郵票上，唯一的例外是貓王〔Elvis Presley〕。）

所以，我給自己取的筆名就是盧瑟福特・戴蘭諾・昆西；但詹森老師另有盤算。盧瑟福特這個字太長了，直接縮成福特就好；戴蘭諾可能冒犯崇拜羅斯福的死忠分子，被她改成了戴蘭尼，昆西她沒有意見。

福特・戴蘭尼・昆西。第一眼覺得很蠢；但詹森老師也許真的是見多識廣。那一年，神來一筆，我贏了，更厲害的是，羅蘭・琥珀也榜上有名。

史無前例。我不知道當時水牛城有多少公立重點學校，算算少說八十來個。詹森老師堪稱是綜合中學界的麥斯威爾・柏金斯（Maxwell Perkins，譯註：美國出版界的傳奇人物，他曾經是海明威、費茲傑羅的編輯），羅蘭跟我的文章都登在報紙上，跟其他十名獲獎者一起到華府歡度耶誕節假期。

你可能以為成功的經驗，讓我興起不妨以寫作為生的念頭。研究一下投報率：兩百字的文章讓我出了一回鋒頭跟旅遊招待；日後，我寫更多，回報卻更少。真是人算不如天算。

當時的我並沒有這些算計。我根本不曾意識到一般人所謂的「寫作」。我讀書，也知道每本書都有作者。但我寫的短文並非寫作。要我交功課，我就寫好交出去。

真正把寫作這個點子，栽進我腦海裡的是傑普森小姐。我開始認真琢磨當作家的可能性。首先，我喜歡讀書，鑑賞能力比以前更精進。我在不經意間發現二十世紀的美國寫實小說，深得我心，一路讀了下去，找到什麼，就孜孜不倦的讀什麼：詹姆士・法洛（James T. Frrell）、約翰・史坦貝克（John Steinbeck）、厄尼斯特・海明威（Ernest Hemingway）、埃爾斯金・柯德威爾、約翰・奧哈拉（John O'Hara）、湯瑪士・沃爾夫（Thomas Wolfe）。大多數的作品掠過我的腦海，有些卻是船過水無痕，但我覺得這些小說實在是非常的寫實。

當作家？我想這是一個很不賴的想法。就連傑普森小姐都覺得我有這個能耐。那麼，何妨一試？

所以，我拿定主意，只要有人問我大學畢業之後要幹什麼？我一律回答當作家。好些人就此以為我想去報社上班，的確，在畢業紀念冊上，我的生涯規畫寫的是「新聞業」─來掩人耳目。但我心裡清楚，我並不想幹這行。幹嘛糾纏陌生人，問一些跟我沒關的問題？我怎麼可能做這些？又為了什麼要做這些？

不，我知道我要幹什麼。我可以寫詩、寫短篇、長篇小說，一定可以印行。大家愛不釋手，由衷欽佩我的偉大。

從這個時間點起，我寫出來的文字，絕大部分就是要讓人歡喜讚嘆。

我決定從傑普森小姐開始。已經有證據顯示，她傾向支持我的決定。我打點精神寫好每一篇作文，不管是詩，還是其他的形式，只要落筆，絕不掉以輕心。韻文，信手拈來，並不費力，一度懷疑是我與生俱來的專長。我的母親也喜歡吟詩作對，沒什麼天賦，只是在致贈生日或者新婚禮物的場合上，謅上幾句。舉個例子，我表姊菲—安・李普曼（Fay-Anne Lippman）嫁給了菲利浦・柏尼斯（Philip Bernis）。她準備一套特百惠（Tupperware，譯註：風行美國的塑膠食物容器品牌）慶賀，還在流理台邊，朗誦這首小詩：

他們說要開車送你回家
禮物裡少了首詩怎麼像話？
搜索枯腸絞盡腦汁，只能作罷
輕巧實用，心意滿滿，才是無價。
「曼」慢地以「菲」常有愛的方式裝滿它

俗話不也這麼講？哪壺不開就別提哪壺
至少你們彼此還有容器可以填補
或者，你寧可稱之為快樂廚房
在這裡你們彼此的情緒可以安心釋放

我當然不能說這首打油詩會讓奧格登・納許（**Ogden Nash**，譯註：美國的大詩人）嫉妒到椎心刺骨；但有兩點值得注意。第一，這首詩的「格律」不算差，韻腳押得工穩，別提哪壺與填補這兩個收尾也頗出色。（廚房與釋放差了一點點，但我們經常掛在嘴上，對民歌而言，這麼點誤差實在算不了什麼。**Home**跟**Poem**在水牛城是押韻的，相信我。〔譯註：指的是卜洛克媽媽這首詩的頭兩句：They tell me they send you home, If you bring a present without a poem。中文略有改動。〕）

到了第二年，我媽還把開場第一聯掛在嘴上，複述個十來次，樂此不疲。雖說她從來沒想要以賣文為生，卻展現相當專業的態度：只要常有佳作，一步一腳印，自然行穩致遠。

在高中剩下的那幾年裡，逮到機會，我就賦詩一首。在諸多兄弟會的舞會宣傳中，只有我們兄弟會的廣告，別樹一幟——幾首小詩，出自我的手筆。我幫朋友梅爾・賀威茲

（Mel Hurwitz）代寫一首情詩，獻給他正在追求的女性朋友，增添約會情趣。（我收了他一塊錢，這是我靠寫作賺進來的第一筆現金。不要問我這一塊錢拿去幹什麼了。也別問我梅爾究竟追上那個女生沒有。）

高中最後一個學期，不知道誰決定舉行「年級詩作」的選拔活動。優勝作品可以刊登在我們的畢業紀念冊——《班內特燈塔》（*Bennett Beacon*）上，頒贈作者「年級詩人」封號，照片跟畢委會幹部放在一起。

我投了兩篇作品。第一首是標準的抑揚五步詩格律（Four years have passed since the first we called you Home……〔首度稱你荷馬，已是四年前的往事，譯註：中文義譯無法貼合格式〕）；另外一首是印象派的自由詩。主辦單位全程保密，在決定優勝者前，評審無從知道投稿者的身分。我早就備好筆名等在那裡，福特．戴蘭尼．昆西，如果他們有需要的話。

「此處風景無限好，但我迫不及待，只想離開」的無韻詩（blank verse，譯註：使用抑揚五步詩格律，但無需押韻）獲選為「年級詩作」。「我知道這首詩是你寫的。」傑普森小姐偷偷告訴我。「我還認出你的另外一首。自由詩體。得到第二名。」

畢業之後，我就再也沒有看到傑普森小姐了。

我從來沒有回學校看過老師。有些老師真的很好，比方說，達莉小姐，教我三年拉丁文，影響之深，沒有任何一堂課能夠相比。雪曼小姐，一年級的西班牙文老師，很快就發現我不願意參加自習，想用每天最後一堂課的時間，做自己的事情。「現在我把你分到『西班牙文二』的非正式自修組，還是留在我班上。」她這樣跟我說——但我得在一年內，把兩年的西班牙文課程念完。

還有賴金先生，高二的歷史老師。他上課的時候喜歡在課堂上走來走去。開學沒多久，他抓到我在筆記本上塗鴉。「賴瑞，」他若無其事的說，「下課後來找我。」我去了，他叫我別在筆記本上亂畫，我說好，以後不會。第二天，我故態復萌——「賴瑞，下課後來找我。」我去了，保證這是最後一次。那週最後一堂歷史課，賴金先生臨時小考。週一早上，他把打好分數的考卷還給我，又說了一次，「賴瑞，下課後來找我。」那次我考了一百分。下課後，我去找他，他說，「賴瑞，筆記本只是協助你的工具罷了。你愛在上面塗鴉，就去塗吧。」

這個反應讓我留下深刻的印象。我沒騙你，至今難忘。賴金先生是偉大的老師，教育體系給他很豐厚的回報，直接升他為校長；只是這麼一來，後來的學生就無法在教室內，感受他的春風化雨。

我從沒回過班內特中學，或者參與六六年班聚會，也不曾見過詹森老師，或是葛林先生，他是一個妙趣橫生的人，也是很好的歷史老師。還有戈德法斯女士，五年級的導師，非常了不起；就是她說服我父母跟校方同意我跳過六年級課程，讓我在六年間都能脫離社會群體，冷眼旁觀。創作小說不可或缺的局外人觀點，難道不是來自我青少年時期的適應不良？我的家庭健全，不曾受到凌虐或者不當干擾。如果，我沒有放棄六年級的學習，說不定我的成長會更符合外界期待，當醫生、律師，或者去經商。

我再也沒見過我生命中的優秀師長，真希望我曾經探望過他們。如果真有機會，我尤其想去找傑普森老師。七〇年代末期，我出版第一本談寫作的書，特別講到她給我的提攜。我想寄給她一本，但是沒人知道她的地址。她在很久以前就退休搬去加州。我想她已經過世了，只是不確定她知不知道我當上作家，知不知道我的賣文念頭，就是受到她的啟蒙。

我希望我能夠好好的謝謝她。

我在高中的時候，首度使用筆名，還看到它被印出來，於是養成每天看晚報讀者投書版的習慣，非常喜歡來函中毫不造作的幽默。在電視上，看到「霍曼名人堂」（Hallmark Hall of Fame，譯註：這是美國老牌的綜合性節目，以電視版的《讀者文摘》自詡）版的《馬克白》之後，為了某些原因，決定自己也寫一封抒發心聲。我痛斥節目中的暴力內容，開頭是內容摘要（「他們先是殺了國王……」），結尾疾呼（「讓我們團結在一起，淨化我們的電視節目！」）使用筆名「艾勒爾·布里克」（Allor Bryck，譯註：他把Block拆在兩邊，名字的部分l跟A互換，再把ry搬過來幾乎就是Larry了）取代勞倫斯·卜洛克。不算太高明的文字遊戲。

看到自己的文章被印出來，滿足感之強烈，至今還是覺得訝異。見報之後，引發莎士比亞捍衛者反擊，甚至為此動怒，看起來更是過癮。這麼多傻瓜把我的文字當回事，讓我受寵若驚。我不知道史帝夫·亞倫（Steve Allen，譯註：美國知名節目《今夜》的第一任主持人）有沒有把「艾勒爾·布里克」當回事。他曾經在《今夜》秀裡面讀過我的那封信，不過目的是告訴觀眾，外面的怪胎還真不少。

我真想看那集節目，但知道有這麼回事，就夠我開心的了。

幾年之後，我為作家開設研討課程，取名為「為你的生命寫作」（Write for Your Life，我誠心誠意發誓，當年真的應該取別的名字。因為聽起來，人們可能誤會我辦的是Right For Life〔生命權利〕，搞不清楚是支持還是反對墮胎。有兩家旅館拒絕我們的預約，他們說，他們不想捲進爭議裡。「爭議？」我聽到自己在尖叫。「我們只是教人寫作而已，有什麼爭議啊？」「這樣一來，我們更加確定講師沒什麼好講，學生也沒什麼好學的了。」他們這樣回答。）

我跟琳主辦的「為你的生命寫作」，目的是告訴與會者寫作的幕後遊戲（可惡！我應該取這個名字），日後發展成「最高級別」的講座。有一堂核心課程想說明我們這行業有哪些根深柢固的錯誤信念，又會對寫作帶來怎樣的負面影響。我們巡迴全國各地，必上這門課，久而久之，發現好些作家圈裡以訛傳訛的流言。其中一個誤解是：「洩漏我們的真實身分，並不安全。」

大家把這句話奉為圭臬，但渴望成名，又是驅動小說作家創作的主要動力。兩者明顯矛盾。我一路走來，覺得自己多半也是這種心態組合。

一方面，我吶喊希望自己能被看到、被聽到、被欣賞；另外一方面，我很確定：如果人們真的認識我，一定不會喜歡我。隱藏真我非常關鍵。下面這個故事就能說明我緊張到什麼程度。好些年來，我一直擔心哪天我接受手術，全身麻醉；麻醉消退之後，開口講話。講話到底是有什麼好怕的？拜託。我是做了什麼見不得人的事情嗎？只是在這樣的情況下，一開口，別人就可能察覺到真正的我。這很危險。

寫小說是完美的解決方案。「看！」我的故事會叫道，「這是我啊！但千萬不要看偏了，這並不是真正的我，只是個故事罷了。」

筆名在這過程中助益甚大。筆名，讓我能夠避開其他人可能的負面評價，賜給我無比的自在。只要別洩漏太多關於我的私事，愛怎麼下筆，都無需憂慮。絕大多數的讀者不知道作者是誰；而我的朋友心裡清楚，那只是我的遊戲文章，犯不著冠上我的真實姓名。

此外，筆名也能讓我自己扮演一個角色。小說創作，自始至終，都在演戲，心思從軀殼釋放出來，進到小說角色裡面。最後，筆名會發展出自己的人格，讓這個偽裝成作家的人，再去偽裝成某個角色；在原本就戴著面具的臉上，再加上一層面具。我有幾個筆名，被歸類成「現代作家」。其中兩個——吉兒・艾默森（Jill Emerson）與約翰・華倫・威爾斯（John Warren Wells）曾經相互奉獻作品給對方。我發現我意圖把兩人送做堆，在《時代》上面刊登一則結婚啟事。

但是時機尚未成熟。當時的我，日日夜夜都在寫小說。晚上寫的，用我的真名，寄出去賣；白天寫的，則以信件的方式呈現，筆名叫做「史考特・梅雷迪斯」。

4

我在史考特．梅雷迪斯經紀公司安頓下來以後，就搬離了原本的東十九街客房。這個房間很乾淨、價格也合理；就是空間侷促、沒什麼情趣。比較麻煩的是左鄰右舍都不是住宅，入夜或者週末幾乎跟死城一樣，得走好幾個街區，才有辦法找到吃的或喝的。

即便如此，要不是有朋友提議一起找間公寓分租，我大概還會窩在那裡。這個朋友叫做鮑伯．安朗森（Bob Aronson），預計六月從足足念了五年的安提阿畢業。我忘記他打什麼工了，只記得那工作挺無聊的，來紐約，只是臨時性的安排，爭取多點時間思考：是該回黃泉把剩下的幾個學分補齊？還是接受徵召去當兵？

我跟他並不熟，但覺得他人還不錯。我們在西七十幾街找了幾個地方。最後循線來到亞歷山卓西一〇三街二五〇號的長住旅館。一個月一百二十元就能租到一房一廳，分攤下來，每個人每週還花不到十五元，就可以租到一個寬敞的臥室、一個很大的客廳，一套普爾曼（Pullman）廚房，一間獨立的浴室。這地方配備家具，換洗床單，每週一次的女傭打掃。不需要付電費、不需要簽約、不需要預付押金，還有一部電話，飯店總機等於是提供免費的答錄服務。

附近的環境原先算不上是我的首選，但結果發現還滿方便的。跨區捷運（IRT）百老匯地區線，在一〇三街轉角有一站，距離我們家門口，不過半條街的距離。紅煙囪咖啡店就在地鐵站附近，做出來的漢堡，傲視全紐約，盤子上擺一片厚厚的甜洋蔥跟一小盒芝蘭口香糖。沿著百老匯大街一路走來，有不少小吃店，包括了波德瑞克餐廳跟大上海。

附近酒吧雲集。我唯一記得的是最常去的艾其姆，在百老匯的東邊。店名就是把麥克（Mike）倒過來拼，我始終沒弄明白他們為什麼會冒出這個點子。有一次鮑伯跟我一道去，他弄了一杯「深水炸彈」——一小杯店裡面的招牌威士忌跟一杯啤酒，再把威士忌連杯子一股腦的扔進啤酒杯裡。我不清楚搞這個幹嘛，但非常想要嘗試。我第一次讀亞倫．金斯堡（Allen Ginsberg，譯註：美國詩人、社會運動者，「垮掉的一代」代言人，《嚎》是帶有自傳性質的詩作）的《嚎》（*Howl*），記得就在艾其姆。有人隨意撿起一本，我們就著黯淡的燈光瞇著眼睛看，但好像不在我喝「深水炸彈」的那個夜晚。

馬賽旅館跟百老匯與一〇二街交叉口，剛好一個街區之隔。那地方名聲不大好，被稱為妓女大本營。我確定康乃爾．伍立奇（Cornell Woolrich，譯註：美國黑色小說作家，卜洛克曾經幫他續完《入夜》）曾經住過馬賽旅館，跟我待在亞歷山卓同一時期嗎？已經無法考證了。

亞歷山卓至今還在，改成了公寓大樓；不確定是合作公寓還是共有公寓（condo，譯註：前者採取股份制；後者住戶擁有真正的產權，可以自由支配，不受管委會限制）就是了。紐約以前有很多像是亞歷山卓那樣的長住旅館，乾淨雅致、價錢合宜，很容易搬進來，很容易住下去，也很容易搬走。現在幾乎都消失了，非常可惜。少了它們，這城市就沒以前那樣友善了。

我走遍各大人力仲介公司，應考《響尾蛇穴》，卻始終絕口不提回安提阿上學的事情。我沒那麼傻，找工作這麼困難，跟人家講我只做三個月就要回學校去，誰肯雇用我？根據簡章規定，我必須在十月底返回學校。但那時，我才剛適應史考特・梅雷迪斯的工作環境；所以，幾乎確定，是不會回學校去了。我上大學的目的就是為寫作生涯做準備，如今，態勢已經這般明朗了：我在第五大道五八〇號學習會比較有效率。

我搬進上城的亞歷山卓，想來就是打定主意了。如果忙了半天，最後只住一兩個月，何必大費周章？過了好一陣子，我才跟父母提到這個決定，大出意料之外，他們沒怎麼反對，全心全意的支持我踏上創作之路，很高興知道我賣掉第一個短篇故事，也看得出來在梅雷迪斯經紀公司的工作，深具發展潛力。我懷疑，我老爸說不定還暗自竊喜，因為接下來這些年，他都不必再去張羅我的學費了。無論如何，我及時通知學校，我暫時不會復學，就此把安提阿拋在腦後。

我光去考慮別的事情就夠忙的了。要說我在辦公室上一天班，實際學到的東西，相當於一個學期的課程內容，並不是太誇張的比喻。導師不是史考特，他拒人於千里之外，巫師般的神隱在私人辦公室的大門後面。我都是從張家長、李家短的閒言閒語裡摸索，在大辦公室中，跟同事討論專業課題，潛移默化。

梅雷迪斯經紀公司的後起之秀，就錯失了這樣的學習契機。兩年之後，我離開經紀公司，史考特他們搬去比較寬敞的七樓。新生代依舊在撰寫收費報告、依舊在詐騙上當的客戶，但桌距隔得遠遠的，根本聽不到老鳥在說什麼。當然，工作經驗應該還是很有價值，但他們就受不到我過去的教育，也不可能像以前那麼好玩。

梅雷迪斯經紀公司也提供道德教育。我們寫的每封信都是刻意操弄事實，以一種野蠻無懼的精神，務求一揮而就。審閱報告首先要恭維這個毫無天分的作家才華洋溢，再用精心計算的完美公式批評他的情節布局，鼓勵這個可憐人再寄一篇故事來，再敲他一記竹槓。這個「工作倫理」在每個層次上，都有不容挑戰的權威。專業客戶的處置是尖銳的對比，編輯、發行只能任其擺布。

就我記憶所及，幹這行，我始終坦然，不曾有一絲愧疚。我在公司適切的培育下成長，並無意扯謊、欺騙或者竊盜。在克服《響尾蛇穴》障礙之後，公司的要求我照單全收，溫馴得跟「好德國人」（Good German，譯註：指的是二戰前及二戰中，坐視納粹崛起擴張，始終不曾反抗的德國人）一樣。他們附上的審稿費，就是劣等民族（Untermenschen）奉獻的鮮血，是這星球上任我們壓榨的資源。元首（Der Führer），永遠是對的。

經紀公司的道德氛圍對於亨利・摩里森有非常明顯的直接衝擊。雙子座的他百分之百符合這個星座的特徵，對於事實有著矛盾的感受。（這點我必須指出，這是我事後的理解，十九歲的我，連雙子座是什麼都不知道。）我只記得他說他要寫一部以作家經紀公司為主題的三部曲。從此之後，他經常說要寫辦公室裡的這個、那個，但據我所知，從來也沒寫出個所以然來。三部曲的名稱倒是想好了，《死命的扯謊》（*We Lie Like Hell*）。

我還真沒法把辦公室裡的閒言閒語，全部打聽明白、沒法四處串門鬼混，因為我工作實在太忙了。

我的標準日常如下：八點三十分左右起床，九點鐘到辦公室。我不認為我起床後，出門前，還有吃早餐的時間。經常是在路上扣襯衫的釦子，在捷運上打好領帶。（我們那時都穿西裝、打領帶上班。我也不知道為什麼，辦公室裡沒有任何人需要拋頭露面去見客。快要離開梅雷迪斯經紀公司之前，我買了一件黑色扣領襯衫，打一條白色領帶。鮮少涉足辦公室的史考特，那天不知道為什麼突然造訪，應該是被他看見了吧。稍後，亨利把我拉到一邊。「賴瑞，」他說，「史考特沒聽說過馬克・賀林傑〔Mark Hellinger，譯註：美國記者、作家、製片人，正字標記就是黑襯衫、白領帶），不太希望你穿黑襯衫，打白領帶進辦公室。」第二天，有點反骨的我，還是穿了一件黑襯衫現身辦公室，但這次換了一條黑領帶。沒人有半點意見。）

我九點在桌前坐定，待一會兒。悉尼在另外一頭把卷宗整理好塞進檔案櫃，我從中挑幾個出來。照規定，我們只能拿最前面的那一個卷宗；實際上，我們當然得精挑細選一番。這可是攸關利益的，比方說，你要盡可能挑首次投稿的人，因為你根本不需要仔細看內容，就可以按照制式規格準備動筆了。

理論上是這樣，我幹過好多回。只要看第一頁，當下就可以判定這個故事很爛。接著，我把信紙捲進打字機，先打日期、作者名跟地址，往下跳四行，開始回信。首先，我要謝謝他把故事寄給我們審閱，告訴他，我看得出來他經常坐在打字機前——這個句子是我從先前的審閱報告裡偷來的，很親切，不卑不亢，只要有機會用上，一定不客氣。我會睜眼說瞎話，明明寫得荒腔走板，我還是恭維他寫得精采紛呈；接著，我要解釋布局的重要性、強調情節架構的神聖不可侵犯。「在我的書，《寫來賣》裡講得很清楚。」這是開頭，隨後是冗長的段落，基本上都是老調重彈，這一封跟那一封沒什麼差別。

寫完情節架構，第二頁大概也處理完一半了。「現在來看看你的小說。」我會這麼寫，真的瞄上兩眼，確認角色的名字與故事裡的某些細節。之後，目光轉回打字機，使用情節架構的專有名詞，批評他的寫法。最後一段，語氣轉得舒緩些，敦促他坐回他絕不陌生的打字機前。我會溫暖的鼓勵他，我們渴望近期內再度看到他的作品。祝你好運，傻瓜！

萬一這個作家真的重整旗鼓，寄來第二篇小說——或者第三篇、第十篇，甚至第十二篇——我就得發揮更多的創意把信紙填滿，也意味著我得把內容看得更仔細，才可能找到比較具體的線索去發揮。我可能會評論寫得還不錯的個別角色；找得到的話，甚至還會引用幾個讓人有感的句子；但，不可避免的是，我還是會挑情節的毛病。

「我不知道你以前有沒有聽過，」我會這麼寫，「我們還是再複習一次『情節架構』……」

我總能想出辦法灌足一封兩頁的信紙。第一次來投稿的人當然比較好處理，只要有機會，我就盡可能的搜刮，多多益善。別的同事也不是傻子，很快也歸納出相同的路數，絕對不會讓任何人壟斷第一次自投羅網的菜鳥。無所謂，我只要確保我的份額就好。

另外一個增加收入的方式就是審書。你應該還記得，一本書，五點；一個短篇才一點。一般而言，一本書平均是兩百頁；一個短篇故事，五到十頁。表面上看來，一本書的長度相當於十到二十個短篇故事；靠回信過活的人，至少要達到每天的點數，貪婪點的，想多賺點錢，不是該把短篇當成閱讀主力？不對嗎？

錯！最不重要的環節就是閱讀，花費最多時間的是寫信。短篇小說的審查報告大約七百五十字。給書籍作者的回信大約四頁、一千七百五十字，酌收二十五美元。也不過多花一點功夫，回信長度兩倍，卻能得到五倍的報酬回饋。

那麼，到底閱讀會佔用多少時間呢？沒多久我就學會怎麼在十五二十分鐘內讀完一本書。我的眼神集中在每一頁的中間，翻頁，不跟著上下移動。翻完之後，我相信資訊吸收已畢，可以回信了。寫完報告，一個小時內，我就把這本書忘得一乾二淨。這一點一定要堅決實踐，誰會想把垃圾堆在腦子裡呢？

這也不是說，我對每本書都是這個態度。經常，我也想要放鬆，舒舒服服的坐下來，讀點東西。你應該努力工作，但這地方畢竟不是血汗工廠。動作俐落一點，盡快抓到訣竅，那麼，你每週都能達標，不至於累死。

偶爾也會有人寄來讓我能夠享受閱讀樂趣的小說，但並不意味著這篇作品賣得掉。雖然我讀得很開心，最終還是會退稿。

過了這麼多年，我跟你保證：當初伏案閱讀的稿件，現在還講得上來的，寥寥無幾。其中，有兩個作者的作品，讀來未必全都會眉飛色舞，但至今讓我津津樂道。

第一個是一對夫妻聯袂的創作。先生的名字叫羅易斯，太太叫南希，忘了姓什麼。他們一起構思情節，先生負責寫作，太太負責寫信給史考特跟寄送。（他們是這麼說的。哪天真相大白，原來其中一人只是另外一人的想像，我也不訝異。）

他們第一次來稿湊巧落在我手上，之後，我設法讓他們後續的作品，都能交給我審閱。我願意免費幫他們看。我甚至願意付費幫他們看。

文筆流暢鮮活不在話下，但這壓根不是重點。他們的小說看了讓人血脈賁張，刺激「性」比巴黎實際提供的「服務」，還更勝一籌。單就這一點，這種書就沒有出版社敢出，說來也可惜，因為我一頁一頁的看下去，連氣都喘不過來。我不只想要讀更多，更想認識他們，槍殺羅易斯，跟南希私奔。

請他們淡化性的描述毫無道理，扣掉那些，書裡也沒剩什麼了。我不希望他們輕描淡寫，我希望他們加油添醋。

很有趣的是：羅易斯與南希剛巧比潮流快了一步。一九五八年夏天，哈利・薛頓（Harry Shorten，譯註：美國作家、出版人）就在「米德伍德淘兒」（Midwood Tower）開了一條情色小說路線；不到一年，比爾・漢林（Bill Hamling）在「床頭書」出版類似的產品，緊接問世。羅易斯與南希下筆活色生香，量產驚人，根本就是天生好手。每個月都能幫好幾家出版社寫上一本，絕無問題。

那時候，我已經離開梅雷迪斯經紀公司，開始創作情色小說。好些年來，我一直都在狐疑：經紀公司裡面有沒有人想到羅易斯與南希，趕快簽下來訓練。真希望能有伯樂。老天知道他們倆多有天分。

還有卡斯威爾・歐登（Caswell Oden）。

他的故事至今歷歷在目。我特別把他的個案安排進「為你的生命寫作」研討會的課程。每一次我講到他那深具教育意義的經歷，總會引起哄堂大笑。

歐登先生相當早就從職場退下來了，他靠石油買賣狠撈一票，住在路易斯安那州的什里夫波特，始終難以忘情寫作，渴望自己的故事刊登在全國性的刊物上。只是他知道不可能。全紐約的編輯他都很清楚，這些人就是跟他過不去。現實如此，無計可施。

但嘗試看看，總是無所謂吧？

我早就忘記他的第一篇小說寫的是什麼了，除了，嘿嘿，絕對賣不出去之外。我們按照付費審核的公司規程，準時把報告寄給他。他回頭又寄來一篇新的故事，抱怨大家都不想買他的作品，結尾新增一個提議。史考特手上不是有好些大咖職業作家嗎？經紀公司根據他們的意願，尋找最佳商機。假設，史考特找個這樣的作家幫他寫篇小說，用歐登的名字發表呢？這樣一來，雜誌就會刊登，職業作家稿費照拿，史考特的佣金照抽，除此之外，歐登也願意再付一點錢。皆大歡喜，只要看到他的名字出現在全國性的刊物，他就心滿意足了。

這可不成，我告訴他，這有違專業倫理。接著我跟他解釋，他的最新作品依舊才華洋溢，只是需要加把勁，不難脫穎而出。

他送來另外一個方案。他承認上次的建議確實不大好，因為編輯一看到他的名字，他說，就難逃退稿命運——這些混蛋專找他麻煩，找槍手也沒用。要不，我們倒過來做怎麼樣？小說還是由他來寫，我們找個願意出借名字的頂尖作家，只要看不到「歐登」這個姓，編輯保證會買。他雖然沒法看到自己的名字，卻能看到自己的作品刊登在全國性雜誌上。這樣可能更棒，小說究竟是誰寫的，他心裡明白，算是他跟可惡的編輯開個無傷大雅的私人玩笑。這個點子不知我們意下如何？同時，再附一篇故事恭請審閱。

這個點子也被我們拒絕了。由我負責出面說不，抱歉，還是有違我們的專業倫理。這樣吧，何不放棄偷雞摸狗的歪路，乾脆寫出一篇好作品，自己在市場上殺出一條血路呢？喔，醜話說在前頭，這篇我們無能為力。

他下次的來信，真的只有一封信，沒有作品。他說，他覺得我說得真的很有道理，也許他一開頭就走上岔路了，否則，他的小說沒理由一直無法被市場接受。有沒有某種類型的作品就是比較容易刊登出來呢？有沒有某些特定雜誌就是傾向接受新手作家？如果有，請我們明示，他就去創作那種作品。他不在乎什麼類別，只要有成功把握，他就去寫。

我們商量了半天，最後達成共識，這樣回覆最合適——「告解類」，我們告訴他，門票不難買。告解類雜誌（confession magazines，譯註：偽裝成第一人稱的「真實告解」，多半是以中產階級的醜聞為主題。一九二〇到三〇年代非常風行，隨後轉化成一種創作類型）的市場不算大，不過，看不到自己的名字印在上面，無法感受悸動，因為告解雜誌根本不會刊登作者的名字。雜誌上的故事，理論上都應該是真的，醜聞的主角就是敘述者。（讀者真的吃這套嗎？我不時懷疑。）

「告解類」的需求勁旺，我們解釋說，對於新手特別寬容。儘管也有高手專攻這個類型的頂級市場，但不附作者姓名，所以也不會出現什麼眾所皆知的大咖。如果他真的想寫點什麼刊登，「告解類」最有機會。我建議他去買幾本市面上主流告解類雜誌，仔細閱讀、分析內容，覺得還能勉為其難，就不妨一試。

他很快又回信來了。他說，他立馬衝出去，把在什里夫波特找得到的告解雜誌悉數掃回來，正在讀一篇短篇，描述德意志國防軍入侵比利時的暴行。他現在對公式很有概念了，希望我知道，他會照著公式布局、行文，故事會寫得多讓人眉飛色舞，當然是搆不上，但應該可以正中目標，寫出雜誌最需要的故事。他信心滿滿，迫不及待，稍安勿躁，馬上就有作品奉上。

我們恭候。

不到一週，我們就收到他的稿子，全盤照抄公式，亦步亦趨。

總共有一萬五千字。

那時候的《告解》雜誌有非常嚴格的長度限制。短篇多半在五千到六千字之間。除此之外，絕大多數的告解雜誌只會刊登一或兩個中篇，大約一萬至一萬兩千字。

從來不曾看過他們會用一萬五千字的稿子。

一好球。

這故事是男性觀點。告解雜誌設定的唯一讀者是女性（我總覺得這招不大聰明）。在這行業裡，沒人在乎故事是誰寫的，但主角，無一例外，一定得是女性（一樣，這種設定未見高明）。包含部分男性主數者的作品，非常偶爾，會得到青睞；但其他雜誌的編輯政策很硬，這樣的稿子就是不收。

兩好球。

無論如何，據我們所知，沒有任何一家雜誌刊登過男性觀點的作品。但我們的歐登先生，看了半天公式，卻照抄出一篇超長的男性觀點小說。

但是，嘿，這還不算什麼喔。我們不用把字數數清楚，甚至也無需判定他是不是採用男性觀點，就知道卡斯威爾．歐登絕對無望突破僵局，創下有史以來第一次銷售成功的紀錄。只消看標題就知道沒救了。

首先，我要跟各位解釋一個背景，協助各位理解。那時的告解雜誌是非常假正經的。我最後一次聽到告解雜誌這個名詞，它們已經口無遮攔、挑逗猥褻，就跟肥皂劇、晨間談話節目，或是現在流行文化一樣墮落。但在一九五〇年代末期，他們卻是避著限制級話題，能躲多遠算多遠。

歷久不衰的公式是：罪惡、折磨、懺悔。折磨，盡可能椎心刺骨，懺悔也不妨誠惶誠恐；唯獨這罪惡，只能隱身幕後，語焉不詳，絕對不能讓讀者看到血脈賁張，必須大費周章的想像，才揣摩得出主角做了什麼，到底對「她」怎麼了。嚴禁活色生香，不准活靈活現，文字要坦蕩，在教堂大聲朗誦，也能了無愧色。

他的標題是什麼，你知道嗎？《我勾搭上小姨子》。

在「為你的生命寫作」研討會上，我用卡斯威爾・歐登做例子，說明生命中的負面想法有多麼頑強，總是在心裡給「偏不信邪」的衝動，保留抵禦外界衝擊的港灣。那位住在什里夫波特的朋友，一直認為各大刊物的編輯絕對不會採用他的來稿，也一再保證要克服老毛病。事實上，他的所作所為卻在唱反調，間接證明真的不會有任何人願意買他的稿子。他自認把告解雜誌市場研究得很通透，坐在打字機前，開始工作，卻依然故我，編輯還是不屑一顧——這跟他這個人沒關係，任何人送這種稿子去，下場都一樣。

「每個人難免都有負面想法。」我總是這麼說，「我們自以為在對抗負面想法，其實明知故犯，反倒證明它們牢不可破。不管是創作，還是真實人生，希望這位仁兄都是最後一個想跟小姨子勾勾搭搭的人了。」

我伸手進檔案櫃找卷宗，除了初次投稿、讀來興味盎然的作品之外，當然希望能發掘賣得出去的投稿。動機很簡單，明擺在那裡。如果我們採用了這篇故事，我只需要打三行字，不需要劈哩啪啦的硬灌水到兩整頁。

想偷懶省點工，會不會誘使我們盡量推薦來稿呢？其實，我們知道自己的斤兩。按照規矩，要收一篇稿子，公司不可能聽信審稿菜鳥的意見。如果我看上一篇挺不錯的稿子，覺得它有機會賣得出去。我能做的事情就是交給專業老鳥複審——第一關是吉姆．波漢，兩個月後，吉姆去忙別的事情了，工作交給亨利負責。（我始終弄不明白吉姆到底幹什麼去了。他的消失彷彿在逃避——比方說，逃避史考特．梅雷迪斯。我猜這地方快把他逼瘋了。）

如果老鳥也覺得這篇稿子不壞，會再還給我們接手——打一封三個句子的通知信。如果覺得不怎麼樣，就皺皺眉頭退稿子。老鳥等於是在審閱我的鑑賞力、判斷我的市場認知；所以，我會盡一切可能避免他皺眉。畢竟，我的工作並不是在陰溝裡淘鑽石，只是垃圾回收罷了。

即便如此，我偶爾還是會看到幾近完美的作品，跟我在陰溝裡蹣跚撞上的廢棄物，有著天壤之別，我實在無法視而不見，非得推薦不可。絕大多數是短篇小說，一般賣到二級市場；但我也看過一篇處女作，出自查爾斯．盧揚（Charles Runyon）之手，我很喜歡，老鳥也愛，才拿去第一家出版社金獎，立刻就被搶購。好多年後，我在美國推理小說作家晚宴上見過他一次。那時他已經出版了好幾本犯罪推理跟科幻小說。

我對於告解市場了解不多；儘管我非常清楚絕對不能跟小姨子勾勾搭搭。有一天，在我桌上堆成小山的稿子裡，蹦出一個告解短篇，作者是首次投稿的芭芭拉・邦漢（Barbara Bonham）。我一眼就看出這故事不同凡響，亨利認定我的眼光無誤。我寫信給她說，這篇稿子我們要了。她回信之際，又附上一篇新的小說，當天我讀完，交給亨利複審。我們把她的作品寄給第一個編輯，他讀完就說要買。第二篇品質一樣精湛，我們寄合約給她。她靠寫告解小說，日子過得挺愜意的，我相信現在她還在創作羅曼史作品。

我另外一個私心鍾愛的作家叫做葛洛佛・布林克翰（Grover Brinkman）。如果我沒記錯，他好像住在伊利諾州鄉下。這人不是我挖掘的——長久以來，他就是我們的收費客戶。我並沒有看遍他所有作品，但只要落到我手上，我都會交給亨利，他多半也同意我的判斷。他的作品絕大多數賣給次級推理犯罪小說雜誌，每篇三十到四十美元。但是，《真人故事》（*True Men's Stories*）的哈洛德・史特洛賓（Harold Straubing）愛不釋手，每篇都不例外；只要是布林克翰寫的，三千字的短篇，他不時會出兩百元的高價。

布林克翰經常問我們可不可能把他列為專業客戶？這個要求天經地義，但我們每次都回絕。我猜史考特是覺得沒有什麼佣金好抽，既然布林克翰每篇故事都願意附上五元的審稿費，那麼何樂不為呢？

我一直在想布林克翰後來到底怎麼了。個性謙和低調的他，在鄉下開一間電影院，收工後熬夜寫作。在那時候，他的文筆比我好太多了；如果找到合適的經紀人，他的日子應該過得很寬裕才對。

我覺得在回憶長巷中歧路、旁枝太多了。我本來打算帶著讀者走一趟我的日常生活，但這會兒，我連早餐都還沒吃呢。

大約十點鐘，我可能已經打完當天的第一封回信；瓊會打電話到對街的咖啡館，給我們點點什麼。咖啡時間就是我們額外的福利——史考特付錢——非常受到歡迎。我通常點的是燕麥吐司跟一杯熱巧克力。

我們有一個小時的午餐時間。我們最常去的地方就是對街的雪莉餐廳，隨便叫客速食。在第六跟第七大道之間的四十七街，其實有很多選擇，味道很好，但價格不斐，芬德多（Fundador）、葛斯與安迪餐廳（Gus & Andy's）或者阿勒莫辣味屋（Alamo Chili House），如果不要豆子，把配菜裝足，每盤多付一毛五。第六大道有個午餐吧，叫做方便廚房，一大碗燉湯只要九毛五，漢堡好吃的程度直追紅煙囪。

有的時候，我們幾個會聚在一起共進午餐，經常選擇西四十八街的中國餐廳，何園

（譯註：音譯）。亨利一直沒弄懂我為什麼總是點熱火雞三明治，之後的好多好多年，他始終堅信我討厭中餐。其實我非常喜歡中國餐點，固定去亞歷山卓轉角的大上海。但是，我不喜歡何園料理中國菜的方式，他們的廚房一看就倒胃口。可是，換個角度看，他們做的熱火雞三明治，卻是美味得讓人讚嘆。

午餐之後，我返回辦公室做差不多的事情，一直做到五點。下班時間到了，我可能會多停留一會兒，把手上的回信處理完。

我沒有保留記錄。但我猜每週都超過配額十五到二十點，週薪稅前七十五到八十美元。（報到幾個月之後，我想測試看看：如果我放進全副心思，到底一個月可以賺多少錢？我每天都把工作帶回家——有一陣子稿件積壓過多，公司鼓勵我們利用空閒時間自行處理。我真的拚了老命在一週之內衝上一百一十點，賺進一百三十美元。這是一個非常了不起的成就，但我完全不想再試一次。）每週五早上，我們要跟悉尼回報，下班前能做到幾點。（過高、過低，都可以在下週調整。）數據蒐集齊全之後，他就會差遣莫瑞去銀行。當天稍晚的時候，我們就會收到薪水袋。裡面裝的是現金，用不著排隊上銀行——又一個深受歡迎的福利。

現在我該講講莫瑞這人了。我真覺得這個人值得一點篇幅。莫瑞・偉勒（Murray

Weller）是一個徹頭徹尾的小人，看了就討厭。他的功能相當於地鼠頭目，早上到郵局取回郵件，晚上再把要寄的東西送去郵局，此外，還負責監督跑腿的信差。

（悉尼雇用一批信差，用他最得意的方式篩檢應徵者。他總是問他們知不知道範德堡大道〔Vanderbilt Avenue，譯註：在紐約中城〕在哪裡？那是他的「響尾蛇穴」，對考試結果堅信不移。有一次他在忙別的事情，叫我代他去面試某個應徵者。「記得，一定要問他知不知道範德堡大道在哪裡？」他告訴我。來人是一個看來倒楣一陣子的中年人，很明顯的，他比那些心不在焉、幹兩個禮拜就辭職的年輕人，更需要這份工作。我對這個人頗有好感，直到我問他知不知道範德堡大道在哪裡。這個倒楣鬼一點線索沒有。「就我來看，這人挺合適的，」我跟悉尼報告，「老好人一個，工作確定很勤快。」「他答得出範德堡大道在哪裡嗎？」「他一定找得到的。」我說。「怎麼可能找不到呢？」悉尼說，「你就問，總有人會指給你看，當然找得到。這不是重點。我們反正也不會去範德堡大道，那裡半家出版社都沒有。但一個人知道範德堡大道在哪裡，證明他了解中城。連範德堡大道都沒聽過的人，我們不能雇用他。」我只好回去跟那個可憐蟲說，抱歉，我們用不上他。我真希望當時我有點見識，乾脆騙悉尼不就好了？我騙了那麼多投稿者，這不是我工作的一部分嗎？我那時到底怎麼了？）

莫瑞很糟糕——言行粗鄙、一副流氓樣、邋裡邋遢，而且笨得要命。五短身材的他，不只髒，而且殘忍。他可能有一支日後唐・強森（Don Johnson）在《邁阿密風雲》（*Miami Vice*）用的刮鬍刀（譯註：唐・強森在《邁阿密風雲》鬍渣渣的造型，大受歡迎，廠商推出一種刮鬍刀，刮完下巴還是跟砂紙一樣）原型，因為他總是三天沒刮鬍子的狼狽相。我還真不知道他是怎麼把鬍子留成這樣的。他老是愛挑逗瓊。如果能夠不碰到他的身體的話，我想瓊一定非常想殺死他。他一天到晚向我們展示黃色照片。某次，他得意洋洋的炫耀一張讓人看了為之心碎的快照，裡面有個小女孩把衣服掀到頭部：這個場景我終生難忘。上帝垂憐，那是他的女兒。

莫瑞對雇主絕對忠誠。單靠這點似乎也沒法解釋他為什麼會出現在公司。他是怎麼保住工作的？又是什麼機緣讓這家公司當初會雇用他呢？這是梅雷迪斯經紀公司裡真正的謎團。始終不曾有人提出合理的解釋。

幾年之後，消息才傳開。原來這個小混蛋是史考特的姐夫。

無數篇幫史考特・梅雷迪斯撰寫的審閱報告，是我的良師益友。我從見聞中、實務工作裡學習、從閱讀許多篇慘不忍睹的故事中學習。

一般的寫作課經常研究偉大的小說，拆成不同的零件，仔細研究製程，逐字謄寫大師作品，試圖汲取寫作風格的精髓。我無意強貼標籤，指責這種方式毫無價值，但我告訴你，比起瞻仰經典，爛小說是更好的老師，會學得更多、更容易。上好的小說天衣無縫，你只知道寫得精采，卻找不出原因，更不知道作者是怎麼寫得這麼好的。還不如從爛小說裡去挑錯，分析它何以一敗塗地。

才在經紀公司上班兩個月，我就不堪其擾，收費客戶喜歡窮究字典、濫用各種「說」的同義詞，更嚴重的是，他們畫蛇添足，還會加上好些副詞去修飾。其實，這麼一來嚴重削弱了對話的能量，我不時在審核報告中提及這點，而且不知道哪裡來的勇氣，竟然寫了一篇教學性的文章，取名為《被陰鬱認定的史密斯》（*Gloomily Asserted Smith*）。亨利挺喜歡這篇文章的，寄去給《作家與記者》（*Author & Journalist*）。他們登出來了。

所以，在我還沒有寫出像樣的東西之前，我就開始寫評論寫作的文章了。日後，我還發表更多類似的作品。

5

我終於開張了，第一篇作品賣給《追緝》。所以，我開始設法為自己在推理小說界，掙得一席之地。

從那個時候開始，我經常體認到一個事實：假設我第一篇稿子賣給了《呼叫全女孩》（*Calling All Girls*，譯註：一九四一年起發行的女性雜誌，目標鎖定青少女到輕熟女），那麼我這輩子大概都在絞盡腦汁，塑造戴著牙套、我見猶憐卻又敢愛敢恨的女主角。這番推測裡有幾分實情——只要有點苗頭，我就會深受鼓勵。但我心裡也明白：總不能因為我賣掉一篇稿子，就把接下來三十五年的時間投入推理小說創作吧？如果你還記得，在《追緝》之前，我把一篇名為《我在包里街遇到神》投給《戰爭的吶喊》，不但刊登出來，還寄給我一張支票；但我也不想替《戰爭的吶喊》或者其他宗教雜誌撰稿。我在梅雷迪斯經紀公司的時候，寫過一個科幻短篇，叫做《製造監獄》（*Making a Prison*），從頂級市場一路往下試探到科幻小說食物鏈的最底層，終於以一字半分錢的稿費賣給了鮑伯・龍迪斯（Bob Lowndes，譯註：美國科幻小說作家、編輯）主編的《原創科幻小說》（*Original Science Fiction Stories*），最後還被茱迪思・梅理爾（Judith Merril，譯註：美國科幻小說作家、社會運動者）選進享譽科幻界的年度精選中。

我就是喜歡推理小說。我爸媽家裡有不少，我十來歲的時候讀過一些，主要是厄爾・史丹利・嘉納（Erle Stanley Gardner）的梅森探案（Perry Mason）。我記得還有阿嘉莎・克莉絲蒂（Agatha Christie）、雷克斯・史陶特（Rex Stout）、彼德・錢尼（Peter Cheyney）還有其他作家的若干作品。但在我開始接觸嚴肅的文學作品之後，差不多就把這種類型拋在腦後了。進入大學，我歸納出一個結論：某些推理小說作家的構思、文筆實在滿有意思的。舉例來說，我跟史帝夫・施維納就都熱愛斐德列克・布朗（Fredric Brown），他的作品悠遊於推理與科幻兩大領域，故事引人入勝。

我發現自己很喜歡閱讀推理小說，《追緝》收了我的稿子，證明這種類型我寫得來。在梅雷迪斯經紀公司的辦公室裡，有的是滿肚子推理小說典故的同事。他們一致認為這種類型不容小覷，頗有值得尊敬之處；箇中佳作的藝術價值，可能還超過主流的商業小說，即便跟嚴肅的文學家相比，差距也不很遠。

我決定就在這個類型裡埋首耕耘。第一步，我要開始閱讀推理小說。全部。一本也不能少。

我在史考特・梅雷迪斯工作九個月，並沒有出家清修的打算，所以在紐約結交不少朋友——格林威治村的鄰居、潘恩出版認識的同事、來這裡工讀三個月的安提阿同學、兩個來紐約上大學的高中校友。我經常跟他們聯繫，還跟幾個安提阿的女同學以及她們介紹給我的女伴約會。

週五下班之後，我跟約翰・多賓會去第六大道一間髒到不行的小酒吧，喝兩杯氣泡飲料。晚上或者週末，我會去格林威治村，找酒吧、咖啡館廝混。我在冬季花園（Winter Garden，譯註：百老匯的老牌劇院）看《西城故事》（*West Side Garden*），在蘇利文街劇場（Sullivan Street Playhouse，譯註：外百老匯的重要表演場所，二〇〇二年歇業）欣賞湯姆・派斯利（Tom Paisley）與蓋兒・嘉內特（Gail Garnett）的演出。別的秀我也看了不少，還有無窮無盡的電影。

我挺喜歡跟搞民謠的人在一起，還幫他們寫過幾首歌。《IRT的芭蕾》（*The Ballad of the IRT*，譯註：亦做《喬治與IRT》〔*Georgie and the IRT*〕）講的是一個運務員的故事。這個悲劇主角搭乘往布魯克林的回家列車，腦袋卻被關閉的車門夾斷了。這首歌被收入戴夫・凡・藍克第二張民謠專輯裡面。還有好些嘲弄政治的民歌仿作被收進《老闆歌曲集》（*Bosses' Songbook*，這本小冊子裡面，只有少數幾首是真正從鄉土採集來的。我記得有幾個夜晚跟凡・藍克，還有李・霍夫曼〔Lee Hoffman〕在一起，三人推敲出《耶誕快樂十二天》〔*The Twelve Days of Marxmas*〕與《我不想要你的工會，先生》〔*I Don't Want Your*

Union, Mister〕。李在編輯民歌同人誌，《篷車》〔*Caravan*〕的時候，還收過我的兩首歌。日後，她嫁給當時擔任《無限科幻小說》〔*Infinity Science Fiction*〕編輯的賴瑞．蕭〔Larry T. Shaw〕。日後，李寫出絕佳的西部小說，精采程度，是我生平僅見，但讀者從來沒有察覺，他們熱愛的作家，竟然是個女生。）

但回想那幾個月，感覺起來，我就是在閱讀、寫作。

我讀什麼？我什麼都讀。

首先是雜誌。第八大道靠近四十二街的地方，有間二手書店，蒐羅了大量的推理雜誌。（在時代廣場附近的所有書店，當然都不免銷售色情刊物；但那時，他們也必須要賣別的東西，因為黃色書籍的量不夠，無法支撐，根本活不下去。）過期雜誌跟二手書一樣——兩本兩毛五。儘管我的可支配收入可憐兮兮，這種價格對我來說並不吃力，想買多少就可以買多少。

我把找得到的《追緝》悉數買下，其他跟風的文摘本（digest-sized，譯註：書本大小，大約二十一公分高、十四公分寬）雜誌，像是《受困》（*Trapped*）、《罪惡》（*Guilty*）、《追索》（*Pursuit*）、《謀殺》（*Murder*）、《鎖孔》（*Keyhole*）、《反拍》（*Off-Beat*）、《法網》（*Web*），都是複製《追緝》的衍生產品。其實《追緝》在精神上也師承自傳奇雜誌——《黑面具》（*Black Mask*，譯註：一九二〇年發刊的犯罪推理雜誌，一九五一年停刊）。這些仿冒品從封面到內容，完全跟《追緝》亦步亦趨，生恐模仿得不夠逼真。（《追緝》在一年前，進行重大改版，跟《希區考克推理雜誌》〔*Alfred Hitchcock's Mystery Magazine*〕一樣，從原本的文摘本，改成《真相》（*True*）、《小姐》（*Mademoiselle*）那樣的報紙大小。這次改版不算太成功，兩年之內，《追緝》跟《希區考克推理雜誌》都先後改回文摘本。）

沒過多久，我就得帶著清單去選購了，免得挑到重複的雜誌。我幾乎把《追緝》全都蒐集齊了，還包括幾十本類似的雜誌，裡面的每一個故事，我都讀過。

我當然讀得很快，卻不是審稿那樣的飛掠而過。我不大確定閱讀的內容到底多少被吸收進腦海，但這有什麼差別呢？我又不是在大學修課，最後也不是要通過什麼考試。我想要知道這批作家到底在搞什麼鬼，看來除了從頭到尾讀一遍，無法一探究竟。

這招似乎有效。我研究文字市場的方式，不符合初學者的常規，不是從分析性閱讀開始。我不會把敘述環節拆開，推敲作者最後怎麼兜成一個精采的故事。我只是把自己沉浸到內容裡，享受閱讀的樂趣，或者忍受拙劣文筆的折磨，直到我把推理小說該是什麼、不該是什麼，內化進我的感受為止。我不是用智性學習，而是消化、吸收閱讀內容，放縱我的想像力，催生出可行的點子。在我坐下來開始創作的時候，便知道該從哪裡著手。

或者說，我便知道該怎麼就混得過去。回頭看看早期的作品，實在是不怎麼樣，行文、對話讓我臉紅。故事該怎麼開始、怎麼推展，最後又該怎麼收場，還是有很多我沒掌握清楚的地方。我在亞歷山卓的廚房寫過一個故事，《身騎白馬》（*Ride a White Horse*），算是相當成功的作品，史考特欽點，選入《追緝》。（我在經紀公司工作的時候，寫了二十來篇犯罪推理小說，首創刊登紀錄後，只有兩篇入選。第一篇是《入夜惡火》〔*A Fire at Night*〕，敘述者是一個縱火犯，故事講到最後，才發現他也是消防員。第二篇就是《身騎白馬》。其他多半淪落次級市場，但也有少數幾篇乏人問津，被扔進字紙簍裡。）

《身騎白馬》是說有個人在酒吧認識一個女孩，很快墜入愛河。但她卻是條毒蟲，最後，男主角渴望知道女孩為什麼會沉迷於海洛因，想要跟她有同樣的感受，也綁條壓脈帶，打一針試試看。好些年之後，一想起這篇小說，我就坐立難安，足足用了五百字的篇幅，男主角才把眼光放在女孩身上；翻到第三頁，我才真正進到這個故事裡面。

我應該知道當時發生什麼事。非常可能的情況是：我坐在打字機前，想寫一篇故事；即便沒有概念，隨手把字打出來再說。先創造一個角色，從辦公室回家，決定去喝一杯，於是安排他轉過街角，進到酒吧，信筆亂寫，直到他捲入情節之中。就構思故事原委來說，這個方法不算壞；但你得掉過頭去，把垃圾清一清才成。劈頭就讓他見到那個女孩比較好。我很訝異居然沒有任何人要我重新來過。我想是因為這個故事出人意表的發展，掩蓋了貧弱無聊的開場。

我不知道我到底寫了多少篇小說。隱約記得：只有很少幾個星期會交白卷。稿子多半是在一〇三街的廚房裡寫的，有時，創作靈感在我上班的時候湧現，我就把桌上的稿件掃到一邊去，試著寫寫看。偶爾隨性所至無所謂，反正只要達成配額就好，犯不著把辦公室的每一分每一秒都投注在工作上。

一般而言，我會一揮而就。短篇字數本來就少，不超過四千字。故事走向掌握得好，自然知道怎麼寫最快。一寫完——我的草稿從來不打第二遍——就交給亨利。他不時會退給我，跟我說這麼寫不成，故事前提力道不足，不值得發展。但他也常給我調整建議，我就帶回家，照著修改。絕大多數的成品他都會幫我推到市場，遲早賣得出去。

如果品質高過一般水平，史考特就不會收進《追緝》，而會試著投給這個領域裡最頂尖的刊物，希區考克（譯註：指的是《希區考克推理雜誌》）與艾勒里·昆恩（譯註：《艾勒里·昆恩推理雜誌》〔*Ellery Queen Mystery Magazine*〕，一九四一年創辦，至今還是推理小說界最受重視的期刊）。（只是我也得招認：幾乎都鎩羽而歸。又花了四到五年時間，《希區考克推理雜誌》才收下我的第一篇投稿。至於《艾勒里·昆恩》則要等到一九七五年，我才算是真正有所斬獲。）有的小說我們投給哈洛德·史特洛賓的《真人故事》，但他從來沒有收購過。這樣一來，我們只能到下一層試試看。

次級市場裡，最叫座的刊物是錯開來發行的兩本雙月刊，《陷阱》與《罪惡》。（藉由兩個不同的名稱，發行商爭取了兩倍曝光機會。雙月刊佔據書報攤的時間，是兩個月，自然也比月刊存活更長時間。順帶一提，《罪惡》始終賣得比《陷阱》好，但無論是封面或是內容，一般人根本看不出差別。我個人是覺得《罪惡》的標題下得比《陷阱》好。）

兩本雜誌的編輯都是W．W．史考特（W. W. Scott），跟我買了不少故事。我們總是先把故事送給他，因為錄取率比其他競爭者高得多。稿酬是每字一點五分錢。

我從沒見過W．W．史考特，也從來沒想過那兩個縮寫到底指的是什麼？除了《陷阱》跟《罪惡》之外，他還負責一份揉合醫藥與告解元素的混血雜誌，忘了叫做《真實醫院故事》（*True Medic Stories*）還是《真正醫院故事》（*Real Medic Stories*）。實在分不清到底叫哪個名字。我猜讀者多半是護士，或者懷有護士夢的小女生吧。有一次，史考特跟亨利說他的庫存偏低，亨利建議我讀一本這樣的雜誌，試著寫點什麼給他們。稿費相當吸引人——四分錢一個字，理想的長度在四千字左右。史考特喜歡我的文筆，只要看到我的名字，非常可能就採用了。

我讀了好幾篇這樣的小說，自認不難琢磨出一篇故事來——一個傲慢的外科醫生（這種個性的醫生任憑誰都想得出來吧？）執行外科手術，由於他固執己見，闖下滔天大禍，最後，還是接受眾人的幫助，化解難題，也給他上了寶貴的一課。

故事不壞，問題是我的醫學知識僅止於更換ＯＫ繃。於是我找來朋友鴨子·布坎南（Duck Buchanan），兩個人坐下來好好的研究一下。

我是在安提阿認識鴨子的。他的真名叫做李查·喬治·托倫斯·布坎南三世（Richard George Torrence Buchanan III）。母親一輩子都在《父母雜誌》（*Parents Magazine*）當編輯。高中的某個暑假他去打工，不知道是在清理廁所還是抽化糞池，朋友給他取了個很離奇的綽號，日後揮之不去，讓他非常的不耐煩。這人的生活堪稱多彩多姿，開一輛奧斯汀—哈雷3000（Austin-Healey 3000，譯註：一九六〇年代初期流行的英國拉風跑車），還有輛摩托車，完完全全一副《花花公子》（*Playboy*）的生活方式，只跟叫蘇珊、卡蘿、芭芭拉的女孩約會。我不知道他那時是不是正式的醫科預備生——安提阿的學生更換主修跟換內衣褲一樣勤快——但他的確知道許多醫學知識。他最近打的一個工是協助某人發展人工心瓣。反正他一天到晚做一些奇奇怪怪的事情，洗手也跟動手術一樣，刷洗到無微不至。

於是，我們開始合作。反反覆覆的錘鍊，最後決定我們的傲慢英雄動的是乙狀結腸切除手術，一打開看，大便打到電風扇（Shit hit the fan，譯註：非常鮮活的俗語，意味著雪上加霜）。鴨子把手術的細節倒進我的腦裡，我回家把故事寫出來。我還記得開場白：

「我叫做布萊德·賀威蘭。四十二歲，我是全州最厲害的外科醫生。」

看到這一句，誰忍得住不繼續讀下去？

我們私底下管這個故事叫《卡臣之痛》（*Pain in the Ass*）。篇名我還有別的創意，但是W．W．史考特激賞不已，認為這個標題渾然天成。總計四千字，稿酬一百六十元，鴨子分四分之一，扣除佣金後三十六元。我們倆都大受鼓舞。

W．W．史考特看來也很開心，要我們多多投稿。鴨子跟我都想乘勝追擊，但怎麼也想不出劇情來。最終我們勉強湊出一篇，《心灼痛》（*Heartburn*），跟心臟手術有關的故事。我猜是這樣吧，儘管我壓根不記得在講什麼。W．W．史考特認為這篇遠不及《卡臣之痛》，但還是勉強收下。

如果故事不中史考特法眼，下一站就是龐帝克出版社（Pontiac Publications）。他們那邊一字一分錢，出版大量同類型雜誌，名稱一天到晚換來換去，《雙拳偵探故事》（*Two-Fisted Detective Stories*）、《反拍偵探故事》（*Off-Beat Detective Stories*）《法網偵探故事》（*Web Detective Stories*）——我不確定還有沒有，但我只記得這幾本。

他們的出版品在書報攤上，很好分辨。每本雜誌的標題後面，都拖著一個大大的驚嘆號。好多連環漫畫就用這招，每段對話都用驚嘆號或是問號結尾；不知道為什麼，這種寫法在漫畫裡非常成功，但在別的領域裡，就未必如此了。龐帝克出版的刊物內容都很爛，我一直想寫點什麼，冠上超級無聊的標題，像是《無聊的一天！》或是《乏味的無言！》

賣給他們試試看。

龐帝克出版社的另一惡行是會擅自強加筆名。相同作家連續在兩期雜誌上刊出作品，標準程序就是將其中一篇改成別的作者。多數編輯會洽詢經紀公司，某位作家還有沒有他喜歡使用的筆名？有的編輯不知道是太懶還是太忙，直接找些罐頭筆名或者某種類型慣見的名字，張三李四，不分青紅皂白的改下去。這樣一來，艾爾·詹姆士（Al James）被改成詹姆士·艾倫（James Allen）；另外一個梅雷迪斯經紀公司的客戶，丹·桑塔伯（Dan Sontup）非常有創意的改成塔伯桑·丹尼爾（Topson Daniel）。

—這種事情也發生在我身上。龐帝克重新幫我受洗，取名為B·L·勞倫斯。

我記得有個故事最終被龐帝克收購。回憶起來，應該是我在辦公桌前寫成的作品，但我也沒法確定。講的是一個女生夜夜在下城酒吧遊蕩，心頭雪亮：好多男性都會瞥來色瞇瞇的眼神，但她注意的卻是他們的眼睛。她拒絕一個男人，接納了另外一個，跟著他一起回家；就在最關鍵的時刻，她抽出刀來把他刺死。

最後一句是這樣的：「事後，她回到自己的公寓，把他的眼珠跟其他人的眼珠一起裝進盒子裡。」

亨利說這個短篇看得他胃部一陣翻攪，但還是寄出去；龐帝克出版社要了，標準價格。忙活半天，我想我大概得到二十五美元的稿酬。

二十年後，我又想起這個故事。我的朋友謝麗兒・摩里森（Cheryl Morrison）成功推銷兩篇文章給《女性限定》（*For Women Only*）的編輯布魯斯・費茲傑羅（Bruce Fitzgerald）。這本雜誌的名稱是標準的「掛羊頭，賣狗肉」，讀者百分之九十八都是男性，裡面有許多男性模特兒的裸照，銷售成績遠遠超過另外一本清楚歸類於男同性戀雜誌的《藍小孩》（*Blueboy*）。命名策略很聰明，標榜自己是女性雜誌，擺在書報攤上，跟《藍小孩》隔得大老遠，八竿子也打不著。

為了增加那麼點微不足道的可信度，雜誌必須刊登一些以女性為訴求對象的故事與文章。其實，他們無需費事，假裝是在鎖定什麼族群。會有幾個女人為了想了解雌性激素置換療法，跑去書報攤，挑本裡面全都是繃著臉的女同志雜誌？還不是因為他們偽裝成訴求女性的刊物，銷路會比較好一點罷了。

謝麗兒知道我手上有一篇幫《柯夢波丹》（*Cosmopolitan*）撰寫的稿子，內容是跟離過婚的單親爸爸約會，可能會遇到的種種難題，但未獲採納。反正我已經拿了退稿津貼（kill fee，譯註：有些出版商委託作家創作，但品質不如預期被退稿，會酌予津貼），要怎麼處置都隨我的便，只是截至當時為止，並沒有人想要。她覺得布魯斯可能會喜歡，我就寄去給他看看，結果一拍即合，他收了那篇小說，還給我一筆不錯的稿酬。他回信給我的時候說，他也出版小說，問我有沒有合適的作品？

我的檔案裡有篇故事，一直求售無門，叫做《李歐·楊代爾，願你安息》（*Leo Youngdahl, R.I.P.*），以小說的手法重述我父親喪禮上的小插曲。為了某些原因，我採用女性觀點，可能是希望盡量拉開與真實場景的距離。我寄去佛羅里達，布魯斯相當喜愛。

後來，我總是試著寫點什麼給他。突然間，我想起了那個眼珠的短篇。我特別喜歡結尾那句，不確定有沒有辦法故計重施。第一次刊登已經是二十年前的往事了。我不知道是哪家雜誌，也不確定有沒有親眼看到它被印出來。甚至連故事的標題，我都忘了，只記得雜誌的名稱最後有個驚嘆號。腦海裡烙印的，只有故事的收場白。

假設重寫一遍，我自認會處理得更漂亮，把我最鍾愛的結尾，烘托得更加出色。就我看來這也不涉及法律問題。我總不能告自己剽竊吧？合乎專業倫理嗎？還不如問得實際一點，有人會注意嗎？

我下定決心，動手寫，篇名《熱眼，冷眼》（*Hot Eyes, Cold Eyes*）寄給佛羅里達的布魯斯。沒過多久，收到他的回信。他非常欣賞這個故事，在信裡寫道，但對《女性限定》的讀者而言，可能太殘忍了一點。他一定會收下這篇稿子，只是必須做一點修飾，不知道我心裡做何感想？改動不大，只要把最後一句刪掉就好，應該沒關係吧？

回到一九五七年，有個叫做泰德·海契特（Ted Hecht）的傢伙，開了一家史丹利出版社（Stanley Publications）。當時，有好些抄襲《花花公子》男性山寨刊物——《紈褲》（*Dude*）、《紳士》（*Gent*）、《惡作劇》（*Escapade*）、《金塊》（*Nugget*）、《單身漢》（*Bachelor*）、《鋒頭》（*Swank*），也有尾隨《阿戈西》（*Argosy*，譯註：美國第一本通俗雜誌，創刊於一八八二年，二戰期間就已經站穩通俗雜誌的龍頭地位）、《真實》（*True*，譯註：男性雜誌，一九二七年創刊）一堆二流雜誌。在這市場裡，海契特發行的雜誌，其實是非常低階的，名稱就是《真男人》（*Real Men*）、《全陽剛》（*All Man*）之流，裡面只有三種類型故事：《萊茵哈德．海德里希：納粹黨衛軍的金髮野獸》（*Reinhard Heydrich, Blond Beast of the SS*，譯註：他是猶太大屠殺的執行者）、《格洛佛的角落：瓦巴希的罪惡程式》（*Grovers Corners—Sin City on the Wabash*）以及《旅鼠吃掉我的腳》（*Migrating Lemmins Ate My Feet*）。（賴瑞．哈里斯曾經觀察到一個現象，只要某位作家一直能想到什麼動物，吃掉人類的什麼部位，就能不斷滿足男性冒險市場的需求。）

海契特不時發出動員令，庫存短缺，需要作品應急，避免截稿前開天窗。有時，他有些創作的點子，需要有人代他執行。稿酬是七十五美元，字數兩千五百字，永遠有時間壓力。

我記不得我寫了多少篇文章給海契特。八或十篇吧，我會這麼猜。第一篇的篇名真的是《萊茵哈德．海德里希：納粹黨衛軍的金髮野獸》；不過我不記得海契特就是偏愛海德里希，還是他只想要納粹題材。我在第一時間就會把活兒攬在手上。（「沒問題，亨利，這篇我來寫。」）週六我在圖書館待了兩小時，週一早上把稿子帶去辦公室。我從英國的宣傳刊物裡，蒐集一些零碎（海德里希，原本是德皇時期的年輕海軍軍官，曾經把船長女兒的肚子搞大了，卻拒絕迎娶，理由是她已非處女），還捏造了一些片段，比方說，海德里希從集中營裡挑了個清秀的女孩，充為內寵，但總是用打火機燒她，一連幾個小時，樂此不疲。（這怎麼可能呢？難道打火機的油料是用不光的嗎？）

海契特還出過摩羅特城堡號郵輪（Morro Castle，譯註：一九三四年九月八號，這艘郵輪離開哈瓦那前往紐約，途中失火，總共有一百三十七名船員跟乘客喪生）哈瓦那港失火慘案的題目。我不明白他為什麼挑上這則新聞。也許是因為他手上有免費的相關圖片版權吧。我如法炮製，跑去圖書館，把稿子處理完。但我比較喜歡那種無需調查的隨筆，根據海契特的想法，信筆所至即可。「她不再愛你了」，比方說這種題材。我選擇了讀者最愛的妓女，事後證實她是同性戀，對男人一點興趣都沒有。（這篇我只得了五十元，因為根本是亂寫一通。很明顯的，海契特會根據文筆及概念制訂相關罰則。）

寫這些垃圾完全不會讓我臉紅。我不會用本名發表，所以，就請薛爾頓・洛德登場代打。

薛爾頓・洛德。我早期選用的筆名，使用頻率不高。有一次，W・W・史考特的某個雜誌，選用了我兩篇作品，打電話問我，哪一篇我想用筆名？又想用哪一個筆名？這就是薛爾德．洛德的由來。（龐帝克，我先前提過，從來不曾費這種功夫，總覺得替作者編個名字，對方也不在乎——一般來說，這假設也沒錯。）

我不知道這名字是怎麼冒出來的。肯定不是想到史德靈．洛德（Sterling Lord，譯註：他是著名的文學經紀人，傑克．凱魯亞克〔Jack Kerouac〕的《在路上》〔*On the Road*〕就靠他的慧眼）；我的確知道有個很傑出的經紀人叫做史德靈．洛德，不過替自己取個筆名，應該想不到那麼遠。剛進安提阿的時候，我曾經跟一個女孩，瑪希雅．洛德（Marcia Lord）交往，也許這就是洛德的出處。我不認識叫做薛爾頓的人，但我覺得這名字高雅、堅定，讓人肅然起敬。這種人把你拉到一邊，偷偷告訴你齷齪的萊茵哈德．海德里希，幹了什麼骯髒事，想必你一定會相信。

我說過，寫這些稿子，我沒什麼不好意思的，反而還覺得挺滿意的。有件事情絕對不能說是微不足道，至少我確定自己比較合適寫小說。

在史考特．梅雷迪斯經紀公司逗留的下半場，我決定幫自己的作品多累積點里程數。我帶它們到上城的哥倫比亞大學，交給指導教授。

6

回顧這段歲月，有件事情我費了半天勁也沒弄明白：為什麼我老是想逃避兵役呢？還記得那個時代嗎？五〇年代後期，偃武息戈，世界和平。韓戰已成歷史，越南還沒有成為警示雷達上的光點。除非你一想到陸戰隊就頭昏噁心；否則在帕里斯島新兵訓練營溺水，比喝醉酒或者從吉普車摔下來受傷的風險也高不了多少。

浪費時間，也許。如果你被徵調入伍，就得奉獻出生命中的兩年。如果你是自願入伍，有相當大的機會，派駐到有趣的地點，比方說，歐洲。但是，你就得繳出三年的時間給他們。即便你選擇半年的兵役期，每年暑假還是得抽出一兩週，接受一個晚上的軍事訓練，依舊沒法脫身。

當兵可能也會很好玩、很值得：類似的念頭從來沒有在我腦海中冒出來。我只覺得當兵很苦、難過、羞辱、無聊。大家都這麼說，我也覺得他們說得對。

說不定我當兵可以當得很好，不見得一定會被逼著從飛機裡跳出去。基礎訓練六週，參照童軍營不愉快的經驗，等比放大，也不至於無法忍受；結訓後，他們多半會叫我當文書，送我去德州胡德堡、路易斯安那州波克堡或是其他像是公園的軍營，打打字，把役期混完。我大可把軍隊的官樣文章當成審稿報告處理，還不用那麼認真，在休假時間喝更多酒、玩更多女人。

那麼我就是怕無聊囉？我當然會覺得無聊。那又怎樣？我不也是紮紮實實的在艾利郡主計長辦公室堅持了好幾個月？請問山姆大叔還能想得出更無聊的工作嗎？還有比用計步器測量艾利郡的街道距離，更狗屎不如的勤務嗎？

呃。這是事後諸葛。反正，一九五七年那時，綜合我對軍隊的了解，就只能敬鬼神而遠之。

然後，改去哥大上課。

事情是這樣的。十二月，去經紀公司上班三個月左右，我很快發現我可能會被徵調；因為我從安提阿退學，等於放棄豁免。如果徵兵委員會找上我，我就慘了；在我還沒察覺前，就已經被套上卡其制服。

擺脫這種窘境，只有一個萬無一失的方法。如果我是專科或者大學登記在案的學生，就暫時不必服兵役。我並不想回學校當學生，也不想上什麼課。我手上的事情就夠我忙的了，每日空閒不了幾小時——但我就是不想去當兵。

於是我申請哥倫比亞大學的通識教育學院，當然順利拿到入學許可。哥大通識教育學院提供成人教育課程，絕大多數的學生無需通過嚴謹的入學許可流程，上課純粹是享受學習的樂趣、獲取職場上的必要技能，或者暫別家庭，免得無聊致死。這種學分費，比正式登記入學，便宜很多——學生多半是五十歲以上的女性，會不會被徵調入伍，想來她們不會太在意。

既然逃避兵役是我入學的唯一理由，純粹的學習樂趣，自然不是需要顧及的重點，選課的目標就是盡可能不要干擾我真正的興趣——寫作。

我選了三門寫作課。

我只能說，在那時，這種選課方法是最合理的。我想，反正要寫作，一魚兩吃，同一篇稿子交給教授當功課，另外一份拿給亨利去賣。學校設有小說寫作工坊，我真的很想試著寫寫看篇幅較長的小說，所以登記這門課。還有一門叫做「非小說進階寫作」，因為我寫過幾篇文章，順手選了。還有一門課教廣播電視寫作，基本上我不特別感興趣，但時間配合得上，也納入清單裡。

我一定是失心瘋了。

我是根據生活時程選課的，都在同一個時段——七點到九點，我猜，還是八點到十點？週一上小說創作、週二是非小說進階、週三是廣播電視寫作。

一月份的某個週一，我從辦公室回家，隨便找點東西吃，就小跑步去上課。老師是個舉止有點造作的紳士。第一堂課解釋他的教法：我們每個人都要創作一篇小說，每個星期，選兩篇出來朗讀，請大家討論。有沒有誰正在寫小說？太棒了！是不是每個人手頭上都有小說可以分享？

還真有。我坐在教室裡，聆聽。兩件事情倒是想明白了：第一，我得寫個長篇，儘管我不知道打哪兒開始；第二，我被困在教室裡，聽他朗讀那種業餘作家的爛東西。這種貨色我讀得還不夠嗎？況且還沒錢可拿。

第二天，我出現在非小說進階寫作的課堂上。教授是一個非常有氣質的老先生，維儂·羅金斯（Vernon Loggins）。他跟路易斯安那大學合作，出版好幾本記述作曲家生平的學術著作。他也喜歡工坊的那一套，唸一段學生的作品，請課堂上的同學討論。再一次，我被迫讓別人的作品如雷貫耳，水平之低直追悉尼每天往檔案櫃裡塞的那些玩意兒。

然後就是星期三了。廣電寫作，這個學期，我要學習如何創作電視腳本。講師跟我們說明寫作格式，每一頁都被垂直的切割成兩大塊，一塊是聲部、另一塊是影部。我對於劇本寫作了解不多，但是知道這種格式源自「庫卡拉，法蘭與歐利」（Kukla, Fran and Ollie，譯註：一九四七年開播的美國兒童電視秀）。這堂課還沒結束，我就發現我比他還要了解電視腳本寫作，從此之後，我就不再回去了。

那個週末我設法寫出一個長篇來，週一晚上，把第一章帶去課堂。篇名為《鑽石妓女》（*The Diamond Whore*），被老師稱讚為明白曉暢、精采刺激。看完我的第一章，他講了好些鼓勵的話，但我心裡比他明白：我根本在抄襲斐德列克・布朗驚艷文壇的處女作，《好棒的坑人酒店》（*The Fabulous Clipjoint*），自知寫得很糟，沒有改善餘地。

然後這位先生繼上週唸了無聊到很恐怖的一章之後，又唸了無聊到更恐怖的一章，我知道接下來的三個月，都得聽這些無聊的大段廢話。

我可不幹。

從此之後，週一跟週三晚上，我就保留給自己了，再也沒有去學校上課。學期結束，週一晚上的老師給了我「未完成」的評語，電視台那傢伙直接給我F。

倒是「非小說進階寫作」拿了個B。

這堂課很妙。大概有十二到十五人登記，但是跟一般的寫作工坊一樣，一半的人絕不交作業，另外一半的人總是交作業。在這門課堂上，交作業的那批寫得也總是跟亞洲有關。

只有一個人真正來自亞洲。一個中國人，親戚是蔣介石國民黨內的高官，正在撰寫歷史博士論文，主題是國民黨統治時期的中國某些面向。他來上課並不是想當作家，而是提升論文寫作品質。他不太確定自己的英文書寫能力，希望能更上層樓。每個星期二他都來上課，我們也就斷斷續續聽到他的論文片段。

真不明白他來上這個課幹嘛。就我看來，他是班上文筆最好的一個。句子、段落流暢至極，呈現清晰俐落，組織條理分明。內容並不有趣，太專業也太學術，自然不可能有趣，但這沒有什麼好批評的。論文本來就不是寫好玩的。

還有一個女生，退休教師，得過傅爾布萊特獎學金（Fulbright scholarship），在日本研習一年，她正在把這段體驗寫成書，每個禮拜我們都得聽上一章。第三章──我吃了生魚片！第四章──我造訪公共澡堂。

另外一個同學是狂熱的女性主義者，手頭上的作品是十來個人的小傳合輯，人物素描之類的東西。題目呢？亞洲女性。

還有一個女同學剛從陸戰隊退伍，想整理一批文章，投給雜誌社，有些是軍事，有些是歷史，有些是無法分類的雜文。多虧了她。我倒不記得她的文筆是好是壞。但至少她不會帶個連載來，每週都得聽一篇。什麼稿子都可以忍耐，我發現，只要少於三千字，你只消聽一次，就此別過。

好些同學已經想不起來了。好像也有人從來沒帶過什麼作品，至少沒聽到他們朗讀過。

然後就是我了。

我不是每週都去報到，但出席的次數比缺席多。根據我自己的估算，每三堂課，我一般會去兩次；但只要有去上課，就一定會帶稿子去。

稿子哪來的？簡單。我把寫給泰德・海契特的文章交出去不就好了？否則我還能怎麼辦？我就是得交作業啊。難道我還要根據課堂裡盛行的亞洲風，專門幫這門課寫一篇，比方說，《吉本，大東亞共榮圈的金髮野獸》之類的稿子嗎？

我把投給《真男人》系列雜誌的稿件複寫本拿去交差。我交了摩羅特城堡號郵輪慘劇，還有幾篇記不清楚，《她不再愛你了》確定留在家裡無誤。我有點臉紅，必須承認，我把萊茵哈德・海德里希那篇有點齷齪的文章帶去課堂了。

但我沒預料到那種反應。

我根本不覺得羅金斯會喜歡這種東西，還以為他會從學術角度去批評，有話直說，批評我浪費天賦，寫這種垃圾。而就這一點來說，我沒什麼好爭辯的。

但他卻大大的稱讚了我送交的文稿，只是提醒我，這種東西不容易賣得出去。儘管主題有趣、文字精采，推向市場的機會不大。寫得好，但賣不掉。

我可比他明白。這些稿子稱不上出類拔萃——連「好」都稱不上——但你不能因此分辨出這篇稿子有沒有人要。我記得我拿給他看的每一篇稿子，都是刊登過的。

「這些都是好作品。」他會這麼說。「但是，你要賣給誰？」也許寄給男性雜誌看看？

我或許這麼回應。真能符合它們的需求嗎？答案我心知肚明。

有一次，我連複寫紙都找不到，乾脆把出版商的樣張交給他。儘管讚不絕口，他還是擔心這篇稿子沒有市場。

終於，我還是跟史考特辭職，回到安提阿。我原本應該用維儂．羅金斯的課程，去折抵學分。我拿到B，非常確定安提阿會承認。

但是，我連嘗試的念頭都沒有。我很樂意假裝這個學期根本沒有發生，忘記B、F，還有「未完成」。

為什麼呢？我也不清楚。也許是因為我對自己的表現不盡滿意。也許跟打消我向密爾德巧達濃湯店討薪水的念頭一樣。也許我覺得這麼點小小的利益，不值得我冒著被羞辱的風險。

7

我沒再回去上週一的小說課，並不意味著我放棄寫小說的念頭。我很快就把《鑽石妓女》扔到一邊，篇名、內容全部掃地出門。但我依舊十分確定我想坐下來，看看能不能落實藍道・賈瑞爾（Randall Jarrell，譯註：美國文學評論家）賦予小說的定義——「一定長度的散文敘述，寫著寫著出了差錯，於是變成小說。」（真希望那時候我就能體會他的定義。這樣一來，寫小說就不會感覺那麼恐怖了。）

我知道，真正的作家就是寫小說的。金錢在這裡、榮耀在這裡，滿足也在這裡。我在公寓裡，堆滿過期的《追緝》以及同類型雜誌；還同步購買二手平裝小說，用相同瘋狂的速度閱讀。喜歡某個作家的短篇故事，就著手蒐集。大衛・亞歷山大（David Alexander）在《追緝》發表的短篇領我去找他的小說來讀，沒多久所有作品悉數到齊。（亞歷山大是《晨電報》〔*Morning Telegraph*〕的作家，跟他筆下的系列角色，百老匯公關，巴特・哈汀〔Bart Harding〕一樣，住在西四十二街胡伯特跳蚤馬戲團〔Hubert's Flea Circle〕樓上。此人喜歡穿艷色背心，喝愛爾蘭威士忌，下午四點前滴酒不沾，之後，來者不拒，酒到杯乾。我曾經讀過亞歷山大的草稿，第一人稱；然後，小心翼翼的改寫成第三人稱。哇，以前我還懷疑，相同的故事，真有人會寫不只一次嗎？）

我一頭栽進某人的全集中。很快就分辨出我喜歡誰寫的推理小說。我花了一點小錢加入收費圖書館，就在辦公室一條街開外的地方。他們蒐羅了大量的通俗小說，收進來之後，絕對不會扔掉，所以，想找絕版書，來這裡就對了。我讀了漢密特、錢德勒（Raymond Chandler）、羅斯．麥唐諾（Ross Macdonald）、斐德列克．布朗、艾勒里．昆恩、雷克斯．史陶特與康乃爾．伍立奇。什麼人的作品我都讀。

我必須強調，我這麼讀並不純然因為職業需要。我看這些小說是因為我享受。我始終相信：這般讀下去會把小說是什麼的概念，內化到心裡。但我不知道怎麼獲得寫小說的真學問，想不出從哪裡開始。

亞凡出版社曾經幫約翰．多賓印行過一本小說。他說他是依照曼努埃爾．科姆羅夫（Manuel Komroff）小說創作指南，按部就班完成的，還順手把書借給我參考。讀完三分之一，我就頭昏腦脹。根據他的說法，創作長篇小說的第一要務是買一個三乘五英寸的索引盒，裝妥三種顏色的卡片。白色是你的人物卡，藍色是情節卡，或者倒過來，我記不清。至於粉紅色是幹什麼的，更是一點印象都沒有。等你把卡片都寫滿了、安排出合理的先後順序；那麼，你就可以開始寫作了，保證井然有序。

我絕望了。我真的很想相信這就是寫小說的方式，也確定科姆羅夫靠這套可以玩到無往不利，因為他的歷史小說經常橫跨好幾個世代、上百個角色。但我自知無法這樣寫作。我甚至懶得鞭策自己去買一盒卡片。

我也不知道在哪兒讀過斐德列克・布朗說，他在寫小說之前，會坐一整夜的地鐵。小說情節就這麼孕育出來。對我來說，這偏方比起買索引卡盒有用些。所以，有天晚上，我真的決定在地鐵上上下下，折騰到黎明。我搭上上城IRT，一路坐到瑞佛戴爾，留在終站，等到回程地鐵發車，一路坐到布魯克林的新地段大道，再坐回家。但什麼故事情節也想不到，只記得累個半死，等地鐵開到一〇三街，我趕緊下車，上床睡覺。

賴瑞・哈里斯倒是推了我一把，讓我朝小說創作跨了一小步。他找我當槍手，代筆《艾迪斯塔夫人的異樣姐妹情》（*The Strange Sisterhood of Madame Adista*）。

賴瑞那時二十六歲。他在很年輕的時候，就幫史考特幹活，接替亨利處理海外版權事務。（兩個人互看不順眼，恨對方入骨，我始終弄不明白為什麼。也許這就是業障吧。有一次，賴瑞在說亨利的壞話，就有人回他，他總得先了解亨利是怎樣的人吧。「有的時候要了解。」賴瑞說，「有的時候單單恨就夠了。」）

我覺得賴瑞很有異國情調。他是猶太人，太太也是猶太人，叫做西爾維雅（Sylvia）。隨後兩人一起改信天主教，住在布魯克林。賴瑞的創作領域相當寬廣：推理小說、科幻小說，還有一次跟雜誌社自告奮勇，替葛蕾克．萊斯（Craig Rice）續寫她的連載作品。萊斯因為酗酒身亡，未能及時收尾。反正人死了，賴瑞索性經營起利潤頗為豐厚的副業——撰寫「葛蕾克．萊斯最新發現的遺作」。葛蕾克．萊斯生前的作品，由史考特代理，著實賺了一筆，想想沒道理，總不能因為一個人死了，作品就斷線了吧？（伊凡．杭特曾經替萊斯續完《四月畫眉鳥謀殺案》〔*The April Robbin Murder*〕，出版的時候，掛名葛蕾克．萊斯與艾德．麥可班恩〔Ed McBain〕合著。賴瑞後來寫了《爛醉鬈毛獅子狗》〔*The Pickled Poodles*〕，對外宣傳都是「新近發現的葛蕾克．萊斯又一遺作」，其實是參照萊斯的原創人物，由賴瑞代為操刀罷了。）

賴瑞對於時代廣場上的色情市場熟悉，寫了一篇文章。亨利堅持要送去《花花公子》；他們不願意刊登，十萬火急的轉給泰德．海契特。他當機立斷，五十元收購。（天啊，這兩人真的互相恨到死去活來。）

有一天，賴瑞拿了一本小冊子給我看。不記得書名了，看起來印刷很廉價，大概是四十八頁，用圖書釘裝訂。封面是一個女性，後來才知道這是一種女性支配造型——高跟鞋、多米諾面具（domino mask）、長手套之類。他解釋說這是一種擺得上台面的色情「旗」刊（flag porn）。（旗，這個字是鞭笞〔flagellation〕的縮寫，也是某種性虐待〔S&M〕類型。）

賴瑞跟我解釋，這種限量發行的刊物，在四十二街的書報攤上賣得非常好；但是作者難求，其中一個人委託他寫本續集。「可我不行。」他說，「你來吧。」

我問他為什麼不能寫？

「我告訴你，」他說，「我不行。但你可以。一萬字，付你一百元。」

不算發什麼大財，但對於保證收購的作品來說，也不算壞。我同意看一下，之後，我跟他聯繫。「我覺得這很髒。」我說。

「不。」他說，「這不髒啊。這是公開販售的，不是台面下交易。如果這是髒東西，他們早就被抓了。」

「但警方沒動靜。」我說。

「沒有啊。」他附和道，「警方沒動靜啊。第一集沒事，續集怎麼會惹出麻煩來呢？他們連書名都想好了，叫做《艾迪斯塔夫人的異樣姐妹情》，筆名是賴瑞・G・史率特（Larry G. Streater）。」

誰，我一時糊塗了，誰是賴瑞・G・史率特？

「我想應該是我的名字。」他說，「我跟他們說我叫這個名字。」

「喔，」我說，「接下來要寫什麼？」

「艾迪斯塔夫人回來了，」他說，「發展出一段異樣的姐妹情愫，挑逗某個年輕甜美的女孩，加點香艷刺激的情節。」指的是女同志元素嗎？「女同性戀主義的暗示，」他說，「帶點女同志氣氛。如果寫的是女同志真刀真槍的性愛，他們就要被抓了。」那麼要有懲罰、凌虐嗎？是不是也來上一段？「可以威脅說要懲罰，」他說，「或許把她帶下去地牢，看看皮鞭啊、鎖鍊什麼的凌虐工具，小甜美簡直嚇壞了。但不能真的動手，因為——」因為他們會被抓？對，他說。

我說，我或許可以接手。一百美元總是派得上用場的，但這會是我有史以來最長的一篇。把它當成是開筆寫小說前的暖身活動吧。我說，我需要付史考特佣金，對吧？

「你不用付史考特佣金。」他說。

那個時候，好像在百老匯北邊的四十二街，有一家「雷普利的信不信由你怪奇博物館」（Ripley's Believe It or Not Odditorium），裡面有一大堆你無法預期在一樓會看到的東西，件件稀奇古怪、莫名其妙。再下一層，就是博物館的「恐怖地下室」，滿滿都是古代刑具的複製品，肯定可以讓托爾克瑪達（Tomás de Torquemada，譯註：這是宗教大審判時期的西班牙修士，性喜凌虐異端，死後被人盜棺焚屍）龍心大悅：有鐵處女（iron maiden，譯註：內有尖刺的人形立棺，闔上棺門之後，釘子就會貫穿全身）、機架（rack，譯註：一種把人頭、腳綁定，隨後往兩邊拉扯的刑具），還有寬斧與斷頭台。好些人一待就是幾小時，目瞪口呆，嚇到臉孔扭曲，又怕又愛看。艾迪斯塔夫人的地下室就是用我在這裡的見聞做為藍本，氣氛塑造極為成功。我花了一個週末把小說寫完，賴瑞拿去四十二街，拿了九十塊給我。《艾迪斯塔夫人的異樣姐妹情》成為時代廣場的搶手貨，熱銷好幾年。書店也開始進貨，公開展示，但是用玻璃紙包好，杜絕妄想偷看的讀者。作者叫做羅德尼・肯威爾（Rodney Canewell）。這個名字顯然暗示了故事的內容。一本叫價十美金，而且不知道再版了多少次。

他們還想要更多的產品。所以，我又順手寫了《蘿娜嬸嬸的暴怒》（*The Wrath of Aunt Lorna*），賴瑞義無反顧的代我兜售。我真不記得我寫了什麼，也不記得在市面上看過這本書，也許他們把書名改了。我只記得我寫了這篇小說，還拿到稿酬。

這些書真的是我創作長篇小說的暖身活動嗎？也許，我想。至少我的功力足以寫出超過一萬字的想像題材，已經算是小小的成就。現在的我有艾迪斯塔夫人做後盾，想來不必使出洪荒之力，也能把六萬字串連在一起，組成一個故事吧。

在不曾預期到的戰場上，我鍛鍊好了某些本領。一年後，我成為四十二街炙手可熱的作家。回顧起來，若是沒有艾迪斯塔夫人，我大概不會朝著「情色作家」的生涯前進。

我手上沒有短程水晶球，近期無法預知；但往長遠看，開筆寫小說的能耐應該比以前紮實得多。一九五八年春天，我還覺得較長篇幅的創作難以想像，太過艱鉅；一年不到，我就寫了也順利銷售了四本小說。沒過多久，加速到一個月一本。

但我不是太有把握，打量周遭，尋找可以書寫的題材。不知道為什麼，我讀到一九一六年愛爾蘭的復活節起義（Easter Rising，譯註：該年愛爾蘭共和派起事，準備脫離英國獨立，六天之後，遭到鎮壓）以及下個十年引爆的北愛衝突。我覺得這是一個絕妙的小說題材。不幸的是：我對這段歷史過往幾乎一無所知，自認該做點研究。我去第四大道的書店街（Booksellers' Row，譯註：一八九〇年興起的紐約書店聚落，多半以二手書籍銷售為主，直到一九六〇年代因為房租調漲，才紛紛倒店或遷移）——儘管平裝書的風行，重創它們的生意，但當時在那裡還活得下去——跟愛爾蘭沾點邊的歷史書，全部掃回來。利用空閒時間，一點一滴的讀。讀沒多久，我就發現要了解愛爾蘭歷史，得先弄明白英國歷史才成，所以，我乾脆針對這個主題建立一個小型圖書館。第一件事情就是買下查爾斯・奧曼爵士（Sir Charles Oman）諾曼征服（Norman Conquest）前的英國史，一套六冊。

準備工作大體就緒。我想要寫一本驚悚小說，背景設定在一九二〇年代的愛爾蘭，接著開始研究諾曼征服前的英國史。大概只有被小說創作嚇傻了的人，才會覺得這是合理的途徑。

北愛衝突驚悚小說胎死腹中，我根本沒寫過任何一個有關的句子；冷靜回想，我也弄不明白為什麼我覺得這是一個好題材。連續兩年，我都不斷告訴自己，這是我遲早要寫出來的故事，一直到七〇年代初期，我還在孜孜不倦的閱讀英國與愛爾蘭歷史。我蒐集大量的資料與書籍。一九七五年，在我結束一段婚姻後，這批書全被我賣掉了。

一九八〇年代初期，我主持每週一次的美國推理短篇創作工坊。直到那時，我才再次想到我的愛爾蘭小說以及創作前的準備。課堂上有個相當傑出的女性學員，想寫一個發生在耶路撒冷的故事。她詳閱旅遊指南，頗能掌握城市街道的分布，一副要把背景研究到鉅細靡遺的樣子。我問她，如果故事發生在紐約，她會不嫌麻煩，把每一條街道都講得清清楚楚嗎？她承認，可能不會這麼累贅。這下態勢還不清楚嗎？她只是把研究當成拖延、脫罪的藉口，遲遲不願意一躍而下，開筆寫作。她其實害怕創作小說。

我很快就發現，愛爾蘭小說是一個必須等我準備好，才能動手書寫的巨大挑戰。總而言之，對處女作而言，這個野心太不切實際了。

所以，我決定改寫女同志小說。

老天爺總該知道我讀過多少吧。

一九五〇年代末期，女同小說是平裝小說市場中一個相當受歡迎的類型，主要吸引兩種讀者——一種是尋求角色認同的女同性戀者，一種是會被女同志戀情挑起情慾的男性。

好些出版社急著滿足市場需求，其中最銳意經營的就是顛峰出版（Crest Publishers）。母公司佛賽特（Fawcett）成立顛峰的目的就是建立一條再版生產線，支援在平裝原創市場孤軍奮戰的「金獎」。顛峰也走原創路線，一眼看上了女同志小說。

安・班儂（Ann Bannon）、薇樂莉・泰勒（Valerie Taylor，譯註：這兩人是女同小說的開創者）以及踵繼其後、讓人眼界大開的名家作品，我幾乎都讀遍了。安・艾德麗琪（Ann Aldrich）的女同散文，提供我大量女同性戀的生活細節與心理狀態。（過了好些年，我才知道安・艾德麗琪是瑪麗珍・米克〔Marijane Meaker〕無數筆名中的一個，曾經幫「金獎」撰寫過許多心理導向的懸疑小說，就跟文・派克〔Vin Packer〕用M・E・柯爾〔M. E. Kerr〕做筆名，寫過許多童書一樣。）有些寫得相當不壞，有些不怎麼樣，有些還糟糕得很。不打緊。不分青紅皂白，我全都讀。

到底為什麼呢？我想不明白。我發現有些作品的確是撩人遐思，但也搆不上讓人著迷的地步吧。我才十九歲啊，老天爺，照理來說什麼事情都會引我想入非非。這些書離黃色小說還遠得很，關於肉慾的描述隱約到難以察覺。它們從來沒告訴你書中的女性到底做了什麼，遑論描述。（事實上，我當然知道她們做了什麼，但據我所知，好些男性也是偏愛女同小說，無法自拔，但我始終不明所以。反正他們就是會看。）

經過這麼多年來的反思、聽了也閱讀了諸子百家的理論，我的結論是：我無法說明為什麼我會對女同志有這麼強的認同感。牽強解釋，我也只好說，可能是前輩子殘存在腦海裡的印象。我知道，這種說法聽進「人就過這一輩子、不信還有來世」的讀者耳裡，會覺得很驚愕，但我就是忍不住。在我的人生旅程中，還有好些只能用「前世因緣」才解釋得通的經驗；其中最最明顯的就是我對愛爾蘭莫名的熟悉（未必完全跟性無關）與著迷。

早在我把愛爾蘭設定為小說背景以前，我就深深為愛爾蘭所吸引。幼年時的記憶是週日早晨，在某個幼兒廣播頻道，聽到的愛爾蘭搖籃曲（Toora Loora）。可能是四歲或五歲吧。九歲的時候，我在《知識叢書》（*Book of Knowledge*）中讀到好些愛爾蘭民謠，我還記得《綠色的穿戴》（*The Wearing of the Green*，譯註：綠色是愛爾蘭的象徵，這首民謠唱的是對愛爾蘭人的鎮壓，穿戴綠色的男女都處以吊刑）的歌詞。（好些年後，我才聽到曲調。以前，我會自己亂配音樂，依稀記得我配過《麥克南拉大樂隊》（*McNamara's Band*，譯註：平・克勞斯貝的名曲）。）一九六五年，我在夏儂機場（Shannon，譯註：愛爾蘭的三大機場之一）下飛機，立刻覺得我好像回到了老家；似乎絕難否認，我在這裡過了好幾輩子。

把這種感受寫下來，公布給全世界的讀者，實在很異樣。終我一生，從未想過，我竟然會這麼做。

閱讀女同小說，除了認同與暢快之外，還有一種我也辨得到、我也寫得出這種類型的強烈感受，總覺得在我的意識邊緣，有個故事已經隱然成形。

有一天下班後，我去格林威治村，喝到酩酊大醉。

更精確一點來說，是在我去格林威治村的半路上，就已經喝到不行了。不知道為了什麼原因，我在下班之後，居然決定別坐地鐵了，就這麼一路朝下城走去。想法不算離奇，那是一個愉快的春天；異常的是：我決定在沿路的酒吧逗留一會兒，每一家喝一杯。我不記得我是不是想要一網打盡，只知道在我穿越十四街的時候，痛飲讓我變得跟行屍走肉差不多了。

那天晚上的遭遇，我就只有這麼點殘存記憶；但對還算正常的人來說，能記得起這麼多也就夠了。在酒吧漫遊之旅中，我巧遇保羅．艾登（Paul Eiden）。就是他把我塞進計程車，打發我回家的。

（保羅是史考特．梅雷迪斯經紀公司新進的收費稿件審核員，三十五歲到四十歲之間，就是那陣子你經常可以在格林威治村碰到的兼差作家。在下城各家酒吧當流浪酒保，白天則在搬家或者是倉儲公司打零工，寫得一手漂亮的句子。他投給男性雜誌的散文，極為出色。至於筆名，他堅持使用馬修．旭普瑞克〔Matthew Shipwreck，譯註：旭普瑞克是沉船遺骸的意思〕。）

第二天醒來，頭痛欲裂，打出生以來未曾體驗。在未來好多年裡，更厲害的宿醉，我都撐得過去，但是，難受程度以此次為最。無處不痛還是小事。這次宿醉之嚴重，竟然拖慢了時光流逝的速度，每一分鐘都好像一個小時那樣難挨，客觀算來，足足九十分鐘。這是我這輩子最難過的一天，陰影終身揮之不去。

上班絕無可能。幸好我也不是非去辦公室不可。一九五八年的四月底或者五月初，我就不必天天去辦公室報到了，就跟在我之前的約翰・多賓一樣。我已經升格為足堪信賴的老鳥，有資格把成疊的收費稿件帶回家處理，時間隨自己掌控，每週只需要去辦公室一到兩次。

我那時也沒有室友了。兩個月之前，鮑伯・安朗森被徵召入伍服役，為期半年，此時，他正咬著子彈苦撐。他還在接受新兵訓練的同時，我請亞歷山卓幫我換到另外一個樓層的單身房裡。（房租沒變，依舊是六十美元一個月。）

我至今無法解釋。我經常醉到不省人事，熬過一次又一次苦不堪言的宿醉，次數之多，算也算不清。清醒後懊悔，有。絕望更多，無窮無盡。但始終沒有釋放出創意能量。日後，我寫了一本《第一次死亡之後》（*After the First Death*）。開頭第一章，主角在痛飲之後醒來，發現地毯上蜷著一個死去的妓女。我跟各位保證，我在「地毯上躺著妓女屍體」等級的大醉中醒來，沒有任何一個早上，我能從床上一躍而起，小說腹稿就此成形的。

要我亂猜，我也只能說，可能情節已經盤算妥當，只是藏在心裡某個看不到的角落，一時沒發現罷了。也許念頭會在宿醉後湧現，也許不會。也許根本不是這麼回事。但這一次偏偏有個故事冒出來了，出現在兩張單行間隔的稿紙上。

回到水牛城的老家，我已經準備動筆了。

8

我已經準備妥當，要提辭呈了。那年初春，我確認自己對於文學經紀或者出版業沒有興趣，變換跑道的時候到了。我在目前的工作崗位上已經學不到什麼，每天都得讀一大堆爛文章，千篇一律，原地踏步。

我決定回學校念書。

我曾經跟同事提及，我手上的這份工作，好處在逐漸流失當中，很多人建議我不妨完成學業。不管想法從哪來，反正我覺得很合理。不必為了免服兵役，跑去哥大上夜校。當時的我還是認為：避開軍隊，非常重要。

更重要的是：有什麼理由不回安提阿去呢？我離開的時候是有理由的，而且極具說服力——我要保住史考特・梅雷迪斯經紀公司的工作。現在我準備離職，何不乾脆回黃泉去呢？否則我還有什麼事情好幹呢？

考不考慮全職寫作？我想是沒有。也許可以靠這種方式謀生，在犯罪推理小說雜誌與另行開發的市場之間遊走。但我不記得曾經認真評估這個選項。現在回想起當年的我，明明有各式各樣發展的可能性，卻只認為眼前只有兩個選擇：要麼，留下來審稿；要麼，回學校念書。我從來沒有在這兩者之外，另闢蹊徑的打算。

我告訴校方我想復學，他們說沒問題。沒過多久，我就必須回俄亥俄一趟。校園難以擺脫政治，兩個派系正在鬥法：其中一派需要我擔任一個學期的學校報紙編輯。我同意出面接受發行董事會面談，爭取這個職位。兩個朋友面授機宜，模擬問答，爭取高分——我記得我惡補了好些專業名詞，偽裝自己是現代功能性字體排印的熱中支持者（管它是什麼東西？）——無論如何，我得到編輯的工作。

返回紐約，我告訴悉尼我有意離職。他覺得完成正規教育是明智的決定——幾乎所有外人都覺得回學校很好，只要上課的人不是他們就可以了。少我這個同仁，沒什麼好遺憾的。很少有收費審核員能撐過一年的。如果你有能耐錄取，還做得下去，表明你一定有本事找到更好的工作。一般來說，不用太久，就能如願以償。

校方給我一個表格，讓我能用工作成績折抵建教合作的學分。我把表格拿去給悉尼，問他能不能幫我填？算是工作證明，描述我的職責，評估我的表現。他看了一眼，「當然。」他說，「有何不可呢？」然後他又看了一遍，皺著眉頭，把表格還給我。「要不這樣好了，」他說，「你自己填，行嗎？」

我填好了，給自己相當高的評價，回去找他。他還是把史考特的名字簽在上面。

過去的事情我講得這般詳細，怎麼好像沒怎麼提到史考特·梅雷迪斯？這個人值得一本專著。如今，他已然故去，或許應該有人要幫他立傳。（他還在人世的時候，沒人敢碰這個題材。）我知道有個人已經著手撰寫跟史考特有關的書籍，希望他能夠堅持到底。

每個跟他接觸過的人都有一肚子故事，我自然也不例外。但我不打算寫在這裡。因為多半是從別人嘴裡聽來的。那是別人的故事，不是我的，因為我不算是認識那個人。

我不是說，我不認識真正的史考特·梅雷迪斯、無法穿透他光鮮的外表，深入探索靈魂的祕密。我是連他的光鮮外表都不熟悉。我在那裡工作九個月，根本沒見過他幾面。

史考特幾乎都待在樓層後方的個人大辦公室裡，鮮少從我們這裡出入。難得見到幾次他的廬山真面目。處理海外版權的亨利，倒是經常進出他的房間，等到亨利取代吉姆升任為專業老鳥之後，換成鮑伯·葛林戴爾（Bob Grindell）不時到他的辦公室報到。史考特沒有理由跟職員說什麼話，他也的確不怎麼跟我們張開金口。

我只去過他的辦公室一次。那時，我從寫核稿報告轉往執行「客製協力」。伊凡走了之後，「客製協力」的人力始終定不下來。有個人報到三天，中午說要去吃飯，就再也沒回來了。幾個星期之後，我在格林威治村碰到他，問他到底發生什麼事？

「我就是一分鐘也待不下去。」他說，「但他們挺規矩的，還寄了一張支票給我。」他問誰接下了他的工作？我說一個叫做亨利．秦的人在做「客製協力」。「啊，那個看起來有點狡猾的東方人。」他說，「也許他準備得比較充實，應付得來。」亨利．秦是比較適應，但也沒撐多久。負責「客製協力」的人來來去去，到最後，工作就扔到我手上。我忘記是悉尼叫我負責，還是我自願請纓。

我猜，我肯做是想變化一下工作內容，而且是個還不錯的經驗。否則，調去做「客製協力」並沒有報酬上的誘因。一週的收入是六十五美元，只比我的底薪多五元，卻比我每週的正常收入少十到十五美元。不知道是什麼原因，反正我接下這個工作，很快的就萌生恨意。

很難保持平常心。寫收費審核報告，寫完就寫完了，協力員卻得把那堆垃圾看上一遍，協助客戶修改。當然修不好。也不保證一定會越修越好。被害人從大綱、一版草稿，再到重新修正，每個階段，協力員都得寫些言不由衷的信件，去加油打氣，鼓勵對方我們是多麼想把這本書或者這個故事推向市場，或者賣到什麼鬼地方去。最後，我們就會找個盒子把稿件裝起來，打入冷宮。協力員還得再寫些諂媚的信件，誘使那個笨蛋從頭再來一遍。

單是痛恨也就罷了，更麻煩的是：我還笨手笨腳的。搞到大家想裝做沒看見都不行。有一天，史考特找我。我相信這是唯一一次我進到他的辦公室裡。

「賴瑞啊，」他說，「你是怎麼做協力員的？在寫審核報告的時候，表現得那樣好，還掙了不少錢。你是不是想要調回去啊。」

「當然啊。」

「那好，就這麼著吧。」他說，我回到另外一間辦公室，也換了一個座位。

記憶，實在很奇妙。

小時候，我們家有一則口耳相傳多年的軼事。我媽媽有個朋友，敘述手指被車門夾到有多麼痛苦。「天啊，簡直痛到不行。」我媽媽說，「我自己也被夾過一次，椎心刺骨。從來沒有那樣痛過，指甲變黑，很快就掉了，好幾年才長回來。恐怖至極，一輩子都忘不了。」然後她會皺起眉頭，突然住嘴，「等一等，」她說，「是我嗎？還是我弟弟，小海？」

我有一個關於史考特·梅雷迪斯的故事，可信度跟我媽的回憶差不多。有一天早上，不知道是鮑伯·葛林戴爾做了一個夢，找我八卦；還是我做了一個夢，跟他嚼舌根。就算是鮑伯的夢好了。如果你能編個藉口，把故事來源推給別人，聽起來會更有趣。

故事是這樣的。某天早上的咖啡時間，鮑伯·葛林戴爾跟我說，「我昨天晚上做了一個夢。史考特把我叫進辦公室，看起來非常沮喪。『鮑伯，』他這麼跟我說，『海倫要離開我了。』」

「我說，『海倫．奈爾森（Helen Nielson）？』（海倫．奈爾森是我們的客戶，非常卓越的推理小說作家。）」然後，他說，「拜託，可千萬別發生這種事情。不是海倫．奈爾森，是我太太，海倫。」

「『這太糟糕了，』我說，『實在是很替你難過。』『我知道，』他說，『我難過得要命。請你幫我一個忙，替我寫一封信給她，要文情並茂、要溫暖誠懇……』」

是誰在做夢？是鮑伯還是我？還是「我的弟弟，小海」？

我離開安提阿之際，校方又修改了章程。他們本來就愛改來改去，害大家忙個不停。好像每三個月，打包離校，越過半個國家去打工，還嫌不夠似的。系統挖東牆、補西牆，課表不時變動，有時連核心課程都要調整，訓練你要隨時準備就緒，以因應變動不居的新現實。

新學制改為三個學期：十月到十二月、一月到三月、四月到六月。也就是說，從十月份開始，我得在黃泉一連待上九個月。第一學期上課；第二學期編報；第三學期再去選一堆課程。因為我在史考特．梅雷迪斯經紀公司上過班，可以折抵建教合作學分，大一，在黃泉待了足足一年，預計一九六〇年六月，我可以從大學畢業。

我的課程從秋天開始。五月底六月初，我還在經紀公司寫審核報告的時候，就跟大一室友史帝夫·施維納商量好，暑假去墨西哥。我先回水牛城老家，然後到紐約佩勒姆（Pelham，譯註：紐約郊外的高級住宅區）他爸媽家會合，計畫在勞工節（Labor Day，譯註：美加的勞工節是九月的第一個星期一）回國，這樣一來，還有充足的時間準備開學。

返鄉前，我又在格林威治村喝到爛醉。根據凡·藍克的說法，我踉蹌的走進費加洛酒吧，扯著喉嚨宣布，我要離開這個城市了。「去你媽的紐約。」我叫道，「我要回水牛城去！我要寫女同性戀小說！」

回到水牛城，我拎著皮箱進房間，收拾收拾。不知道是第二天還是第三天，在我小學用的小楓木桌上，架好我的打字機。我有一本書要寫，不想浪費時間。

我寫的是女同性戀小說。在無數次的宿醉之後，從我腦海裡冒出來大綱，感覺頗為可行。我迫不及待，現在就想動手。我不確定要花多少時間，想來不用三週，便可完事。我的生日是六月二十四日，大概在那之前一兩天就可以收工。我不趕截稿，但是，在我滿二十歲之前，完成處女作，應該是一個挺開心的禮物。

寫這本小說是個很棒的經驗。我心裡明白，這本書的水平根本連《戰爭與和平》（*War*

and Peace）的邊都沾不上，也甭想跟《白鯨記》（*Moby-Dick*）相提並論；不過，我真的很把這次創作當回事。就我看來，裡面的角色相當鮮活。信筆寫來，熟門熟路，完全可以駕馭；不是說情節汩汩流出，引領我一揮而就，但一路寫下來也不覺得有什麼窒礙。如今重讀那本書，一定會覺得不好意思。出版之後，我肯定看過，大概那就是最後一面了，想來每章都有讓我汗顏的地方。這次的寫作算是履險如夷，至少沒像某些作家的處女作，感受到分娩般的痛楚。

我該不該告訴你書中的情節呢？剛從中西部某大學畢業的珍，跟異性接觸的經驗很不愉快，不免懷疑起自己的性傾向。她來到紐約，在格林威治村安頓下來，遇見了麥克——我記得是叫麥克——一個年輕的民謠歌手，一心想在大城市裡闖出一番事業。約略在舊「搖擺會合點」（Swing Rendezvous，譯註：紐約著名的女同性戀聚集地、爵士酒吧）附近的麥克道爾街，有另外一間女同性戀酒吧，「陰影」。珍在這裡認識了渾身邪氣卻又難以抗拒的蘿拉，如果我的回憶沒錯，跟她的愛人佩姬住在米內塔巷。

三角關係開始。麥克與蘿拉都想要珍。珍跟佩姬又都想要蘿拉。佩姬有一天出門散心，喝得爛醉，被當地的惡棍強暴；珍發現她不是真的同志，於是跟麥克破鏡重圓。結束。

回想起來，這結構對於一個新手來說，實在是太複雜了。我用第三人稱、珍的視角來寫這個故事。每三章補充配角的觀點，交代他們的個人背景，推動情節敘述發展。斐德列克·布朗與伊凡·杭特教我看稿的竅門，我算是心領神會，運用得宜。

原來用女性觀點寫作是這樣出人意料的容易。但我犯了好些錯誤，很久以後才驚覺。舉個例子來說，珍是從來不帶手提包的。所以總是在口袋裡摸鑰匙或者找錢。沒有人注意，包括這本書的女編輯也沒發現。也許大家以為女同志便是如此，從來不帶手提包，鑰匙什麼的，往口袋一塞。反正男人婆就該是這個調調。

我替這本書取名為《陰影》。先想到書名，才替酒吧取了這個名字。似乎在我大醉、醒來，打好大綱，書名就已經浮現腦海。我記得，我還問過賴瑞·哈里斯，他覺得書名怎麼樣？

「不知道呢。」他說，「也許《在陰影裡》比較好？」

「《在陰影裡》？」

「對啊，比較動人。」，他說，「維克多·麥克拉蘭（Victor McLalen）、巴瑞·費茲傑羅（Barry Fitzgerald，譯註：這都是當時著名的愛爾蘭裔演員），亡命之徒蒙著手帕之類的。」

我問他到底在說什麼。

「你的愛爾蘭小說啊。」他說，「要不然你以為我在講什麼？」

「可能還要一陣子，我現在還沒有準備好。」我說，「我想的是寫一本女同性戀小說。」

「喔，」他說，「女同性戀小說啊，那麼《陰影》沒問題。」

所以，這本書就叫做《陰影》。原稿寄給紐約的亨利。我知道這本書應該冠個女性的筆名；女同性戀小說總不好由男人來寫吧。我決定用蘿妲．摩爾（Rhoda Moore）當筆名。誰知道為什麼。

在我出發前往墨西哥之前，亨利通知我：書讀完了，看起來還可以，接下來他會展開兜售事宜。我去找我們的家庭醫生摩．卻普勒（Moe Cheplove），打幾種去墨西哥必要的預防針，外帶盤尼西林處方箋，以防我在墨西哥的馬桶座上，沾到什麼髒東西。

我在紐約跟史帝夫會合，到他們家停留一兩個晚上，跟他在佩勒姆的親朋好友見個面。搭夜航班機到休士頓，翌日黎明左右抵達。我們找了輛順風車一路搭到拉瑞多，在距離邊界幾條街的地方找間旅館住下，隨後步行出國，進到墨西哥的邊界小城，新拉瑞多。

才剛走到大眾廣場，立刻就有個計程車司機衝過來找我們，問我們要不要女孩？我們問他說，能不能幫我們弄點大麻？他倒退兩步，連忙搖頭，「不，不行的，先生。」他說，「大麻在墨西哥可是犯法的啊。」我們在廣場上溜達，才沒走三十碼，另一個計程車司機又上來搭訕，一樣問我們要不要女人，我們反問一樣的問題，也還是一樣的反應。

「我的訊息可能不正確。」史帝夫說。我們繼續在廣場上晃蕩。

走到中心點附近，又一個墨西哥人湊上來。「我叫做厄尼斯托。」他的英文一點口音都沒有，「我知道你們兩位先生想買點大麻？」

我們買了兩支煙捲，跨越邊界，帶回旅館。第二天下午開始抽，這是我的大麻初體驗。史帝夫以前抽過，但從沒嘗過上等貨。我們樂不可支，一種勝利的快感油然而生，躺在床上，看著天花板的污點，彷彿也能思考得很深刻。儘管接下來十五年，我抽過不少次，但素來不是大麻的重度使用者，主要是因為它常會讓我變得焦躁偏執。

日後，我抽大麻再也沒有像在拉瑞多第一次抽那樣興奮。

我們在拉瑞多待了三天，到男孩城（Boys' Town，譯註：在墨西哥這一邊的新拉瑞多有合法賣淫的「容忍區」）花街逛了幾個妓女戶；然後搭巴士去墨西哥市。我的朋友彼得·賀許斯坦（Peter Hochstein）剛好在那裡探訪安提阿的室友，拉法·大衛森（Rafael Davidson）。史帝夫跟我找間旅店住下，計畫先去看一個叫做鮑伯的朋友。他是打過韓戰的老兵，靠著《美國軍人權利法案》（*G. I. Bill*）的賙濟，在墨西哥城市學院念書。這個學校是因應美國退伍大兵的需求專門設立的。英語教學，學費跟在墨西哥市的生活費，一樣便宜。大兵反正有美國政府的資助，可以選幾門課，想上就上，租間不錯的公寓，到餐廳吃飯，足夠他們夜夜痛飲或者找些女人。

那個星期，我們每天幾乎都是一樣的過法。鮑伯帶我們去梅德琳街九號的某個地方，有點像是社交俱樂部，多瑟瑰（Dos Equis，譯註：墨西哥著名的啤酒品牌）可以喝一個晚上，沒人在意你有沒有帶女孩到樓上去。我們認識了阿朗索．佩里（Alonzo Perry），來自阿拉巴馬州的棒球選手，正在墨西哥聯盟打球，也認識好些退伍大兵，跟著他們一起鬼混。鮑伯自己是道地的垮掉世代（Beat，譯註：美國二戰後興起的文學思潮，抗拒既存的價值體系，會嘗試迷幻藥物、探索東方哲學），招呼客人非常熱心周到。我一直在想他後來到底幹什麼去了？

那時候，如果我們有足夠的判斷力，就應該待在墨西哥市直到快開學再走。我們碰到很多很有趣的人，找到樂此不疲的方式打發時間，在這個朝氣蓬勃的美麗城市，過得很舒服。（當時墨西哥市的人口只有現在的幾分之一，並沒有受到嚴重的污染，不像現在這樣烏煙瘴氣。）

但，不是。我們想要繼續前進，去看看觀光客足跡罕至的墨西哥靜謐角落。所以，我們搭乘巴士去了瓜達拉哈拉，計畫轉往巴爾塔港，再去太平洋邊，探索尚未受到現代文明破壞的自然天堂。

到了瓜達拉哈拉，我們找上了查爾斯．羅伯特（Charles Roberts），他是史考特客製協力的客戶之一。儘管為時不長，但我待在那個部門的時候，幫助過他，一派樂觀的保證，我們即將把他的稿子推向市場；還照著同事的套路跟他說，他先前的傑作仍在洽談中，不必妄自菲薄。（我得補充，這個羅伯特並不是什麼毫無經驗的生手，他的作品曾經成功賣給《藍冊》〔*Bluebook*〕與《阿格西》。為什麼會掉進史考特的客製協力陷阱中，就不是我想得明白的了。）我也不知道為什麼興起了去看他的念頭，反正我打了電話，自我介紹，他就邀我們去坐坐。

結果發現他受困輪椅，不知道是多發性硬化或者別的疾病害得他癱瘓。他避居墨西哥調養，是因為他的存款可以讓他在那裡過得比較體面。不單是因為匯率優厚，還可以把存款借去放高利貸，寫點爛故事，每天早晨坐輪椅去門口郵箱收信，寄望史考特能夠成功的幫他把稿子賣出去。

這次的探望讓人沮喪至極。我再次跟他強調，史考特對他的作品評價甚高，推銷出去只是時間問題，招呼史帝夫，趁早開溜。虎爛史考特騙來的受害者無所謂，但實在沒必要去訪視那批可憐蟲。

當天晚上，我們預計離開瓜達拉哈拉，吃完晚飯，回旅館的路上，行經公共廣場。一個全國性的選舉即將舉行，最後的結果，大家卻心知肚明。最大的反對黨，國家行動黨（PAN）不管選舉根本還沒開始投票，決定提前抗議。我們不小心捲進抗議人潮中，群眾投擲莫洛托夫雞尾酒（Molotov cocktails，譯註：汽油彈），警方回敬催淚瓦斯。

如果我們夠聰明，看到態勢不妙，就該避之唯恐不及。但我們卻覺得沒什麼，想站在一邊看熱鬧。現場實在太刺激了，我們被嗆得眼淚直流；回過神來，已經被逮捕了。

我猜墨西哥警方原本以為我們是從中煽動的搗蛋分子，但把我們抓起來之後，就知道這兩個傢伙根本就是路人，也立刻醒悟敲竹槓、加點薪水的好機會來了，得好好恐嚇一番，先把我們隔離拘禁一個晚上再說。然後帶我們回旅館，玩好警察、壞警察那套。壞警察先檢查護照上的宗教欄，隨即勃然大怒。我寫的是「猶太教」，史帝夫則是「無」。「信猶太教已經有問題了，」他嘶吼起來，「但是沒有信仰更糟糕！」他亂翻我的日記，看到我把梅德琳街九號的荒唐行徑記在裡面，痛斥我們道德墮落，當場沒收；又查到史帝夫的《卡拉馬助夫兄弟們》（*The Brothers Karamazov*），自然視為是與共產黨勾搭的證據。然後，整個人突然抓狂，拔槍出來抵住我們的臉；我們知道他在演戲，但害怕他演得太過火，失去控制，一槍把我們的腦袋轟掉了。

回頭想想，我確定當下並無危險。我早就覺得這傢伙一天到晚都在幹這種事情。好警察其實沒說什麼。沒收了我們的新相機，看起來就挺滿意的了。隨後，壞警察跑去大廳，好警察建議我們花點錢疏通一下算了。他找到我們的旅行支票，逼我們簽名，交給他，從旁監視我們，直到有人把支票兌換成現金。他們留點錢讓我們搭乘巴士回拉瑞多，叫我們一輩子也不要回來。

到了拉瑞多，我們打電話回家。史帝夫的爸爸匯了兩百塊美金，讓我們搭飛機回家。

事後，我發現自己在暗地尋思，幹嘛急著回家呢？沒錯，可以理解我們兩人都不想再沾到墨西哥的土地，但是，我們大可利用接下來的兩個月，在西南部遊歷啊。對，我們是一毛錢都沒有了，但好手好腳，總找得到工作。為什麼把暑假就這樣扼殺了呢？我們的冒險精神上哪兒去了？

我只能說當時我們兩個都不可能往這邊想。如果哪個人提出這個建議，另外一個一定說他得失心瘋了。

說不定這樣也好，當時我並不知道，有個差事正在水牛城等著我。

首先，我寫了個短篇，跟墨西哥警察的貪污恐嚇無關，就是我寫過多次的尋常推理故事。寄給亨利，遭到退稿，他說賣相不好，大概行不通。

我讀了一遍，覺得不差，應該賣得掉，轉給W・W・史考特，他同意收購。我還在下一封給亨利的信裡刻意提到這件事，他的回信很大器，「恭喜，」他寫道。「我一直覺得W・W・史考特這個編輯真他媽的像樣。」我不十分確定這話是什麼意思。但我從W・W・史考特那裡兌現三十五美元，一般從史考特經紀公司那邊，只能拿到三十一點五元。

所以，我挺開心的。

然後，我又接到亨利另外一封信。

「親愛的賴瑞，」他寫道，「誠摯希望你知道色情小說是什麼，懂得怎麼寫，因為我們有新任務交給你。」他接著解釋，有一家新的平裝書出版社正開始運作，想要印行類似「烽火叢書」（Beacon Books）的作品，六萬字上下。如果我能把前三十頁寄給他們，再把後面的發展列出大綱，他應該可以想辦法幫我弄張合約。

我知道他指的是哪種書，尋了間藥房，買了兩本「烽火」的主打書、一本歐瑞．希特（Orrie Hitt，譯註：美國的多產作家）的作品。匆匆翻了一下，掌握這種類型的必要條件，隨即伏案寫作，很快生產出三十至四十頁的初稿，外加一份綱要。書名我取做《卡拉》（*Carla*），主角的名字。筆名使用薛爾頓．洛德。

寄去初稿跟大綱的幾天後，出版社就批准了，要求我把書寫完。我並沒有簽署正式合約，史考特用我的名義簽了一封同意信，收進檔案夾裡。無論是幫我印行《卡拉》的哈利．薛頓，還是日後幫我出版了更多作品的比爾．漢林，都沒有跟我簽訂正式的委託合約。

我倒是收到亨利寫給我的短信，臚列相關條款。這本書的稿酬是六百美元，訂金兩百，剩餘的金額，在我繳交完稿之後，一併給付。我覺得這些條件很合理，立刻展開工作；希望在返回黃泉之前，就把書稿交出去。

一動手就發現這種小說很容易寫。我猜我每天都能寫上十五頁，保持這樣的節奏，不覺得特別麻煩。沒多久就處理完畢，寄出成品。

印出來之後，我讀過嗎？也許沒有吧，相見不如懷念。我只記得這本書寫得很糟。女主角卡拉是一個火辣的年輕女孩，嫁給了一個有錢的老頭。她跟一個小夥子墜入愛河，有了姦情；忘了是他瘋狂的愛上卡拉，還是兩人天雷勾動地火。反正她為了這個年輕的戀人，離開了自己的老公；但我也不確定是不是這樣寫的。無所謂，記不起內容，我這輩子也是可以過得好好的。

這本書有兩個好玩的地方。第一是我知道要寫到多露骨，才能滿足需求。除了在安提阿新鮮人宿舍裡，出現的喬・魏斯（Joe Weiss）與傑克・伍德福特（Jack Woodford，譯註：兩人均是當時的通俗小說作者）的精裝作品之外，我沒讀過幾本軟調色情小說，不清楚操作手法。但我很快就掌握了訣竅，「性」這個元素埋伏在書中，隱隱約約。每一章都有性場景，避開生殖器，盡可能的呈現色慾的一面，在可允許的範圍內，使用比「媽的」強烈一些的助詞。

其中一個場景我自認運用了很有趣的技巧。在某一章裡，卡拉夜遊，挑上一個黑人情人，盧。兩人去到某個地方，延伸出做愛場景。到最後，盧說，「你知道嗎，這是我第一次跟白人女孩。」卡拉卻說，「這可是我第一次跟女人。」這時，你才恍然大悟。原來盧是一個女生，因為讀者一直假設盧是男性，作者也未點破，也沒使用會洩漏玄機的代名詞。想出這個哏，我相當自豪，自認為小說增色不少。

還有另外一個場景。卡拉最初遇見小鮮肉的地方，是他工作的加油站。她的豪車在加油的同時，她建議兩人去油脂井（grease pit）做愛。

大約一年之後，我碰到哈利・薛頓。「米德伍德」的發行人。他一個勁兒在跟我嘮叨油脂井。是怎麼想到這種劇情的？怎麼會冒出這種點子？

我知道井，當然也知道油脂黏膩膩的；但我真的不知道在油脂井打滾，不管是一個人，或者是一對情侶，都是多麼噁心的感受。我的老天爺啊，我讓卡拉回家，速速的沖個澡，出來又是清新的一朵玫瑰。如果我在加油站工作過，知道那到底是怎麼個噁心法；勢必寫不出那個場景，無法成為薛頓最愛的作家。

我完成這本書，寄出去，然後發生了一段唐諾・威斯雷克津津樂道，總是講不膩的插曲。過沒多久，我收到亨利寄給我的一封短信，上面寫著薛頓挺喜歡這個故事。過沒多久，又來一封短信：薛頓已經送去發排了，感覺有點短，能不能再補一章，看插在書裡的什麼地方？

我說當然可以，隨即動手。我在全書找不到什麼空檔，可以旁生枝節，於是寫了卡拉的一段追憶，那是很久以前的一段往事——反正一定是某個她跑去跟人上床的場景。然後，我檢查原稿，看看該往哪裡放，後來我發現，這哪有什麼相干？所以，我回了亨利一封短函，你訂製的一章專程奉上，你愛插在哪兒都成。

我想，到現在都還在想，這就是投機取巧。如果我按照時序，硬生生的多加一章，前前後後就必須要修飾一下，掩蓋嵌入的痕跡。但是，唐諾指出我這一招展現了專業作家的精髓，登峰造極，跟這本書的三十九頁，並稱雙絕。

這段軼事我以後再說。

9

回到黃泉真好。重拾身心舒暢的感覺。我寫了兩本小說，賣掉其中一部。我要選課，還得協助鮑伯・賽文（Bob Zevin）處理學校報紙事務；希望一月份能順利接下編輯職務，不至於手足無措。離開安提阿，我還是個毫不起眼的大二生；此番歸來，已經稱得上是校園裡叫得出字號的人物。

這一年，校方特別鼓勵高年級到校外租房間，這對我無所謂。在外面獨自住了一年，我也無意恢復宿舍生活。我找到一間帶家具的房間，房東是三姐妹，大概從《馬克白》（*Macbeth*，譯註：這齣戲裡有三個女巫，她們的預言左右著劇情的走向）落幕以來就一直失業到現在。一個是寡婦，另外兩個是連婚都沒結過的老處女。三個人住在一間寬敞的舊房子裡，距離校園幾條街。她們有兩到三個房間出租，我承租其中一間；再用一百三十五美元跟同學買了一輛五〇年的雪佛蘭轎跑車，學會怎麼開、怎麼收敞篷，萬一卡住，又該怎麼排除。我緊盯剛入學的新鮮人，很快就追上一個來自貝永的女孩，凱若。

我花了點時間選課，研究怎麼安排最聰明。我選了亞伯特・李道（Albert Liddell）的「彌爾頓研究」、彌爾頓・戈德伯爾（Milton Goldberg）的「早期美國小說」，還有一門心理課程叫做「小團體功能運作」。感覺起來非常有趣（其實很無聊！）。選「彌爾頓研究」的只有我跟亞當・費斯雪（Adam Fischer）兩人。（亞當是布魯諾・費斯雪〔Bruno Fischer〕的兒子。他爸曾經是《社會召集令》〔*Socail Call*〕編輯。我在《追緝》讀過他的犯罪小說。）課程基本是導師個別指導制，總共只需要正式上兩到三次課。剩下的兩堂課都在下午。這樣一來，生活很好安排，無論如何都不用在中午以前起床。

沒過多久，我就發現我犯下悲劇性的錯誤。根本不該有回學校的念頭。

如果能夠早點從瓜達拉哈拉的騷動中脫身，說不定未來就會改變。如果墨西哥之旅按照計畫順利進行，亨利四處找人幫哈利・薛頓寫書的時候，我早就平安離開那個國家了。

絕對不是說那兩個貪污警察耽擱了我的情色小說創作生涯。遲早會有人邀請我跨入這個領域。但如果在回學校前，我就已經動手寫情色小說，或許會更加得心應手。

情況就是這樣。回想起來，我真不知道那時候在幹什麼。有必要理會彌爾頓嗎？有什麼好在乎《韓弗利・克林克》（*Humphrey Clinker*）、《潘蜜拉》（*Pamela*）或者《約瑟夫・安德魯斯》（*Joseph Andrews*，譯註：這些都是早期的英文小說經典）的？

真沒什麼好在乎的。亨利寫信告訴我，哈利・薛頓要我再幫他寫本書，我更把念書的念頭拋到九霄雲外。亨利說，他知道我在學校裡很忙，但能不能找出時間寫點什麼？

當然可以啊。在《紀事》（*Record*）辦公室裡有好幾部打字機，跟我在經紀公司用的一模一樣，入夜之後，整間辦公室就專屬於我一個人。我挑了其中一部，開始寫一個老作家的故事。（這傢伙的設定是三十好幾了，是非常老派的那種。）作家是酒鬼，好多年來都寫不出什麼名堂來。然後，他遇上了這個女人，一見鍾情，於是改邪歸正，重新振奮，自認會寫出畢生最佳傑作。然後某件悲劇發生，我忘了到底發生什麼慘事，反正女主角死了，作家跟街頭的混混攪和在一起，酒瓶傳到他手上，他便仰頭一飲而盡，知道他又回到屬於自己的地方。

故事情節我只記得這麼多了，想來也夠了。這本書是我用第一人稱寫的，算是一個很不錯的轉變。別人怎麼想我不知道，但就我看來，這本書比《卡拉》好很多。亨利覺得還不錯，薛頓也開心。我因此又賺了六百美元。

我管這本書叫做《長路》（*The Long Road*），這個標題誰都不愛；「米德伍德」改名為《異類的愛》（*A Strange Kind of Love*）。

如果沒在寫薛頓訂製小說，我多半就在《紀事》辦公室編報。編輯算是建教合作的全職工作。除了拉廣告的業務以外，每個人都不支薪，大小事務幾乎得由編輯獨力處理。其實未必要這樣辛苦，只是傳下來的規矩就是這樣。在秋季班加入編輯團隊，也有好處，可以提早知道哪些事情必須親力親為。《紀事》是週刊，每週五晚餐時間發刊。（發行就是扛著一落報紙，拿進咖啡廳，找張桌子放下。）四全張，用黃泉《新聞》的平板印刷機印製。每週四晚上一般就全都耗在上面了：裁減校樣，拼貼版面，撰寫標題，還得把最後一分鐘擠進來的稿子，設法塞進去。凌晨兩三點，帶著我們做好的版樣，沿著鄉村小路開去費爾波恩製版。週五白天，你還要處理一堆《新聞》的雜事，等《紀事》被放在咖啡館桌上，就看你想去哪裡崩潰吧。這工作每週可能花不到四十小時，但都擠在很短的時間內，一擁而上。

我也會幫鮑伯一點小忙，出點新聞、特寫，改寫其他記者的稿子。在他開車去費爾波恩之際代班，好歹有個大人在家裡坐鎮。輪到我當家的時候，我猜我應該可以勝任，但我並沒有接班的渴望。

我真的志不在此。

十一月底，我真的受不了了。我連一門課都沒法上。儘管沒有任何一堂課開在中午前，但作息時間完全顛倒，幾乎不曾在上午八點前上床過。下午四點鐘才能勉強醒來，驚覺上課的時間全被我睡光了。

就算我還醒著，也鮮少去上課。我不明白去那裡幹什麼。「早期美國小說」的指定閱讀我都沒看，強迫自己讀，沒多久就睡著了。我尤其受不了的是那門心理課，不知道它到底在幹什麼，拆成幾個小團體，是吧？然後開始運作？選這堂課的多半是德國交換生，都上了點年紀，來安提阿是管理訓練的一部分。有一半的時間，我根本搞不清楚他們在說什麼。

當年的我傲慢且愚蠢。在這些課堂上，總是可以學到東西；但我都覺得不重要、什麼都不在乎，任何一門課都不在我眼裡。我要文憑幹嘛？離開這個鬼地方遠遠的，一個月幫薛頓寫一本書，進帳六百元（嗯……扣掉佣金五百四十元）。偶爾投幾個短篇滋潤滋潤，日子過得比絕大多數的大學畢業生還要舒服。

我決意離開。我沒打算告訴任何人。我就是退學，把所有的家當寄回水牛城，雜物隨便一扔，一路開去紐奧良，只希望那輛老爺車不要在半路上搖散了，帶我平安抵達就好。我從沒去過紐奧良，但我喜歡這個地名的發音。我可能在法語區找個房間，有張桌子放我的打字機，為自己找到最好的出路。

我覺得這想法浪漫極了，確實可行，絕無疑問。我父親何苦努力攢錢，只是為了把我留在不屬於我的地方？寫作明明是我拓展職業生涯最重要的手段，為什麼只能用課餘時間來寫作呢？

我整理好一個皮箱，寄回家裡，告訴註冊組，我打算退學。我已經不再跟凱若約會，幸好，偶爾還會碰個面，至少有機會把我的唱片跟唱機送給她。那時，跟我最親近、算是我必須跟他諮詢的教授是諾蘭・米勒。所以，我把計畫告訴了他。

他相當不喜歡我的點子。他覺得我應該留在學校，還把他自認最有誘惑力的選項告訴我。他說，他多少有點影響力。米勒教授跟我保證，只要留在學校，撐到畢業，我一定能夠進入愛荷華大學的碩士班。

米勒教授真的是好學者，體貼慷慨，願意幫助學生。只是他完全不曾料及這個條件對當時的我來說，並沒有任何說服力。我在這世界上最不想做的事情，就是留在學校念書；而他卻告訴我，堅持下去，拿到大學文憑，回報就是可望進入研究所。「把菠菜吃了，孩子。然後就可以吃甜點了。甜點是什麼？甜點是你的最愛——青花椰菜！」

米勒眼見「利誘」似乎無效，做了一件我真希望他不要這樣輕率的處置。他打電話給我在水牛城的父母。

他沒見過我的父母，但是，他們當然知道打電話來的人是誰。米勒教授跟他們說，我即將犯下大錯，建議他們動用他們的影響力。他們打電話給我，苦勸半晌，要我至少把去紐奧良蝸居的想法，暫時延後一會兒。相持不下，最後的結論是：我一定要待在黃泉，等到他們開車趕過來，當面討論過再說。

我無法拒絕。他們是在感恩節前打電話過來的，趁著假期週末，他們開來黃泉，隨後又返回水牛城。我心裡明白，學校我是半分鐘都不想待了，我很清楚的表明我的態度，想法不容改變。但他們軟磨糾纏了半天——眼淚、爭吵。他們贏了，我跟註冊組說，撤回我的退學申請吧。兩老這才開車回水牛城。

我留在安提阿，決定了兩件事：這些鳥課程我要悉數過關，然後，我再也不跟爸媽講話了。

整個十二月我都在趕進度，填補十月份蹺課的空白。我有一堆指定書目要讀，還有一堆報告要寫。所以，我嚴厲奉行非常奇怪的生活守則。

每天早上，我八點起床，把早餐裝進我的果汁杯（glass of Tang，譯註：裝橘子風味水果粉的瓶子，也可以當杯子用）。然後，讀一章喬治．麥考雷．崔維廉（George Macaulay Trevelyan）的《英格蘭史》（*History of England*），免得忘記英文應該怎麼寫。然後我去圖書館，埋頭苦戰。

我會用功一整天，讀書、寫報告。然後跑去錫屋（Tin House），校園外一棟預製（pre-fab，譯註：零件預先製造，現場拼裝的速成建築）的小房子，由三或四個二年級的女生承租。我無意追求她們，裡面也沒有任何人對我有興趣；但那裡是個鬼混的好地方，我每次都會帶半加侖的愛瑪登山地紅酒（Almaden Mountain Red，譯註：加州知名酒廠），因此格外受到歡迎。我一般就坐在那裡，一杯接一杯，喝到有些麻木，覺得睡得著了，就會開車回飛利浦街的老太太住處，倒頭便睡。

早晨起來，依舊用果汁杯胡亂沖泡點吃的，讀一章崔維廉，開始例行的一日。

整個十二月，我都沒有跟父母聯繫；但他們還是不斷寫信給我，多半是父親寄來的，通常一週兩封，短短幾句，但筆法一絲不苟、精確到讓人讚賞。信紙多半來自他的隨身小筆記本，上面印著他的名字跟地址。那是他在康乃狄克人壽（Connecticut Mutual Life Insurance）擔任經紀人的時候，送給客戶的小禮物。（他在家裡起碼還有一百多支自動鉛筆，筆套上有個八號撞球〔8 ball，譯註：最風行的撞球項目，八號球被撞進袋中視為犯規〕，外帶一個傳說中的口頭禪，「您這種等級的朋友跟八號球一樣，我一定把您看得牢牢的。」他轉往賓州人壽（PENN Mutual）任職，還是會贈送這種小禮物。他過世以後，我留了二十來本，心想我這輩子應該夠用了。過沒多久，當然統統不見了。無論你多麼想此生不渝，總是事與願違。）

信，我看了，卻從來不回。我在處罰他們，可我不知道他們有沒有意識到。我本來就會拖上好長一段時間，才寫封家書報平安。從上次我們「懇談」到現在，不過一個月；儘管這是我覺得格外難熬、格外漫長的一個月。他們也沒打電話——當時，電話聯繫還算滿稀罕的；而我打電話給他們的機會，更是少之又少。

畢竟，那時還是一九五八年，大家很少打長途電話，不像今天這麼方便。我知道現在，大學生在自己房間裝設私人電話，是很普遍的現象。我在安提阿宿舍的時候，每個樓層只有一部電話，根本輪不到我用。話說當年，長途旅行抵達目的地後，都要打通電話回家報平安。還有的時候，你會主動打通個人對個人的電話，對方聽到你的聲音，就知道你安然無恙；隨即找個藉口，跟接線生東拉西扯，說線路好像沒接上，你聽到他們的聲音，估計也沒出什麼大事。這樣一來，一毛錢都不用花。

我不寫信，也不打電話，也許他們知道我在懲罰他們，也許未必。

我安排的生活守則奏效。我堅持到月底，所有計畫如期施行。十八世紀英文小說，彌爾頓．戈德伯爾給我B，我可以很自信的說，我配得上這個分數。「彌爾頓研究」，亞伯特．李道也給我B，這個分數就有一點兒佛心發作了。我不記得小團體課最後怎麼了，三學分，非必修。我應該是得到某種成績，只是我一點印象都沒有了。到底是什麼呢？F？還是未完成。

想來是個Ä（Umlaut，譯註：日爾曼的變音符號）。

10

學期終了，校園清空。就連少數幾個留在黃泉，準備下學期課業的同學，都回家過耶誕節假期去了。我還在懲罰我的父母，不管他們有沒有察覺，我就是留在原地不動。

直到耶誕夜，我喝了幾杯酒，決定上紐約。我開車到代頓，在候車室，有個傢伙帶了一瓶酒，「為耶誕節加油」，拿出來跟大家分享。只要不是瞎子，都看得出那是一瓶裸麥威士忌；下一件事情，就是等我醒來發覺車子已經開到匹茲堡了。

我口袋裡還有幾枚硬幣。我在火車站買了一包花生醬餅乾，搭乘下一班列車去紐約。抵達之後，我先找朋友家借住；第二天，史帝夫進城來，借我十塊錢。

忘了是第一天還是後幾天，我去梅雷迪斯經紀公司探班。亨利給我一張為數不多的支票，那是他幫忙賣了幾個短篇故事的稿酬。那時，唐諾・威斯雷克也在那裡寫審閱報告，但我們倆沒碰上面。他說他瞥了我一眼，隔著小窗戶，看到我跟亨利在講話。我跟亨利的對話，到現在我還記得：

我：「我不想把《異類的愛》奉獻給先前那個人了，現在改，會不會太遲了？」

亨利：「恐怕是遲了。怎麼了？」

我：「我跟那個女孩分手了。」

「這本書獻給凱若，」我是這麼寫的，「此愛綿綿無絕期。」這話說得不假。別忘了我的唱片跟唱機還在她那裡。在我屈服於父母的意志，繼續留在學校之後，她問我要不要把這些東西還給我？我跟她說，就留在她那兒吧。

大半個耶誕節假期，我都留在紐約，我又跟一個名為蓋兒的女孩發展出一段戀情。她是史帝夫的老朋友，秋季班轉到安提阿，結束一個學期之後，在紐約待三個月。我的時間安排實在太不理想了，我們在一起只有兩天，相約明年春天再見。

我搭火車回水牛城，在老家陪了父母一兩天，最終還是決定跟他們聊聊天。我們從來沒有觸及我拒絕跟他們講話的冷戰，好像沒事一樣。但其實我們應該開誠布公的討論一下才是。

回到黃泉。我繼續投身編報工作，重複我剛剛敘述的流程。我的前任，鮑伯．賽文還是傾全力協助我，是我不可或缺的幫手；隨後，彼得．霍希史坦（Peter Hochstein）也加入團隊。

彼得預定要接手《紀事》。他整個秋天學季都在麥茲納出版（Matzner Publications）當記者，實務經驗比我、賽文——說真的，比報社大有來頭的資深編輯，還要紮實。他採訪功力極其出色，鎖定當地垃圾處理積弊的系列報導，更是轟動一時。第一篇剛見報，他就接到一通電話，約他在當地的小餐館見面。在卡座裡，坐著一個跟鐵鉆似的大漢，看來沒有什麼事情是他搞不定的。那傢伙瞪著他好一會兒，然後說，「有人認為你不應該再報導垃圾議題了。」「好啊。」彼得說，「從此以後，我不會再寫任何一個跟垃圾有關的字眼。垃圾嘛——誰會想要呢？以後不管這些鬼垃圾了。」那人點點頭，釋懷了。「拿去。」他說，給彼得一個小包裹。彼得上車打開，裡面是一枚子彈。

在黃泉，倒是沒人賞他一枚子彈。但他還是展現調查新聞的天分，把校方嚇出一身冷汗。我們在那個學期動作頻頻——追蹤燒掉科學大樓的一把惡火，究竟為何而起；忠誠宣誓的條文，為何悄悄寫進華府的《學生貸款法案》中，更是引發軒然大波，還有好些當時驚動社會，被認為是關係重大的新聞，這些年來，逐漸從我的腦海消逝。我只記得，當時，我從來不愁沒有故事填版面。

有件事情彼得學得很到位：不能坐等新聞上門，要自己出去跑。他還真跑到一條很不錯的新聞，報導夫妻宿舍潛藏隱患。我們稱之為「掉入火場陷阱的小屋」，還搭了一張電線線路配得雜亂無章的照片。這則報導激怒了很多人，慌不迭的怒斥《紀事》是八卦小報，煽動人心，專報黃色新聞，不負責任。但就在一週內，一個孩子就死於我們報導過的宿舍裡，鑑識報告顯示起火原因就是配線瑕疵。我真不想用這種方法證明我們這則新聞真有先見之明，但我們的報導推動了社會進步，居家環境變得更安全。

除此之外，在《紀事》編輯時代，還有另外一個成就。我曾經寫過一篇社論哀悼「烤架六八」，黃泉市中心一家髒兮兮的小餐館，調整行之有年的老規矩——不再堅持夜晚不打烊了。有人拿社論給餐館老闆看，跟他說，如果他不改回二十四小時的營運策略，後果不堪設想。

遇到沒新聞就是好新聞的空檔，我會利用剛入夜的時間，在《紀事》的辦公室裡，乒乒乓乓乓的埋首創作。三個月裡，完成一本小說，取名為《天生壞種》（*Born to be Bad*），薛頓用了我的書名，但日後卻改為《普塔》（*Puta*，譯註：西班牙女，妓女）。這本書的主角叫做麗塔・摩瑞兒（Rita Morales，譯註：她的姓是道德的意思），我忘了她來自墨西哥還是波多黎各，反正她的生活很多彩多姿。我就只記得這麼多了，但我想，你知道這麼多也就夠了。

我媽認為這個女主角的姓應該改一改，叫做麗塔・茵摩瑞兒（Immorales，譯註：不道德）比較貼切。

每個周五晚，在我把報紙平安送達咖啡館的小桌上之後，就會轉去新鮮人宿舍。史帝夫・施維納跟安迪・嘉納（Andy Gardner）在那兒擔任輔導員。我們把房間門關上，還把雙層床拖出來頂好，這才能安心的哈草。

史帝夫想盡辦法找到當地的大麻貨源，我們三個人每週定期聚會。就算是我們密謀暗殺學務長，安全維護也不可能更嚴密了。首先，我們只在週五晚間，來上這麼幾根；永遠把門緊鎖、始終守口如瓶。據我們所知，我們是安提阿唯一一組暗地哈草的學生。不過，我現在猜想起來，實在不能排除有其他人也有這種癖好，只是做法跟我們一樣隱蔽而已。

春季班重啟新的循環；但我們開始放縱，每週一次的聚會嫌不夠了。六或八個新朋友加入小集團，我們小心翼翼的跟他們介紹我們新發現的樂趣，有些新進同學也貢獻自己的專業知識。大衛・賽普森沃爾（David Sepsonwall）結束春假返校，介紹我們一種櫻桃口味的咳嗽糖漿，叫做「體克」（Teek）。他說他父親經常喝。

我們分一半人去城裡的藥局採購，為每個成員買一瓶「體克」。藥師很是訝異，不知道哪裡冒出這堆怪人，怎麼會買這種冷門滯銷的藥物？——瓶子上有一層厚厚的灰塵——但他毫無警覺，而我也不認為我們應該主動申報購買麻醉藥品。等我們回到校園，其中一個人看了標籤，「喔喔，」他說，「大衛啊，這邊寫得很清楚：『警告：可能成癮』。成分裡有可待因，這玩意兒會不會喝上癮啊？」

賽普森沃爾白了他一眼。「你別傻了。」他說，「我爸經常喝。三十年來，每天都喝上一瓶。如果喝這個會上癮，他現在不早就無法自拔了嗎？」

他的邏輯好像駁不倒。我們信心大增，暢飲「體克」。

但，多半時間，我喝酒。

在我判斷所及的範圍裡，我們家族並沒有酗酒傾向。我的父母只會在社交場合禮貌性的喝點酒，跟好友聊得開心，淺酌一兩杯，興盡而止。我的父親經過好些年的培養，對於上好的蘇格蘭威士忌情有獨鍾，之後，品味越來越刁，只看得上品質無與倫比、最頂級的限量帝王威士忌（Dewar's）。我知道那時只有加拿大生產。他非常喜歡這種威士忌，但晚餐前來上一小杯就心滿意足了。

我只見他醉過一次。在辦公室耶誕派對上喝多了，回到家的他，興致依舊高亢，顯得很是開心。一般情況僅限兩杯，嚴拒第三杯；實在拗不過，多喝一杯，多半會昏睡在椅子上。

我爸走了以後，我媽在圖書館找了份工作。下班回家，她也養成了在晚餐前小酌一杯的習慣。有一天，她發現自己增為兩杯，於是痛下決心，索性連酒都戒了。戒絕這個習慣，以後僅限社交場合應酬一下。

這樣看來，就算真有酗酒的家族基因遺傳這回事，在我身上也不適用。高中時期，我好像不曾沾過酒精，除了在畢業當晚，總得遵照傳統，喝到呆若木雞以外。

進入安提阿之後，我開始喝酒。搬到紐約、到史考特・梅雷迪斯經紀公司上班，我也喝。等我回到黃泉，喝得更多、更密。有一次，我參加一個派對；醒來已經躺在飛利浦街的床上，中間記憶一片空白。車子好端端的停在路邊，但念及這一路是怎麼開回來的、路程中如何險象環生，就不禁冷汗浹背。同去派對的朋友跟我說，我離開的時候，看不出來喝多了，正常得要命。所以，我的結論是我應該還好吧。

還有一次，我在週六痛飲竟夜，原本預期醒來會宿醉，自知罪有應得。但頭卻一點也不疼，原來我根本還在醉。我非常感謝這個奇蹟，立刻伸手去取蘇格蘭威士忌酒瓶，顯然我還可以趁機再喝幾杯。

儘管蓋兒不在，我跟她的戀情依舊持續。我跟別的女性約會，定期寫信給她。學期中，她飛來黃泉，我們共度一個週末。

距離學期結束剩兩週左右的時候，我接到她寄給我的一封信，跟我說，她不會再回安提阿了，她要嫁給一個安提阿的校友，定居在紐約。「請替我向學校的親朋好友致意。」

這是她的結語。

我被徹底摧毀了。不知道為什麼——我跟她相處的時間也不算長，更說不上相知相惜。但我卻立即反應，痛徹心扉。我跑去史帝夫跟安迪的房間想找他們傾吐。他們不在，酒瓶倒在。安迪桌上有剩五分之一的蘇格蘭威士忌、史帝夫留下一整瓶蘭姆酒。

首先，我喝了蘇格蘭威士忌。然後我開始對付那瓶蘭姆酒。

然後，我在醫院醒來。

這是全新的體驗。我的腳踝被束帶綁住，緊緊的綑在床腳。我的右手是厚厚的繃帶，蓋住我的手腕、手掌跟中指。左手上套著個窄窄的塑膠手環，說明兩件事情：「勞倫斯・卜洛克」、「春田市立醫院」。

事後，才有人告訴我到底發生了什麼事情。把史帝夫跟安迪的藏酒喝完之後，我暈頭轉向、跌跌撞撞的闖進校園，著實出了好一番洋相。隨後消失，直到午夜時分，有人報警，說我意圖闖進黃泉某間民宅。我不知道打破誰家的前門小窗戶，還被碎玻璃割傷手指；幸虧只是皮肉傷，沒有切斷肌腱。警方狠狠重搥我的腹部，五花大綁，送進醫院。原來，我試圖闖入的是安提阿德國語言文學系教授哈利・史坦豪爾（Harry Steinhauer）的家。我的莽撞行為鬧到驚天動地，但我其實從來沒有上過史坦豪爾博士的課，沒跟他講過半句話，壓根不知道他住在哪裡。上他家找麻煩，實在沒半點道理。我的猜想是：我整個人失魂落魄，誤以為我回到飛利浦街五〇四號；自己的鑰匙怎麼也打不開門，才憤而擊破玻璃洩憤。

黃泉某間診所的大夫特別來看我，看來是憂慮我的失控言行。儘管我不明白這有什麼好驚動他的大駕？道理再簡單不過了：我聽到了難以接受的壞消息，痛飲之後發酒瘋，一般人不就這樣？這不就是亂人心智的飲品必須裝進瓶子裡的緣故嗎？他也擔心我是不是會失憶？在什麼情況下會出現這種病徵？我跟他說，只有在喝酒以後。

如果換成現在，他可能會建議我接受某種療程，比方說什麼調養中心二十八天的戒酒計畫。但當時，他只問我需不需要他給我拿點什麼，我婉拒了。我還沒傻到請他給我倒一杯。警方又把我羈押在醫院一個晚上才放我走。學期結束，我回家過春假。

這種荒唐行徑提起來，自然很不好意思；事後我只好靠嘻笑怒罵從困窘中解圍。我說，醫生大驚小怪實在很好笑，也許他從來沒碰過酒鬼。據我記憶所及，我的朋友都被我逗得哈哈大笑。

11

春季學期，我搬出飛利浦街那間帶家具的房間，跟彼得・霍希史坦在小城邊緣，找到一棟兩家對分的公寓，把二樓一整層合租下來。這地方是房東好不容易才保存下來的——這棟公寓原本預定拆除，蓋一棟商業大樓，他硬是換了塊自己的地給建商。樓下租給一對夫妻，樓上（他實在傻得可以，竟然）租給了我們。我們從春田市運來二手家具，沒花什麼錢就把住處整頓好了。其中有一件十元買來的電冰箱，事後證實非常不牢靠。五月份它壯烈犧牲，待我們驚覺，已經錯過清理的黃金時間。裡面的東西腐敗到不堪「聞」問。六月底，我們連挨近都不敢。偶爾會有一些傻呼呼的客人不明就裡貿然打開，我們得慌不迭的把冰箱門關上，打開屋裡的每一扇窗戶，趕緊出去遛躂幾個小時。

我們搬走後的幾個小時內，房東委託的仲介要帶一批客人看房。我可以想像：我們留下滿屋子的垃圾，他們還可以強作鎮靜，視而不見，直到某人，仲介或看房的人，打開電冰箱。

我在春季班選了滿滿的課，但在我的心中，那是無需在意的瑣事。重要的當然是：我得修改《陰影》。

因為，讓我喜出望外，這本女同志小說，賣給顛峰出版，稿費高達兩千塊錢。

回想起來，為了這本書，我竟然花了這麼多時間，著實難以置信。這話聽起來傲慢，但我跟你保證，這個論斷跟傲不傲慢無關。我早就把這本書拋在腦後了，根本不指望它賣得出去。書早在去年六月就殺青了，出版商花了九個月以上的時間才決定收購，實在不合常理。照理來說，亨利第一時間會先送給顛峰出版才對。難道他先轉給其他幾家出版社？或者他先寄給顛峰，結果手稿被扔在某人辦公室的角落，任其凋零，我的經紀人也懶得嗆一聲：要就要，不要就不要，別佔著毛坑不拉屎。

等到第二學期快結束的時候，我猜想這本書是乏人問津了。我隱約想起那時我在新公寓的客廳桌前，修改初稿的情景。我也記得，那時，我必須學習怎麼打字。

打字，我是無師自通。高中打報告，打著打著，就這麼會了。我習慣盯著鍵盤看，謄抄別的文件的時候，實在苦不堪言。我只用每隻手的頭兩根指頭打鍵盤，拇指負責按空白鍵。我知道這種做法不正統，但速度追得上專業的速記員。

只是現在我還得考慮受傷的手指，用來打鍵盤很酸痛，隱隱麻木長達幾年之久。我只好改用右手的食指、無名指（當然還有左手的頭兩根手指）重新把這本女同志小說繕打一遍。從此之後，習慣就再也改不過來了。說老實話，我那根受傷的指頭過沒多久就痊癒了；但直到今天，既然有左右護法，究竟有沒有必要派那根手指頭上陣，我還是躊躇不決。

這本書到底要改動多少呢？

少點吧，我想，不要大費周章了。顛峰出版的編輯二十出頭，剛剛從東部名校畢業，在出版界的經驗可能比我還要少。他們把我的書拿給她練習，她卻給我一堆建議。我去反駁也沒有意義，乾脆她怎麼說，我怎麼做。

於是這本書在打字機上，展開第二趟旅程，其實改動也不算多。她有一個要求，讓我頗感困惑。佩姬，蘿拉遇見珍之前的最愛，跟其他配角一樣，也有專屬的一章交代她的背景。「她的名字叫做佩姬．柯可倫，看來已經醉了。」這一章的開場白，我如此寫道。在這章結束之前，佩姬被幾個街坊混混攔住，慘遭強暴。我的編輯說，這一章對於推動劇情，並沒有幫助。她胡說八道。這一幕寫得很鮮活，是不可或缺的一部分，我很清楚。我決定奮起捍衛。

一部分的問題可能是我以前比較習慣雜誌，特別是低級雜誌的搞法。故事交出去，生殺予奪全落在編輯手上，想怎樣就怎樣：將篇幅砍成他們需要的長短、竄改篇名，如果這一期出現太多同名的人，他們連角色的名字都會擅自調整。我先前說過，龐帝克他們甚至會幫你取筆名，連問都不問一聲。我知道，如果你是福克納，當然不可能允許他們背著你動手腳。幸好我也知道，我並不是福克納。

我取的書名叫《陰影》，筆名是蘿妲・摩爾。我的編輯跟我說，他們準備把書名改成《千奇百怪的愛》（*Strange are the Ways of Love*）。好吧，我說。我不喜歡這個書名，但沒人問我的意見。過沒多久，她又通知我，要把我的筆名改為雷思禮・伊凡斯（Leslie Evans），盡可能的模糊作者性別。好吧，我說。等到他們真的發行那本玩意兒的時候，顯然又琢磨了一次。作者的名字換成雷思利・伊凡斯（Lesley Evans）。

三十多年以後，林恩・孟羅出版了一本我的筆名目錄；書中也記錄了他的一些觀察。就書名而言，顯示我對「奇怪」有某種程度的迷戀——他指的多半指是薛爾頓・洛德為米德伍德撰寫的第二本小說，《奇怪的愛》（*A Strange Kind of Love*）。其實，這兩本書都是出版商代我取的。至於雷思利・伊凡斯，他說，這可能是向伊凡・杭特致敬。這對我來說，也是新聞。

出版社接受了我的修正。我記得我拿到一張一千三百五十元的支票——一千五，扣掉史考特百分之十的佣金。（他們可能是付了五百元的簽約金。或者是簽約金是一千元，這樣算起來，稿費總金額是兩千五百元。）先撇開總金額不說，反正錢到手了。一千三百五十元，受領人是我的名字，這是我平生僅見，金額最大的一張支票。

態勢越發明顯了：我可以用這種方法謀生了。哈利．薛頓一直問我，薛爾頓．洛德能不能再寫一本？同理可證，顛峰出版想來也很高興見到雷思利．伊凡斯的新作能寄到他們的辦公室。我還不能窮奢極侈，直接去買輛凱迪拉克；但是靠寫作維持生計，應該不成問題。

同時，我得設法從大學畢業。

我還是不知道我在幹什麼，難道找張床，躺在上面，自然就會有人給我畢業文憑？我要力拚三個月的課程，自立更生六個月——新學程設計再來添亂，要求我們在七月到九月必須參與建教合作計畫。我申請前往紐約擔任自由撰稿人，理由難以反駁：學校提供的職缺，對現階段的我來說，並沒有實際助益。建教合作系同意我的申請、批准我的計畫。我現在只需要安安分分的上課，拿到學分就行了。

啊，天啊。簡直絕望。我發誓，我已鼓起全世界最堅強的意志，但無異以卵擊石，毫無勝算。我連自己選了什麼課都想不起來，只有一門，我永遠也無法忘記，叫做「物理概念的發展」，課程說明是給非專業科學家設計的科學課程。我當然是非專業科學家，還需要選一門物理科學，湊足通識必修學分。左看右看，只有這一門符合我的需求。一個禮拜碰面三次，八點鐘，我還是硬著頭皮選了，逼自己準時去上課，還特別挑座位的第一排，免得錯過教學內容。

開堂第一天，教授說了，「今天呢，我們要複習一下牛頓古典力學，想必各位都生疏了吧？接下來，我們要上量子理論與相對論。」

我連他用的名詞是什麼意思都不知道。

但我自恃聰明，應該應付得了。我把教科書帶回家，讀讀看。束手無策。我強迫自己閱讀兩到三頁課文，完全不知所云，眼神逐漸呆滯，終於昏迷不醒。就此絕望。

還有出路。開學後的頭兩週，發現選錯課了，還來得及退掉，改選其他課程。兩個星期過去了，我確定是跟不上進度了。我還有兩週可以考慮退選，沒有罰則，只是就來不及補選了。既然如此，我幹嘛還要退課？我相信奇蹟終究會發生。

第四週，我死心了，奇蹟不可能發生。但我做了什麼事情？什麼也沒做。不去上課，得F又怎樣？我已經繳出一張空白的考卷了，看著一道道的考題，我連猜都懶得猜。要求我們申報學期報告的題目，反正寫不出來，索性交個挺嚇唬人的題目：《論二十世紀物理學理念與超現代西洋棋開局的關係》。我直覺認定兩者之間應該有關係。這種開局法放棄控制中心區塊，想當然耳，跟我自己也不知道在學什麼的課程內容，有某種哲學性的連結；但我僅止於空想，沒興趣進一步研究。

在其他課堂上，我該幹什麼就幹什麼。我喝很多，哈適量的草，逐漸養成來上一瓶「體克」的習慣。藥房斷貨了，我們也學會買其他含有水合祛痰劑或者可待因成分的糖漿，越來越喜歡那種味道，但應該比不上大衛．賽普森沃爾的爸爸。我只不過又喝了十七年而已。

七月初，我又回到紐約市了。這次，我想住在旅館裡，完全知道我想待在什麼地方——從史考特辦公室再往下走一點的西七十四街。我查了一下第六大道跟第七大道間的區塊，旅館星羅棋布，起碼有十五家餐廳。這個地段幾年前，被洛克斐勒關係企業看上，投下大筆資金，在洛克斐勒中心西邊，蓋了好些超高樓層的辦公大樓。

我選的旅館叫里約（Rio），如今還在原地經營。那時是家族企業，在鄰近區域中，風評甚佳。裡面沒有一樓一鳳，也不准阻街女郎經過櫃臺。希臘水手進城來，固定落腳此地，好些住客一住就是好多年，加上偶爾來投宿的過路客跟遊客，價錢不貴，生意相當興隆。

我租了個挺不錯的房間，一週十二美元。窗戶開向窄窄的天井，稱不上明亮，反正我也不在乎。比較困擾的是教堂就在旁邊，星期日的時候敲一整天鐘，但也不至於太糟糕。

我搬進去，開始工作。一個半街區外就是史考特辦公室，距離格林威治村只有五分鐘的地鐵車程。在兩個街區的步行距離裡，我每天換一家餐廳吃飯，六個月內，不會重複。我可以轉過街角，在大都會咖啡屋（Metropole Café，譯註：爵士酒吧）前面，聽一會兒金尼·克魯帕（Gene Krupa，譯註：著名爵士鼓手），厭了，不妨走到對街，挑個妓女，雖然走不過櫃臺，沒法把她帶進旅館。

我在城裡有不少朋友。格林威治村裡的左鄰右舍、安提阿建教合作的同學、在史考特·梅雷迪斯經紀公司任職時認識的作家。先前，我經過經紀公司，進去交稿子、拿支票的時候，還碰到過唐諾·威斯雷克，他也是因為類似的事情，順道來的。幾個月前，他辭去這裡的工作，現在是全職作家，主力是幫哈利·薛頓寫推理小說。我們閒聊了兩句，他邀請我去他家坐坐，喝杯啤酒。

唐諾跟他的老婆孩子住在第九、第十大道間的四十六街，一棟破破爛爛的公寓裡。（附近住戶異常擁擠、建築雜亂無章。在那個街區，如果你受不了很差的居住環境，就只能露宿街頭了。）他跟我很快變成好友，話題無窮無盡。那一晚，我們熬夜暢談，一直聊到凌晨兩三點。只要我們倆碰到面，經常就是這種結局。（三十五年後，亦復如此。）

難以奢求更好的環境了，我知道，我得為六個月後預作準備。十二月底必須離開的時候，想來會痛不欲生。

八月中，我回一趟水牛城。

在那之前，我寫完兩本書。第一本叫做《巴羅街六十九號》（*69 Barrow Street*）。背景是格林威治村，在潘恩出版社打工的時候，就住在那附近。（巴羅街五十四號，巴羅街其實並沒有六十九號。）這本書講的是紐約褐石公寓住戶紊亂的性關係。這本書了無新意，除了書名，實在想不出這本書有什麼原創的地方，除開書名一出現在封面上，就以具體的形象，精準傳達出書中淫穢的意味。

我後來發現，即便這一點，也搆不上原創。幾年之前，哈洛・羅賓斯（Harold Robbins，譯註：美國著名的暢銷小說作家）就想出這個絕頂聰明的點子，只是被一個殺風景的編輯，改為《公園大道七十九號》（*Park Avenue 79*）。在我這本書裡，極力經營一個派對場景，算是小小的得意之作；但我懷疑這個靈感來自於詹姆士・法瑞爾（James T. Farrell）《螺絲釘龍尼根的早年霸氣》（*The Young Manhood of Studs Lonigan*）中，除夕派對的那一幕。

這本書寫完之後，我又寫了一本叫做《浪蕩學園》（*Campus Trump*）。

我說不大上來這本書在寫些什麼。背景是中西部某家類似安提阿的學院，只是沒有建教合作課程而已。（我實在想不出來怎麼把建教合作置入情節中。要花好長的篇幅去解釋。）詮釋「浪蕩」這兩個字的女主角，（希望你不介意我這樣說），是一個叫做林達・薛普德的大學新鮮人。另外一個主角是唐・吉伯斯，校刊編輯。

除了情節與人物之外，有個無法否認的事實——書裡每個角色的姓，都可以在安提阿宿舍裡找得到；所提及的建築物名稱，也都出自我朋友的姓氏。感覺起來沒傷人，而且取起名字來容易得多。

原本以為我朋友看到這本書，看到自己的姓氏，會覺得很好玩；絕沒料到這事兒在安提阿變成一宗醜聞，刺激出各種傳說與揣測，謠言紛紛，歷久不衰。一直要等到我從「懷舊網」上，用超過二十五美元的價格，買到一本封面破破爛爛的舊作，我才明白當年的孟浪。

有人說，大家一般認為我寫這本書，是為了報復我的母校，形形色色的書中人物，也都各有所本。我聽說有個朋友，阿諾·卡爾倫（Arno Karlen）從不明所以，變成受寵若驚，終至暴跳如雷——端看他聽到哪個版本而定——因為唐·吉伯斯很明顯的就是在說他。

有人問他，為什麼要這樣想呢？為什麼？這還不明顯嗎？他說，吉伯斯是校刊編輯，留著落腮鬍，剪個小平頭。難道他不是《紀事》的編輯？難道他沒有留落腮鬍？不是小平頭？

有人這麼告訴他，這本書印行的時候，他還不是《紀事》的編輯，反倒是這本書的作者曾任校刊編輯，而且留落腮鬍，剪小平頭，如果說唐·吉伯斯確有所本，那麼這個人為什麼不是卜洛克本人，而是在影射他呢？

他說，「喔。」

據說也有教授自認受到污衊，有人這麼告訴我。書中的一兩個場景裡，的確多有冒犯。但，誰想得到他們真的去看這種爛東西？實話實說，我壓根不相信有「任何人」會去看。我絕對無意傷害我的母校。開筆寫這本小說的時候，我還期待一月份回學校上課，六月順利畢業。不是多麼熱中，只是一件我終究要做完的事情。但這本書寫完，我也回不去了。我並不憤怒。硬說我有什麼情緒，也只有感激。我可以跟各位保證，我對學校絕無怨懟，就算想要報復，也不至於寫一本情色小說來洩恨，是不是？我大可去學做炸彈，把學校炸了。

《浪蕩學園》並沒有賣給哈利・薛頓。這是第一本委請比爾・漢林處理的作品。漢林，前科幻小說迷，住在伊利諾州伊凡斯頓發行仿冒《花花公子》的《調皮鬼》（*Rouge*）以及其他幾份雜誌。當時，他開闢一條情色出版路線，這個子品牌被稱為「床頭書」。（接下來幾年，他追加好些子品牌，包括了「午夜讀本」〔Midnight Reader〕。）他的出版品在描繪上更露骨一些，印刷看起來比薛頓的米德伍德更廉價。膠裝（perfect binding，還真有這個名詞，印刷業的用詞也真是不老實）的品質，實在跟「完美」沾不上邊，翻個兩三次，整本書就散了。我周邊有好多人認為這根本是故意的，是一種美國工業界常用的花招——計畫性報廢。

比爾・漢林認為《浪蕩學園》不壞，想要更多類似的作品，收購價比薛頓高一點，願意付七百五十元。亨利說，我應該為漢林的出版社構思一個筆名。我想了想，決定使用安德魯・蕭。

就在《浪蕩學園》幾近殺青的同時，我接到了安提阿學院教務長道森（J. D. Dawson）的來信。他寫道，在學生人事委員會（Student Personnel Committee）最近一次的會議中，與會委員達成共識：我在別的地方會比較快樂，所以，無需考慮一月份重回安提阿的可能性。

我一邊讀這封信，一邊想：他們怎麼這麼明智，知道我在別的地方比較快樂？確實沒錯，我在十一月初的時候，歸納出相同的結論。我當然不至於雀躍到半空中慶祝自己被退學——畢竟，以前沒人這麼乾脆的要你滾蛋——但要說我有多難過，也真的沒有。

道森教授的原信比上述的摘要更客氣、更婉轉。我在字裡行間也讀得出來，只要我好好回應他們的善意，未必沒有轉圜餘地。安提阿提供相當寬容的教育環境，更何況只要我去拜託諾蘭・米勒教授，他一定會義不容辭，拔刀相助。但我從不考慮這些選項。他們是對的啊，是不是？我在別的地方一定快樂許多，現在被退學了，自由自在、清清爽爽，不用回去，不是正好嗎？

我打電話給父母，把學校的決定告訴他們，感覺起來，他們也沒有很失望。我試過了，結果還是這樣，他們也不好再說什麼。接著，我要強化我的可信度，證明我可以做一個自由撰稿人，自給自足，比起去年十一月，五九年八月的成績還能更上層樓。

倒是有件事情。他們不覺得我需要跟別人說我被開除、被強制要求退學，或者什麼別的委婉說法。我只要告訴我的朋友、其他家族成員，這是我自己拿的主意，不是學校的決定。

管他的呢，這有什麼差別？我愛怎麼講就怎麼講，回到水牛城，再遵照他們的建議就好。反正我也沒計畫在水牛城待太久。

兩個星期後，我預計回水牛城，再一次住回我父母家。

我不知道能不能解釋，但我可以告訴你經過。某個週六早晨，我照常起來，撰寫當天的功課——《浪蕩學園》的某一章。故事眼見就要收尾了。時近中午，我給自己到了一杯波本，兌上水，一邊寫一邊小酌。

這並不是正常程序。一般是我寫完當天的配額，工作結束，才會來上一杯；寫作期間，滴酒不沾。那天很特別吧，感覺起來，這個理由挺有說服力的。我一直寫、一直寫，杯子空了，再去裝滿。那章寫完，我決定再來一杯慶祝。

當天晚上，有人邀我去派對。抵達之際，我可能已經頗有酒意。主人我不認識，但我應該沒有給他們留下很好的印象。我揍了一個帶著男伴的年輕女性，她男伴出面制止，也無法澆熄我的酒瘋。在這爭執過程中，我失憶了，應該是被人扔出來。然後我又失憶了，晃進哈林區，兩個警察出面警告我，深夜千萬不要在這種地方散步。我猜他們是把我架上警車，帶到附近的地鐵站。無論如何，我發現自己到家了。第二天醒來，誠摯期盼宿醉讓我頭疼欲裂，因為這樣才能證明我沒死。

那時並沒有迸發出什麼驚人的創意，也不曾在狂亂的兩小時之間，勾勒出偉大的美國女同志小說。我動不了、每個地方都疼。我覺得很慘。

沒有理由詳述，沒有必要推敲隱喻。我就是宿醉，酒精反撲的力量恐怖得驚人。這引起我的憂慮。

我明白這幅生活景象中，有個地方不對勁。我找不到任何理由解釋為什麼我一大早就開始喝酒。我在派對場合，舉止失態，甚至動手打人，這完全不像我自己；而且我還在深夜的紐約市裡，在惡名昭彰的區域遊蕩，一搞不好連命都沒了。

我拿定決心。我不能再喝酒了。我要離開紐約。

「我在紐約沒出路了。」我告訴我的朋友，「我太愛這個城市了，所以我不能留下來恨她。」

首先把書寫完。然後，我就回家了。

我父母好像很高興看到我回家。好多年以後，我媽媽偷偷告訴我，那時她並不明白我為什麼在紐約待不下去，不過，她強壓疑心，絕口不提。我搬回我的臥室，再一次把我的打字機放在我的楓木小桌子上，繼續寫作。

我不記得當時我在寫什麼了。給哈利．薛頓，我寫的是《必愛女人》（*A Woman Must Love*）、《恥辱與愉悅》（*Of Shame and Joy*，後來他們告訴我，書名被改成《猩紅的愉悅》〔*Of Crimson Joy*〕，借用布雷克〔William Blake，譯註：英國浪漫詩人，下文引用的是他的名作，《病玫瑰》（*The Sick Rose*），「猩紅的愉悅」出現在第二段，下文是「它難以告人的黑暗戀情，毀滅了它的生命」〕的詩作，希望能勾起讀者聯想，就是開頭是「喔，玫瑰，你病了」那首。對一本情色小說來說，我原先的構想，實在不怎麼樣；薛頓改了書名，說不定是對的。幾年以後，羅伯特．帕克〔Robert B. Parker〕也寫了一本《猩紅的愉悅》，是本偵探小說。運氣不錯，這書名不需要徵得薛頓的同意。）

我供稿的兩個系列，一問世就大受歡迎。在四十二街，米德伍德、「床頭書」都賣得嚇嚇叫。早期的米德伍德封面標價是三十五美分，放進情色小說店，卻賣到七十五美分。「床頭書」定價五毛錢，用塑膠袋裹起來封好，標價再高一倍。在那時候，這種書是搶手貨，讀者趨之若鶩。

出版商到處在找可以穩定供稿的作者。就在這種情勢之下，漢林提高價碼，只要每個月能給他一本，稿酬加到一千美元。他的公司是一種封閉式經營，只跟史考特經紀公司買稿。好多年以後，我才知道，他還另付暗盤給史考特，包斷所有稿件。換句話說，史考特除了百分之十的佣金之外，還坐收漁利。（這當然有商業倫理的疑慮，甚至可能違法。但在那當口，誰會考慮這些呢？）

所以我每個月都交一本給漢林，然後才設法湊點什麼給哈利・薛頓。他也把價格提高到八百美元。聽起來我每個月的創作量都很大，也的確是，但我好像從來沒有遲交過稿子。

剛開始，我的標準寫作計畫還挺規律的，白天寫，晚上睡。接著，我每天晚睡一點、晚起一會兒，一點一滴，終於調整成我睡到下午才起床。清晨、午後都保有親子時間：母親午夜就寢前，陪她喝杯咖啡；凌晨六點，我爸出門上班前，陪他吃早餐。這個家庭的確有點奇怪，儘管出人意表，卻運作得相當順暢。

離開打字機，我也會在水牛城找點事情消遣。我跟一個叫做露絲・歐普勒（Ruth Opler）的女孩約過幾次會，但她去康乃爾之後，戀情嘎然而止。然後，我遇上蘿莉塔・卡列特（Loretta Kallett）。就在這個時候，一家名為爵士中心的俱樂部求售一半股權，我覺得這機會不妨考慮。這家店是兩年前由法蘭克・聖喬治（Frank St. George）開設的，經營得不太好，想找人合夥。我一天到晚在那裡盤桓，覺得自己有家店也滿好玩的。

一半股權索價兩千五百美元，我手頭上剛好有這筆錢，不知道做何用途，雙方一拍即合。父親警告我，我們兩個人可能會因為這家店破產。但是人生在世，或早或晚，難免經歷這番挫折。我剛好在那個年齡段，不可能這麼早就如此世故。遊戲才剛剛開始呢。所以，我買下一半股權。我們沒有因此破產，但也賺不到錢。我們拿不到酒牌（liquor license）——有所教堂距離我們店不到兩百英尺，必須得到神父的同意書，但裡面的人死都不肯簽。其實他是厭惡我們這家店不分膚色一律歡迎的營運政策。我的感覺是：在適當的地方加點「潤滑劑」應該有幫助，但我們倆都不知道如何著手。

法蘭克是個大好人。早年參與過左派政治——我想那時他在貝爾飛機公司（Bell Aircraft）上班吧——現在做鋪地磚的生意。他開爵士俱樂部純粹因為喜歡音樂，但做買賣卻是一竅不通。有件事我始終忘不了。那時我們只能賣非酒精飲品，包括西打（cider）。每週五下午，他都開大老遠的車子到尼加拉郡進貨，因為那邊生產上好的西打。我自己對商業管理也沒什麼概念，我知道，這就是年少輕狂。

我在水牛城缺少的——始終無法彌補——就是沒有講話的對象。我悶著頭做的事情，周邊沒有任何人了解，也找不到人討論。我只好藉助於通信，跟幾個老朋友，特別是唐諾・威斯雷克與賴瑞・哈里斯魚雁往返。不管我寫給他們哪一個，都會得到兩封回信，多半寫得很長，殷勤周到卻又妙趣橫生。對方多半在收信後的兩三天就會回信。唐諾跟我的信件長度跟審稿報告差不多——插科打諢之餘，結尾多半還是各種戲謔變形的「祝你好運」。

我希望能夠一直保留這批信件。我也真的收藏好一段時間。但接下來的年頭裡，我搬過無數次家，在最後關頭，我還是忍痛拋棄了。我想他們多半也是這樣處置我的回信。信件沒了。我跟唐諾的通信創作，至今倒還看得到。

我想不起來這是誰的主意了。

依稀記得是在四十六街，他的公寓裡，忘了是回水牛城前，還是早秋在紐約的短暫停留期間。反正，我們決定聯手創作一本小說，但不是以往大家習慣的做法，創作理念來回打磨、一起構思情節。我們的作品計畫賣給哈利・薛頓，一如既往，哪需要打草稿、預先布局？

我回到水牛城，寫好開篇第一章，女主角叫阿娜·默希·班恩（Honor Mercy Bane，譯註：意譯是光榮·慈悲·鴆毒）。我故意留下許多自由發展的空間，沒有任何線索暗示接續的方向。我保留附寫本，原稿寄給威斯雷克；然後回頭處理我手上的作品，想說可能要等上一會兒才有結果。

回信附上新的一章。他創造了一個新的角色，一個怨天怨地、哭哭啼啼的廢物，黎奇。我討厭這個角色，卻很喜歡他寫的那一章。於是著手再寫第三章。

就這麼接力下去。等到這本書找到前進的動力，創作就變得更好玩了，我們增加難度，場面越寫越離奇，看看對方有什麼方法脫困。最終我實在受不了黎奇了，乾脆賜他一死。下一章，唐諾報復。我在蜜糖（阿娜·默希變壞的時候，自稱蜜糖）的生活中，安排了一個制衡黎奇的男性角色——中年律師約書亞·克勞福。唐諾很快就把他幹掉了，全書大概還剩四分之一的篇幅，我們的女主角就找不到男人上床了。

我們的合作相當順利。這本書在很短的時間內就寫完了；最棒的是創作過程，根本不覺得是在工作。這本書我們想取名為《阿娜的片段》（*Piece with Honor*），這當然不可能。我不記得最後我們協議出什麼名字，只記得薛頓印行的時候改名為《一個叫蜜糖的女孩》（*A Girl Called Honey*）。作者是兩人聯名：薛爾頓·洛德與亞倫·馬歇爾，獻辭是：

「給唐諾・威斯雷克與勞倫斯・卜洛克，感謝他們倆的撮合」。

一九九二年秋天的打書巡迴之旅，有個傢伙出現在加州橘郡，拿了一本《一個叫蜜糖的女孩》要我簽名。「我知道你不簽薛爾頓・洛德寫的書，那是你的堅持，無所謂；只是我湊巧發現這本書是獻給你跟威斯雷克的。既然這本書是獻給你的，那麼請你在這一頁上簽名，應該也沒關係吧。」

這頭狐狸夠狡猾，我簽了。

我不確定我有多久，沒碰酒瓶了。

宿醉醒來的早晨，是那樣的苦不堪言，我發現跟酒精說不，不見得有多困難。我的直覺是戒斷可能比節制還容易，也許我只有兩個極端的選擇。要不就只能在兩個極端間擺盪。無論如何，就此滴酒不沾。紅酒、啤酒一概在禁止之列。

我很是振奮。喝酒是人之常情，戒酒卻標誌著回復信譽的決心。在大家知道這個消息之後，我會很享受大家投來的驚訝眼光。

在我回到水牛城兩個月之後，我曾經跟蘿莉塔一起外出旅遊。我點了杯酒試試有什麼下場。點了，喝了，也沒怎樣。我想過去的毛病算是根治了，再也不會喝到那般荒腔走板。

我跟蘿莉塔的感情急遽增溫。有個週末我們去紐約，我介紹她給威斯雷克、史帝夫・施維納跟南西・海耶斯（Nancy Hayes）認識。我們倆都住在家裡，所以我還在城中租了一間帶家具的套房，保有點隱私。（房間是我用納特・克羅利〔Nat Crowley〕的名義承租的。約在那個時候，我試著寫偵探小說，男主角也叫這個名字，但我記不真切，誰先誰後：主角在先，還是化名租房在先？）耶誕節前後我向她求婚，婚禮預定在六月。

蘿莉塔的家境不算好，親戚朋友生活都比較困窘，大張旗鼓的辦婚事，恐怕會加重他們的負擔。我跟蘿莉塔都不想驚動親友，盡可能的縮小受邀名單。三月間，我們到紐約，在西六十九街看中一間公寓，簽了約，隨後增加一個小行程，聽說巴爾的摩沒有猶豫期（waiting period，譯註：美國有些地方，在遇到離婚、結婚或者買槍這種大事，都規定有猶豫期，讓當事人再想一想），決定到那裡結婚。

跟《北非諜影》（*Casablanca*）裡的鮑嘉（Humphrey Bogart）一樣，我也是誤聽謠言。巴爾的摩也有四十八小時的猶豫期，所以我們只好乖乖的等，然後交換誓言，回到水牛城打包，準備搬到紐約。

我在水牛城待了半年，完成好幾本書、寫了也收到好多封信，還冒險嘗試經營夜店，戒酒、然後又開始喝一點，墜入愛河，就此成婚。有件事情，你可能發現了，就是我不再替顛峰出版寫女同志小說了。

當時的我渾然不覺，還想替他們寫一本大學小說，就是後來的《放蕩學園》。這本書讓我有機會跟漢林打交道，從此之後，我就再也不考慮創作女同類型了。

倒不是我失去了對於女同志的興趣，或者認定這種題材不合適我。事實上，我交給薛頓或者漢林的作品裡，再怎麼樣，至少都有一幕女同性戀場景。日後，我雇用幾個影子寫手替我捉刀，幫薛頓跟漢林生產情色小說，還特別教他們如何在故事中，置入女同性戀的情節。

到底是怎麼了？顛峰出版付我兩倍稿酬，印刷、裝訂的品質也好太多了，甚至還願意付我版稅。（《千奇百怪的愛》沒有讓我賺到版稅，但如果再版的話，我就可以分潤了。）明明滿足感更高、尊榮感更強、賺的錢更多，第一次投稿就順利銷售，為什麼我不願意再嘗試？

如果我預見某種形式，未來無法持續開展，我就會望而卻步。我之所以不願意嘗試再幫顛峰出版寫一本女同志小說，是害怕我根本寫不出來。

對比以前那些莽撞孟浪的愚行，我現在的小心翼翼，感覺起來著實好笑。其實這是一種特殊的恐懼，害怕自己在過去成功的地方失敗。

我寫第一本女同志小說的時候，是因為我沒有什麼好損失的。沒人預期我寫得出來，尤其是我自己。花了幾個月的時間才把《陰影》賣掉，我也不苦惱；因為在出版社接受這本書的時候，我早就把它拋在腦後了。

如果我試了卻做不到，失望勢必難以承受。如果我連試都不試，至少不必失望。漢林跟薛頓訂製的作品，我就有把握得多。把稿紙捲進打字機的同時，我都很放心，我知道我一定能寫完，看著它印行，拿到稿酬。錢很重要，是你用勞力換來的成果，但也最不值得一提。重要的是：你必須要有成功的把握。

12

蘿莉塔跟我在一九六〇年三月十日結婚。我們在六十九街一一〇號租了一間帶家具的公寓，開始布置起來。我在西二十三街買了一張桃花心木書桌，神似我在梅雷迪斯經紀公司用的那張，在臥室安放妥當。蘿莉塔找了一份兼職，下午去中城某個辦公室打雜。我寫作，每個月出一本書給漢林，偶爾寫給薛頓，空檔，用來創作短篇小說。

兩個月之後，我解決了爵士中心的股權問題。我舅舅傑瑞·納森（Jerry Nathan）是個爵士迷，還是個挺厲害的業餘鋼琴師，考慮把我的股份買下來，評估了半天，結論是這家俱樂部的前景堪慮。（但他還是接下這個爛攤子，在很短的時間內，舉辦了幾場爵士音樂會，最終把自己塑造成西紐約第一流的演奏會經紀人。）在他接管之後，我把我的股份回賣給法蘭克·聖喬治。他還給我一千五百元。這次的冒險只賠一千元，就我來看，實在是奇蹟。爵士中心始終不賺錢——一度法蘭克招募常駐音樂家入股，因為他實在付不出酬勞。之後，他去大衛的餐桌（David's Table）當經理，這是城裡一家還不錯的餐廳，表現得非常好；後來，他乾脆把餐廳買下來，搬到更好的地段，改名為聖喬治的餐桌（St. George's Table），依舊經營得有聲有色。

還在水牛城的時候，我就開始寫犯罪小說了。書名取做《罪人》（*Sinner Man*），講一個住在康乃狄克州丹伯里的普通男子，中產階級，某天跟太太起爭執，狠狠的甩了她一巴掌，結果，她太太腦門子不知道撞到什麼，就這樣死了。他嚇到六神無主，也沒報警，就這麼跑了。

他易容改裝，換了髮型，改了名字，管自己叫納特．克羅利，就是我在法蘭克林街租房子用的假名。他躲到水牛城，去一處不良分子黑幫出沒的地方鬼混，去都去了，自然得裝出一副流氓樣，沒想到竟然被當地的犯罪組織吸收了，假流氓變成真黑道。我忘了怎麼結尾，想來沒有好下場。難不成會有好下場嗎？

如今看來，這情節頗為荒謬；但對振筆疾書的我來說，應該不做此想。亨利覺得這本書挺有潛力的，代我四處兜售；但是每個讀者的反應幾乎都差不多。他們喜歡我這本書的寫法，非常期待我的下一個作品；至於這本，他們權且跳過。

我當時很憤怒，但現在覺得他們的反應非常合理。喜歡我寫作的方式，是因為我真的寫得很好，行文明快、對話傳神，有趣的人做有趣的事。他們預期我會寫出一本暢銷作品，但可惜這本不是。

在紐約，我真的寫出一本賣得掉的犯罪小說。是我無心插柳的結果。

那時的我試著幫哈利．薛頓創作一篇情色故事。但我的主力是給比爾．漢林的每月一書；寫給薛頓的小說，算是我額外加班。我寫了兩章，講一個騙徒交了好運，他沒付旅館住宿費用，逃之夭夭，還在火車站偷了一個皮箱，讓他可以到另外一間旅館登記入住。（那時沒有信用卡，如果你看起來人模人樣，帶著挺稱頭的行李，櫃臺人員就不會要求你預付租金。）皮箱打開一看，裡面是滿滿的海洛因，原主是一個備受尊重的生意人，坐擁嬌妻，沒想到竟然是暗地走私的毒梟。

故事就此開展。

兩至三章寫下來，我就知道這故事有發展潛力。唐諾·威斯雷克過來閒聊，我請他讀讀看。（他搬到卡納西〔Canarise，譯註：布魯克林區東南邊〕，十四街地鐵線最後一站。但我們每星期還是會碰個兩次面。）唐諾鼓勵我忘掉薛頓吧，改攻金獎出版的推理系列。我覺得這本書脫胎自詹姆士·肯恩（James M. Cain，譯註：美國早期推理小說作家，引進硬漢形象的先驅者）的作品，而這種文學傳統可以追溯到查爾斯·威廉斯（Charles Williams，譯註：英國牛津大學教授，早期創作涉及靈異題材，間接形塑了偵探小說的最初樣貌）與吉爾·布爾（Gil Brewer，譯註：美國通俗小說作家，他在金獎出版發表的作品，暢銷一時）。第一人稱的男主角最後愛上一個女生，為了要留住她，只得誘使她吸食海洛因成癮。結尾是他考慮自己也來試試看。

（這本書印行之後，有一天我碰到鮑伯·艾朗森。他跟我說，這本書根本就是我在

《追緝》發表的《身騎白馬》變奏版，可以追溯到我們倆一起住在亞歷山卓旅館的那段時間。他當然是對的，但我始終不明所以。那篇故事早就不知道被我忘到哪裡去了。）

亨利把這本書寄給金獎出版的諾克斯．柏格。金獎是首屈一指的推理小說出版社，競爭者可望而不可及。諾克斯收購了這本書，相當滿意，除了書名。我取的書名是《海灘上的女孩》（*The Girls on the Beach*），但他希望改成《騙子的遊戲》（*Grifter's Game*），我覺得也不壞。

書印出來，改名為《蒙娜》（*Mona*）。看來是替佛賽特兄弟經營金獎的羅夫．戴（Ralph Daigh）的主意。他買下一幅女性面貌的素描，想拿來當封面。這本書的女主角叫做蒙娜，那麼順理成章的就取名為《蒙娜》吧。

喬夫出版（Jove）在八〇年代重新印行這本書，改名為《甜蜜緩慢的死亡》（*Sweet Slow Death*），感覺起來好像是結局陰暗的情色小說。我知道他們是怎麼想到這個書名的，出自金獎封底上的簡介文字。走筆至此的同時，黑暗收成（Dark Harvest）的保羅．麥柯爾（Paul Mikol）首度為這本書製作精裝本，同時發行限量版跟一般版。我記得從來沒有編進任何短篇小說集的《身騎白馬》，也藉此收入。這本書竟然重生這麼多次，我覺得難以思議，但不確定它有沒有這種價值。這一次我想改回《騙子的遊戲》，甚至還原成《海灘上的女孩》，只是擔心有些讀者會以為這是一本新書，讀了第一章，就以為我糊塗了，所以還是老老實實的叫它《蒙娜》吧。

約略在這個時候，我遇見了惡名昭彰的《機密》（*Confidential*）發行人。事實上是前發行人，叫做鮑伯・哈里森（Bob Harrison），五〇年代靠出版醜聞雜誌，賺進滿坑滿谷的鈔票。俗麗浮誇的雜誌內容，堆砌出他最燦爛風光的歲月，其中還包括了少女系列，《眨眨眼》（*Wink*）、《吃吃笑》（*Titter*）。實在經典。

哈里森也想要出書，把旗下雜誌《機密》裡面的故事結集印行就完事。說是「機密」，其實名不副實、自相矛盾；也沒人想要揭發真正的「機密」，指出這些書根本不是新的，只是把雜誌上的內容，隨便弄一弄，塞進兩層硬質封面中間而已。

選輯的原則是指挑跟紐約有關的內容，哈里森很想取名為《紐約機密檔案》（*New York Confidential*），不巧這個名稱已經被兩個記者傑克・雷特（Jack Lait）與李・摩泰默（Lee Mortimer）登記了。這兩個記者的名望可比哈里森好太多了。但跟你叫得出名號的所有人一比，這兩個記者的行徑，又是徹底的不堪聞問。哈里森極度不滿，他一直覺得C字開頭的英文字，都是他的財產，不過，現實就是現實，只得作罷。

他想改名為《紐約內幕》（*Inside New York*），這又惹得約翰・岡瑟（John Gunther，譯註：美國著名的記者、作家，代表作就是他的「內幕」系列）暴怒。所以他決定叫做《赤裸紐約》

（*Naked New York*）。

現在他需要一個人把書弄出來。

我就是在這個時機點介入的。哈里森打給史考特，亨利打給我，我就前往哈里森租在麥迪遜大道三十幾號的麥迪遜旅館套房。哈里森六十來歲，身材高大，體格結實，永遠穿著剪裁保守的西裝，身邊陪伴著一位頗有些年紀的女性，自稱是他的助理，如果我沒記錯，應該是他妹妹。這兩個人手上都有一個厚厚的檔案夾，裡面裝著從雜誌剪下來的舊故事；我的工作就是挑出其中的精品，重新編排寫過，偽裝新書，即時印行。

哈里森幹不了這事兒，我懷疑這個老混蛋根本不識字。

我後來思考過這件事情。我猜他有閱讀困難症或者類似的障礙。如果你請他看什麼東西，會堅持要你大聲唸出來。他得用聽的，這樣有助於評估手上的素材。

「這個不錯。」他說，翻了翻檔案內容，抽出一篇一九五二年調查B女孩（B-girls，譯註：一般是指暗中動手腳欺騙顧客的女侍）端摻水酒品給顧客的報導。遞給我跟他妹妹，「就這篇——唸給我聽。」我們唸了，一致認為這篇報導寫得不錯。

很多篇文章跟紐約一點關係都沒有——「把地點改成紐約應該不難吧？是不是？」——要寫得粗、寫得直，但不要太過煽情。只要ＩＱ高過他出生體重的人都會告訴他，這些東西並不是小說創作的素材。但他不在意，他只想做買賣。既然買賣上門，就得生本書給他。我的工作就是去寫。

不管三七二十一，我照辦。我把我們挑的幾篇故事帶回公寓，隨即動筆。我知道這種產品需時孔急，料不準有什麼變卦，把貨趕出來，落袋為安比較好。果真也用不了多少時間。

但這王八蛋還是賴帳了。他跟史考特說，我交給他的小說長度不夠，也沒寫對，所以他拒付尾款。就這一半錢了，剩下的，把小說改好交來再說。他付了大約七百五十美元打發我走。史考特說，想告他得排隊，長長一條人龍。我們只好算了。

《赤裸紐約》。我不記得我看過印出來的成品。也許根本沒有發行？哈里森有沒有叫人唸給他聽？

約略在這個時候，我開始替查爾斯·海克曼（Charles Heckelmann）寫書。我在潘恩出版社當工讀生的時候，海克曼是「通俗圖書館」（Popular Library）的編輯，但我沒見過他。之後也沒有，儘管我奮發圖強，幫他寫了十來本書。

事實上，絕大部分委託我寫書的雇主，我都沒有見過。過了好一陣子，我才知道這是挺不尋常的現象。兩個理由：第一，也是最重要的理由是，史考特·梅雷迪斯的政策就是不讓他代理的作家與處理稿件的出版社編輯直接碰面。誰也料不準哪一邊會招惹到對方，讓苦心經營、皆大歡喜的關係，毀於一旦。更重要的當然是刻意拉開作者與出版商的距離，保持經紀人難以取代的地位。

我的情況更特別一點。亨利尤其防著我跟編輯面對面接觸，以免讓他們發現，我原來這麼年輕。

有幾次，迫於無奈，亨利硬著頭皮讓我跟對方碰面。出版《蒙娜》的時候，他刻意隔開我跟諾克斯．柏格。賣到第二本的時候，柏格想當面確認哪些地方需要修改，亨利無奈，只得叫我去四十四街的佛賽特出版辦公室。哈利．薛頓也堅持要見我，亨利勉為其難定了個日期；見到他，他問了我兩個問題，我猜兩個答案他都不滿意。第一，他想知道我為什麼好像天生就知道怎麼寫性愛場景？亨利曾經告訴他，我是英文教授。（「跟他講你教英國文學，」賴瑞．哈里斯建議我，「這樣他的印象會更深刻。」）我記得我的答案矯揉造作，有點小明星的口吻：只要能夠呈現劇本完整的精髓，她並不介意在鏡頭前幫某位猛男口交。

另外一個問題呢？「《卡拉》裡油脂井做愛那一段，我的天啊，你是怎麼想出來的？」我含含糊糊的嘟囔一些連我自己都不知道在說什麼的話。只可惜當時「新紀元運動」（New Age，譯註：一九七〇年代興起的社會現象，強調靈修、替代療法，具有相當程度的神祕色彩）還不流行，否則，我大可告訴他，這是我通靈時，慧眼得見。

一九六〇年，海克曼已經是一家低級平裝書出版社，帝王圖書的總編輯。帝王還比不上米德伍德與「床頭書」，用紙理所當然的更薄、更脆。海克曼偏好速度，什麼書賣得好，他就要在第一時間蹭流行。他每天緊盯報紙頭版，伊莉莎白・泰勒（Elizabeth Taylor）傳出病重的消息，他立刻通知唐諾・威斯雷克，要他剪剪貼貼，盡快弄一本傳記出來。（結果泰勒病情好轉，他不管三七二十一照出不誤，但我知道他很不開心。）

我第一次幫他幹活，做的是影子寫手的工作。史考特・梅雷迪斯的客戶，威廉・艾德（William Ard），年輕輕，不久前死於癌症。他寄給海克曼一部分書稿跟一個寫作大綱，撒手人寰。我的工作就是根據他的大綱，把他來不及殺青的書稿續完。我得到一份大綱照著寫；海克曼得到一本新書好出版。他的遺孀可以分潤版權費，我賺點小錢，還可以在牆上增加一個封面。

有關牆的事情，我稍後再告訴你。

威廉・艾德是一個相當好的作家。安東尼・布契（Anthony Boucher）持續在《紐約時報書評版》給予佳評。艾德的筆觸洗練，故事說得活靈活現，備受布契肯定。短小精悍，我有時在想，特別能討好評論者；他們日以繼夜的在文字裡蹣跚耙梳，看到這種簡潔明快的作品，肯定是龍心大悅，至少能夠早點回家。艾德的推理小說也很短，多半五萬字左右，乾淨俐落。

在艾德如此浩瀚的作品清單中，我的貢獻微乎其微，盡快交卷即可。我記得書裡面有一對雙胞胎姐妹，莉莉（LiLi）跟蘿拉（LoLa），名字也不好好取，硬要塞些莫名其妙的大寫，讓我很痛苦，照著題綱依樣葫蘆，更是不可能的任務。開頭幾章布的局倒不難銜接，但強迫我盲從的大綱卻是難以恭維。如果艾德仍在人世，親自把這本書寫完，我確定他也會揚棄大綱，另起爐灶，這樣一來，故事才講得通。但現在我只能痛苦掙扎，把書寫完就算了。

更何況，他們還需要快。

我告訴你，我還真能適應這種無快不破的搞法。亨利只消告訴我，他需要一個急件，截稿時間是什麼時候，越快越好；我就有辦法在他還沒掛電話之前，就寫一半出來。為了趕上海克曼不容更改的截稿日期，我在距離六十九街與百老匯交叉口約半條街的史賓塞阿姆斯旅館租了一個房間。我乒乒乓乓的把書打完，大概只花了三到四天，傻傻的以為租個房間確有必要。結果，我發現起碼過了一週，海克曼才去驗收，發排更是下個月的事情了。

我寫完最後一頁，並沒回頭去看原稿；書印出來，我也不想重讀一遍。我確定續得很糟。海克曼多半也是這樣想，因為他們不讓可憐的艾德死後安息，繼續炮製他的小說，而我並不在捉刀名單之中。史考特的某個忠實僕人得到這個工作，在計畫終止前，冒用艾德的名字，繼續寫出三、四本或者更多的「新作」。

最讓人不明白的是這個計畫本身，用得著費這麼多功夫，找人頂替？艾德是一個相當不壞的小說家，並無疑義，但他也不是擁有一批死忠的讀者，哭著、鬧著要看到更多他的作品。如果他真有這種影響力，早就不會為帝王圖書創作了。持續艾德生產線的一個理由，當然是多少補貼艾德遺孀一點錢。（我估計，她應該可以分潤這批「遺書」收入的四分之一左右。）我也不相信第五大道五〇八號（譯註：史考特・梅雷迪斯經紀公司地址）裡有人會憂慮艾德太太的經濟狀況到徹夜難眠的地步。還不是因為好賣？哪有別的理由？只要有辦法，史考特絕對不會讓這種輕鬆錢脫離他的掌握。

這筆生意其實並不划算。幫艾德代筆的人是約翰・傑克斯（John Jakes，譯註：美國著名小說家，代表作有《肯特家族編年史》〔*The Kent Family Chronicles*〕、《北與南》〔*The North and South*〕等。《肯特家族編年史》共計八冊，沒有任何一本的銷量低於三百五十萬冊）。幾年之內，他就成為通俗歷史小說大師，創作出一系列暢銷書。如果不是因為他的經紀人三不五時拿一些三流作品去打擾他，他的驚人才華早就展露在世人眼前。

我從來沒聽說過史考特協助哪個作家精進作品，或者鼓勵他們更上層樓。他不肯把眼光放長遠，從沒考慮把寫作當做職志。他始終認為，千萬別讓旗下的客戶寫更好的書，挑戰更優質的市場；他們只要不斷的寫，幫他賺進更多佣金就成了。

艾德的續作不盡理想，也沒人要我改。海克曼好像寄了一封信給我，請我把兩個場景潤飾得再有血有肉一點。

替帝王圖書寫書的作者，都很熟悉這句話。這是海克曼的口頭禪，極少在寫信的時候，不帶上一筆。我心裡常常會浮現一幕景象：海克曼走進一個小餐館，周邊全是撲克牌裡的人物。「再去吃一輪！」他促使他們，「我要你們有血色，多長肉！」

我不知道之後，我又幫他寫了幾本書。十本？十二本？還是更多？

我說不上來。但有件事情我很確定：他根本不知道那些書是我寫的。

我答應要跟你講牆的故事。

唐諾．威斯雷克開的頭。他把他印行的書籍封面，貼在辦公室牆上。不管是書還是雜誌，他都跟發行商要兩份，把其中一份封面裁下來，貼在接近天花板的牆壁高處。排成一列，環繞房間一週，得意洋洋的遊行，宣告逐漸茁壯的創作生涯。（好幾個封面上下顛倒。唐諾故意的，意味著對方採用他的稿件，卻沒有付稿酬。我記得是三或四個《推理文摘》的封面，可能也有別的雜誌。）

我跟蘿莉塔搬進我們共住的第一間公寓，西六十九街一一〇號後，便追隨唐諾的腳步，以作品封面做為壁紙。我沒打算要封面在房間繞圈，而是從眼前高度，在我書桌上方，以某種蒙太奇（montage）的效果，呈扇型散開。最合適派上用場的是雙面膠帶，但那時是一九六〇年，我不確定它發明出來了沒有，就算有，我也不知道。紙膠帶繞個圈也還能湊合。

搬到西公園大道四四四號，這組封面蒙太奇壁紙依舊跟著我們，很快的就在餐廳的書桌前，找到安身之處。接著，我們先後搬到托納萬達（Tonawanda）、拉辛（Racine）、蘭伯特威爾（Lambertville），最後搬到一個過遠的地方。幾十張封面從牆壁上揭下來，但這一次沒貼回牆壁，只是找個檔案夾把它們收好。

在那之前，對我而言，牆是具有特殊意義的，上面貼著圖像證據，記錄我的工作歷程與發表成果。我的書、故事讓食物放上餐桌，掙得遮風避雨的棲身之處。在外面的世界，多半無人意識到我的存在；這批作品多半以筆名發表，剩下的也沒引起什麼關注。牆就是努力的印記。每一次我發表了什麼，就會在牆上多佔用幾平方英寸的面積；總比以前我住在安提阿宿舍，老是收到退稿函，來得心滿意足。

泰德・海契特在他的雜誌裡，重印了我某些文章；不管他擅用兩次或三次，也不會給我稿酬。我還得自己到書報攤去買一本。天啊，無論如何，它們是能貼在牆上的戰利品。

在我早期幫海克曼撰寫的作品中，有一本值得特別一記——好像是續成艾德推理遺作之前——那是一本描繪妓女生涯的偽自傳。《我賣愛》，莉慈．克羅利著。我只記得這麼多，還有我拿了一千兩百五十元，接受委託。這種類型跟小說差不多，但你要把書偽裝成女主角的真實經歷。強做區隔，也只能說布局比較簡單些。

然後，有一天，我又接到亨利的電話。海克曼讀到一本書，叫做《性屈服的力量》（*The Power of Sexual Surrender*），想要一本仿冒品。這一次，我得假裝自己是醫生，書名暫訂為《女「性」的屈服》（*Sexual Surrender in Women*）。

「好是好。」我說，「但，這是要寫什麼？」

「就是寫放棄主導，克服性冷感。」他說。

「主導什麼？」

「我也不確定。」亨利說，「你把那本書看一遍，寫你自己的版本。編一段個案歷史，說明你要呈現的重點。」

我真的去看瑪麗．羅賓森（Marie Robinson）寫的那本書，然後坐下來，寫《女「性」的屈服》。作者是醫學博士班傑明．摩爾斯（Benjamin Morse, M. D.）。海克曼看過這個筆名，以為他是在芝加哥執業的心理醫生，真正的名字是莫頓．班傑明（Morton Benjamin）。不過，萬一他在芝加哥精神崩潰，絕對沒法來到班傑明醫生的診療間，躺在椅子上，傾吐心聲。跟摩爾斯醫師一樣，他也是我編出來的。

我猜班傑明・摩爾斯醫師初試啼聲之作，應該是不知所云；因為我在寫的時候，根本捉摸不透瑪麗・羅賓森的手法。只知道要寫很多個案，而摩爾斯醫師總能妙手回「春」，治癒病患，重新享受性高潮的樂趣。海克曼讀完，大感滿意，還要摩爾斯醫師再接再厲。

摩爾斯醫師的下一本著作叫做《女同性戀》（*Lesbian*），接著是《現代婚姻手冊》（*A Modern Marriage Manual*），還玩了一個小花招，莫頓・班傑明把這本書「獻給我的妻子希爾薇雅，她的經歷不遜一本書」、《同性戀》（*Homosexual*），還有其他的一兩本。

之後，海克曼還買下海倫・葛爾莉・布朗（Helen Gurley Brown）撰寫的診所急就章——《性與單身女孩》（*Sex and the Single Girl*），接替出版。這是我幫他寫的新書。莫頓・班傑明剛剛交出一本新作，產量過大，難免啟人疑竇。畢竟，他是聲譽卓著的大牌醫生，哪來這麼多時間頻頻出書？

這一次，亨利跟他解釋執筆者是華特・布朗醫師（Dr. Walter C. Brown）。為了明確切割，我又去買了一部打字機。這招高明。我打字一般用的字體是派卡（pica type）；所以改買一部菁英字體（elite type）打字機來寫《性與單身女孩》。

海克曼以一千五百美元收購，但好像沒那樣驚艷。「布朗還可以啦，」他告訴亨利，「但你不覺得他那調調兒跟班傑明・摩爾斯差不多嗎？是不是？」

我想海克曼應該喜歡比較大的字體。善良的老醫生布朗博士，成為絕響，之後，他再也沒有出版任何一個字。

唐·馬奎斯（Don Marquis）在某個場合把出版一本詩集比喻為「將一片玫瑰花瓣扔進大峽谷中，期待迴響」。我所寫的書或許沒有那樣芬芳，但在迴響之中，確實有我飄零的玫瑰花瓣。我把書寫好，交出去，換回稿酬，作品出版——就這樣。沒有人評論，我的朋友也很少看。

我倒是接過幾封讀者的來信。《千奇百怪的愛》印行之後，顛峰出版轉了一封來自奧瑞岡州柯爾瓦利某女同性戀的來信，給雷思利·伊凡斯。班傑明·摩爾斯也收到五六封讀者來函，徵詢他的專業意見。

我從來不回信。摩爾斯博士還接到迪金斯學院（Dickinson College）的邀請，在研討會上致詞，承諾車馬費等酬金。深受誘惑，我得承認，但我還沒瘋狂到真的去試試看。我也沒回覆。

有封信是我的最愛，經常展示給朋友看。一個住在格林威治村的男同性戀寄來摩爾斯的《同性戀》的讀後感。他沒有提問，而是吹噓他的性生活。他說，好些女同志很喜歡招惹男人，人數之多，保證讓我大吃一驚。他自己在圈內號稱「魚后（Fish Queen，譯註：喜歡跟女同志廝混、擅長「口技」的男性）之王」，因為他經常跟女同志交往，深受歡迎。

我真的好想回信，但還是置之不理比較單純。幾年之後，我以約翰・華倫・威爾斯的名義，頻頻與讀者通信，甚至還跟他們面對面接觸。我偶爾會想到「魚后之王」，真希望當時克服萬難，跟他取得聯繫。

13

二〇二〇年三月十日
紐貝里，南卡羅萊納州

我的天哪，當年擱筆的地方實在好。但到底為什麼，我會寫下「魚后之王」那段往事呢？顯然不是刻意的選擇，而是時間壓迫下的突發奇想。我在雷格戴爾停留的日子已至尾聲，現在是告別的時刻，把我的房間讓給其他作家，在那張可以聊聊天的大餐桌旁，空下一席之地。我想回紐約，渴望妻子作伴，擺脫恍如迷霧一般，輕輕悄悄、一點一滴滲進我身體裡的疲倦。

那是一九九四年。現在是二〇二〇年。天啊，我從那邊到這裡，是走過怎樣的千山萬水？

我大可停筆。封面、封底（不管是真實還是想像）之間，已經有五萬五千字了。夠出一本書了。

真的，我剛剛跟各位提到的那些書，也就這麼多字，儘管有幾本略長一點。

在這裡值得略略離題，說明當時跟現在的字數計算方法有什麼不同。請聽我道來。

我始終以為：我早期作品的字數大概六萬字左右，這也是我理解中短篇小說的底限。有的小說更短，《戰爭與和平》自然是長得多；但如果你能撐到六萬字左右，就不會有人說你濫竽充數了。（這裡說的只是字數而已。你選用的字恰如其分或者拙劣不堪，是另外一回事。而有些編輯其實並不在乎兩者之間的差別。）

短篇小說按照字數計酬。我經常找個地方坐下來，用鉛筆尖點著算字數，在複寫紙上，每一百個字，做個記號，然後把第一頁捲進打字機，在

勞倫斯・卜洛克
史考特・梅雷迪斯經紀公司
第五大道 五八〇號
紐約三十六區，紐約市

下面，我接著打上字數

三千八百二十三個字

我沒有強迫症，當然不至於非算到一字不差才肯罷手。一般，四捨五入，求個大概。不想讓人覺得我太愛算計，那就三千八百字；要是我的荷包想趁亂佔點便宜，那就三千九。有的時候，我會覺得大家都是大人了，數字差不多就好。我甚至會覺得這麼算太蠢了，索性把鉛筆一扔，想個整數，別斤斤計較了，乾脆四千字如何？

短篇故事這麼算還好。我想我也不是唯一受過這番折騰的作家。在姓名、地址之下的地方，你打了多少字，會決定寄給你的支票上寫著多少錢。你自然不想欺騙自我，也不願意欺騙雜誌社，被逮個正著。所以，你大致上還是得算好字數，照章請款。

書籍出版社不買字，它們買的是書。

長度還是重要的。特別是低階的平裝出版社，像是米德伍德、「床頭書」；他們需要撐出一定的頁數。太短了，讀者覺得不划算；太長了，生產跟運送成本都會增加。

有些像樣一點的出版社更在乎長度。像是雙日（Doubleday）的「犯罪俱樂部」，專攻精裝推理小說。六十年來，每個月的量產都在三本左右，好些書印出來之後就直送公共圖書館或者租書店。說這批小說溫和平淡，或許有些刻薄；但這批書不特別火辣、冷硬，卻是不爭的事實。都是套上公式炮製出的成品嗎？有些可能是，但也不盡然。重點是書稿絕對不能過長或者過短。我倒不曾一個字、一個字去算，不過，據了解，他們選定的小說，就是在六萬字上下。

「犯罪俱樂部」的編輯認真的程度，大概跟我去算《卡拉》或者《浪蕩學園》的態度差不多。解決雙方的歧異，有個比較有效率的方法，稱之為「印刷者量尺」（printer's measure）。奠基於一個理念：出版社並不在乎這本書有多少字，而是這些字會佔多少頁數。印刷業一般運用的公式是：一個字平均有六個字母，每五個字，再預留一個空白。根據這個基礎，你去計算每一頁有幾行、每行平均有幾個字母。

這當然跟你用的打字機有關——好比你用的是華特・布朗醫師打字機，菁英字體，每一頁的字數會比使用派卡字體的班傑明・摩爾斯醫師來得多；這也跟你設定的寬度有關，還有第一頁是從頭還是從中間開始，上、下各要留多少空間。

（我在史考特・梅雷迪斯那邊上班的時候，有個專業客戶叫賀爾・艾爾森（Hall Ellson），白天在貝爾維由醫院擔任社工、治療師，負責處理有心理困擾的青少年。經手的個案被他寫進小說或短篇故事裡。《公爵與湯姆男孩》（*Duke and Tomboy*），我記得這個書名，也是他最成功的一本。我從沒見過艾爾森，但我至今記得一清二楚，他在四方留白之大，是我生平僅見。他只在稿紙的中央打上幾行字，不超過三英寸寬。）

你也可以用「印刷者量尺」，計算你每一頁大概是多少字；比方說是三百字，那麼兩百頁就是六萬字。以此類推。

這就是我的大略估算。三百字一頁，所以，一本書大概兩百頁上下。我每個月還在幫比爾．漢林的「床頭書」寫書的時候，有兩本只有一百九十五頁，我自己覺得沒關係，但他的編輯卻認為初稿應該要長一點，建議我至少增加十頁。從此之後，我每本書都寫滿兩百〇五頁。

一本書十章，其中五章各二十頁，其他五章各二十一頁。看著我寫的句子、段落起伏，規矩得像是一首四行詩，格律一如和歌，也許我真的是按部就班寫作。在我完成一整天的工作後，系統的作業模式有助於我掌握進度。如果我只想給出版商以及潛在的讀者一本書，我並沒有理由多給他們一頁。

或多一個字。

那麼，我交出去的書到底多少字呢？

剛剛我告訴你們大概是五萬五千字。其實也是我姑妄言之。我絕大多數的早期作品，都重新印行，有電子書也有平裝紙本，某些版本還出了有聲書——《同志街二十一號》（*21 Gay Street*）、《恥辱與愉悅》、《通姦者》（*The Adulterers*）。所以我把原稿輸進微軟的文書作業程式裡。只要一打開檔案，就可以在視窗下方邊緣看到字數統計。

所以，我可以精確的告訴你，《卡拉》，我替哈利・薛頓寫的第一本書，只有四萬七千八百字。（還包括已成傳說，橫生枝節的那個亂入章，也難怪他說我得多補些文字給他。即便如此，這本書還是比規定來得短。）

《浪蕩學園》，我交給漢林的第一部作品，電腦一統計，僅有四萬六千九百字。《罪人學院》（*College for Sinners*），稍後賣給「床頭書」，四萬五千五百字。

我正宗的第一部小說，《千奇百怪的愛》，複刻上市，還請摩根（PJ Morgan）詮釋，錄製有聲書。趁著這次改版發行，我恢復原先的書名，《陰影》，冠上我長期使用的女性筆名，吉兒・艾默森。我打開文字檔，確認這本書只有四萬三千字。

如今，我也有機會在二〇二〇年，後知後覺，修正我在前幾章犯的一個錯誤。我不是曾經抱怨顛峰出版砍掉回顧佩姬・柯可倫慘遭強暴的段落？二〇一一年，我在我的早期小說合輯，《事後的感觸》（*Afterthoughts*）後記中，還把這個故事又再說了一遍。

五年以後，我自己印行這本書，回復原本的書名，《陰影》，開放作者名稱為：「勞倫斯・卜洛克以吉兒・艾默森筆名寫成」。看來很合適。這本書的確也是在這樣的感覺裡孕育，並且延伸出吉兒・艾默森日後的系列作品。

前陣子重讀這本書，赫然發現佩姬・柯可倫被強暴的情節，還保留在書裡。我記得顛峰出版的編輯把這章刪掉了，我還去抗議過。這些年來，我一直以為我吵輸了，結果是編輯被我說服了。

我得更新年輕時的記憶，還原真相。

無所謂。《陰影》只有四萬三千字，是一本很短的小說。很高興他們保留了那一章。要不然，這本書不就更短了？

我早期的小說為什麼這麼短？除了剛剛提到的字數計算方式之外，也有風格上的考量。我偏愛在小說中注入大量的對話。連篇累牘、一頁又一頁，絕無中斷的獨白敘事，總是讓我讀得苦不堪言。作者彷彿靈魂出竅，嘮嘮叨叨，沒完沒了。但如果讀一段對話，儘管略長一點，還是有一種竊聽無罪的快感。

好作者可以在對話中揭露主角本性、推動情節。壞作者也可以透過這種技法充填篇幅。所以，我總是自然而然的讓書中人物對話。

「你這樣明白我的意思了？」

「你知道的。我應該是明白了。」

「一句話引出另外一句，然後——」

「然後你對角色就有概念了，就連閒談都可以發展故事。」

「對。」

「而且對話比較容易寫。」

「確實。」

「你只要讓他們自顧自的說，記下來就成了。」

「沒錯。」

「很快就能擴充篇幅，讀者也能接受。」

「而且鮑伯是你姨父。」

「對。但這句話究竟是什麼意思？」

「什麼什麼意思？」

「『鮑伯是你姨父。』誰是鮑伯？為什麼他得是你姨父？」

「我哪知道？是因為他娶了我阿姨嗎？這是一種愛麥克的表達方式罷了。」

「等一等，好嗎？誰又是麥克？」

這就是對話的魔力，好寫，好讀，很容易填滿一頁紙。你也看得出來，每一行都很短，比純粹的描述容易多了。如果你不是用鉛筆尖，一字一字的去計，而是用「印刷者量尺」估算，自然是大佔便宜。

為了要達到二〇五頁的基本要求，大量對話並不是我的唯一法寶，還有其他的省字妙招。

有個一眼就能看穿的招數是：任何一章都不能在稿紙末端結束。如今，在電腦上寫作，一本小說、一個文件檔。寫完一章，我並不知道句點打在文件的什麼部位，更不可能硬插入一頁。只會空下幾行，連續打三個井字號，像這樣：

###

繼續往下寫。

用打字機寫作的年代，不管章節在哪裡結束，我都會把稿紙抽出來，讓下一章用新的稿紙開頭。（容我再補充幾句，新的一章還可以從新稿紙的中間開始打，即便前一章明明是在稿紙的最上緣結束的。不好只寫一行就收工，這實在太故意了，表明就是要揩油，但是，寫個五六行就不至於太醒目了。）

十章，五章二十頁，五章二十一頁。對，但偶爾也難免會碰到例外的時候。比方說，我某一章寫到二十一頁，但是，欲罷不能，劇情還沒有交代完，眼看著稿紙已經打完大半了，我索性深吸一口氣，繼續往下寫，搜索腦海，看能不能張羅點什麼，一直打到第二十二頁的第五行或第六行才會罷手。

這也就是說：明天的那一章可以短一點。

目的當然是交出一篇出版商願意接受的稿子，同時盡可能的省工。這是我最初的目的，不過創作早期並沒有意識得很清楚。我給哈利・薛頓以及比爾・漢林的早期小說，都是在諸多限制下，力求精進的心血結晶。不管是哪本書，我都希望寫得越快越好——寫作很痛苦，即便是天賦異秉的作家也一樣。能早點結束工作，就能早點出去找樂子、早點把書寫好，就可以早點拿到稿酬、早點著手新的創作。

寫點什麼別的？

情色小說，也許——但也未必非寫不可。

我也想做點有質感的事情。

比方說，短篇小說？

也許是推理小說？

要比賣給薛頓或者漢林的作品，再多一點野心。

知道我以前在做什麼了吧？

我現在是不是還在做呢？

超短的段落。就一行。容易讀，把頁面切割得很漂亮；而且你可以寫上半頁，也不至於激怒讀者。幾個字就把一章寫完了，否則，可得大費周章。

我也經常在性愛場景裡用這招。比方說，兩人開始做那事了——我不好描繪得太過詳細，但也不想麻煩讀者自己費力去想像，接下來的段落，可能是這樣：

他進得很深了。

然後再深。

更深……

天啊。這樣夠深了吧，是不是？傻鳥跟著麵包屑一路吃下去，這個可憐的傢伙一輩子都找不到回家的路了。

但是，我離題了。

你知道嗎？我覺得書名改成上面那句話也很好。《但是，我離題了》——後面要不要跟著一組刪節號……？都好。

我突然對於原先設定的書名不大感興趣了。《A Writer Prepares》是我在雷格戴爾作客的時候想到的，靈感自然是來自康斯坦汀．史坦尼斯拉夫斯基（Konstantin Stanislavski）的《演員，準備中》（*An Actor Prepares*，譯註：一般譯做《演員的自我修養》）。他在這本書裡，虛構一個新生在學校裡學習表演方法，藉以說明他的藝術理論。

我知道這些，靠的是谷歌跟維基百科的幫忙；選上這個書名，是因為我剛巧知道史坦尼斯拉夫斯基的這本經典。這三個英文字相當貼合我對過去的回顧。

看來，我又開始離題了。我在雷格戴爾感受到一吐為快的驅動力。起初是潺潺小溪，但最終匯聚成大河，從山巔奔騰而下。

四分之一個世紀過去，歷經滄桑波折，它已經成為一條孱弱無力的老河流。曾經美好，百轉千迴，或許還能維持某種流速，但急切不得。它蜿蜒曲折，處處淤塞沉澱，講點題外話，東拉西扯，就把它們當成牛軛湖（oxbows，譯註：也譯做河跡湖，河流改道，截彎取直所形成的湖泊，彎月形，狀似牛軛）吧。

試想一九九四年時的回憶錄作者，正在寫上述的那些段落。

我在這裡試著追溯一九九四年的敘述風格，但已難回復昔日的激情與能量。也許還是無法約束放縱。自我放縱是年紀大的人難以避免的沉溺，但至少會比較切題。

我到底在寫什麼？查爾斯・海克曼、帝王圖書、兩個虛構的醫師。那是十二章的內容。

如果我還想要繼續下去，我需要在這一頁，畫下句點，另起一章。

14

海克曼的想像無虞匱乏。在他生活的世界裡，有的是無窮無盡的刺激。我先前講過，伊莉莎白・泰勒健康情況不佳，他立刻委託唐諾・威斯雷克速速來上一本傳記。別的出版社出了什麼暢銷書（比方說，瑪麗・羅賓森寫了《性屈服的力量》）就會促使他趕緊也生產一本（班傑明・摩爾斯醫師，《女「性」的屈服》）。

早在教宗若望二十三世即位之初，他就認定出一本他的傳記可以幫帝王圖書弄點進帳，於是聘請藍道・加瑞特（Randall Garrett）執筆。我先前沒有提到藍道這個人，其實我們倆在職業生涯的路上，經常遇見。最初，唐諾跟我是通過賴瑞・哈里斯認識藍道的。賴瑞還有羅伯特・希爾偉柏格（Robert Silverberg，譯註：他是星雲獎與雨果獎得主）經常跟藍道聯手創作。只要你見過此人，保證終身不忘。他住在九十六街與西百老匯交叉口附近。如果他不在家，肯定就在街角的酒吧。唐諾說他就是喜歡在酒吧，隨機挑款威士忌來喝。

我覺得這種說法並不誇張。我剛認識他的時候，是紐約州選舉日當天，來上一杯還犯法的年代。投開票所開張，酒吧就得關門。當時紐約州的酒吧全都得乖乖遵守這項規定。

除了一個地方。這也就是紐約州選舉日當天，你準能在聯合國附近的酒吧找到藍道．

加瑞特的緣故。因為那邊不受紐約州法令約束。

藍道這個人離經叛道，絕無疑問；偏偏對宗教卻是無比虔誠。他隸屬於英國國教派的高教會，經常拜謁教士，視之為精神導師。在他接受委託，撰寫教宗若望二十三世傳記的時候，還找教士討論過；寫完請他審閱，簽名背書。然後呈遞給梵諦岡，取得無異議證明與出版許可。我猜他真的爭取到了各方協助。一九六二年，他的書首次印行，至今都還找得到，經常在二手書市場上露個臉。

這本書還在亞馬遜網站上，得到世俗聖方濟會成員麥克・迪布伊（Mike DePue）的五星評價。我不在意接下來的這段算不算是我敘事長河中的牛軛湖，只是覺得任何腦筋清楚的人，都忍不住請讀者奇文共賞：

> 作者比書有趣。有關若望二十三世的傳記，佳作頗多。這一本只靠新聞筆法，集中報導教宗早期活動，實在難望其他先進項背。作者也承認（第一五七頁），他並沒有資格評斷教宗最近的通諭，《慈母與導師》（*Mater et agistra*）。而梵諦岡第二次大公會議（Vatican Council II，譯註：一九六二年由若望二十三世宣布召開）在書中，也只是「即將召開」，來不及納入。
>
> 時至如今，並沒有任何人幫這本書的作者，藍道・加瑞特（1927-1987）寫傳。

如果你知道他的生平，恐怕會至感震驚。戈登．藍道．飛利浦．大衛．加瑞特經常被形容為美國科學與奇幻小說的先驅，更是羅伯特．希爾偉柏格的啟蒙導師。他最著名的作品，就是異世界系列——將金盞花王朝達西大人搬到二十世紀的傳奇故事。他還用了無數的筆名，創作好些短篇小說。儘管他的生活方式再怎麼委婉，也只能「狂亂」來形容。七〇年代，他毅然決然放棄寫作，接受舊天主教會（Old Catholic Church）的神職任命，卻可見證他信仰的虔誠。只是舊日的積習實在難以根除，他放棄了神職工作，重拾寫作生涯，迎娶第三任妻子，在他生命最後階段成為賢內助，兩人聯手創作。

這本書是趕風潮、蹭熱度的時代標記，雖說脈絡並不連貫，仍取得了教廷的認可，核准發行。放到今天，跟任何的重要人物傳記相比，都是罕見的慎重。要我評級，這本書的寫作背景，我給五顆星；至於內容，我只能說，大概在兩星到三星之間。

我也不知道有誰幫藍道寫過傳記，儘管在科幻迷同人誌寫他的文章還著實不少。他的傳記哪天真的寫出來了，請幫我預定一本。

敢接這種出版計畫的人，當然不可能太正常；下面這個例子千萬別錯過，可以為上述說法做一註腳：

藍道的文字運用能力爐火純青，到難以置信的地步，特富急智。不管韻腳押的是橘子（orange）、銀白（silver），他總能中規中矩的做一首四行詩：

「儘管我的頭髮轉為銀白，」
喬治・華盛頓如此驕傲獨白。
眾人皆知我的坦蕩為人，
就是真實與率性的化身。

接著，再來一首：

我吃了下過毒的橘子，
自知生命即將休止。
且睜眼打量最後一幕，
臥榻也顯得莊嚴肅穆。

藍道玩弄文字的功力讓人目眩神移，出口成章，不費半點力氣。就在幾個月前，我替肯・威希尼亞（Ken Wishnia）的選集《黑色猶太二》（*Jewish Noir II*）寫序——〈早餐的火腿〉（*Ham for Breakfast*），曾經引用過這個例子，後來還收進《跟著曲指甲獵水牛》（*Hunting Buffalo With Bent Nail*）。

我有個過世的朋友，科幻小說作家藍道・加瑞特，高教會信徒，虔誠得一絲不苟，卻不乏詼諧。他經常跟精神導師會面，美國聖公會的某位神職人員。兩人打開話匣子，就會聊上個半天。藍道不時穿插些笑話，唱作俱佳。有些呢，不免帶點葷，即便不算很黃，離「純潔」多少也有點距離。藍道問他在特定的場合裡，這般口無遮攔，是不是不大妥當？

「喔，一點也不會啊。」那位教士回答，「這些笑話都不壞啊。更何況，我還可以用來寫佈道詞的素材。」

「他的佈道肯定有智慧。」藍道說，「居然還分辨得出素材來源。」

我不知道史考特・梅雷迪斯經紀公司裡面，究竟是誰接到海克曼的指示，竟然具有如此慧眼，挑上藍道去執行：這實在是一個絕妙的選擇。作家本身的精神取向，讓計畫執行得格外出色，更不待言。他無需耗費過多的時間與精力，便可處理完畢，在指定時間內交稿。我不知道帝王圖書付他多少稿酬，再怎麼多，也不會超過一千五。沒有旅行預算，無法針對特定人士進行訪問，除了在紐約市公共圖書館閱讀室裡，調取相關資料外，也沒有編列任何研究經費。當然，這是一個剪剪貼貼的工作，誰也不會有過高的期待。（但你可得知道，不是任何一本急就章，都能拿到教廷的無異議證明與出版許可。）

同樣的理由，找唐諾・威斯雷克拼拼湊湊，趕一本伊莉莎白・泰勒的自傳，也是很理想的選擇——倒不是說他對這個女明星有什麼興趣，而是他的專業能力遠遠超過任務所需，對於這種獨特的創作型態也覺得很新鮮。他以前沒寫過明星傳記，剛好可以拓展不曾接觸的領域。料理完這本書之後，再活、再寫個四十五年，想必也不會遇上同樣的工作。

我一直覺得挑上藍道跟唐諾執行傳記寫作的人是亨利・摩里森。他真的是很有眼光，更精明的是沒有找我摻和。這兩本書都沒找我，我坦然接受。只要有人上門委託，我多半沒有足夠的自知之明主動辭退。不管我貿然接下哪本書，肯定都搞得亂七八糟。

我一直認為我跟泰勒女士之間，有著難以逾越的差距——這點我所料不差。為她作傳、寫她的生活，我覺得大有侵犯她隱私的嫌疑，難以原諒，甚至可能被繩之以法。（用兩千五百字的篇幅，侵犯萊茵哈德・海德里希的隱私，我倒是一點也不在乎。但用一整本書寫明星的經歷——不，我想算了吧。）

我更無法想像著手寫教宗若望——或是任何一位教宗，乃至所有神職人員——的傳記。我生長在猶太教改革派家庭，但對於宗教的尊崇，卻止於猶太教成年禮，我生命中的精神層面，更在兩年前就停止發育了。我在主日學校東張西望，早就不覺得誰會相信那一套；不過裝腔作勢，也傷害不了誰，是吧？

沒人找我寫若望或者伊莉莎白．泰勒，但是，我還是接到帝王圖書交給我的古怪任務。我必須殺掉費德爾．卡斯楚（Fidel Castro）。

亨利指派我執行這個任務。「《費德爾．卡斯楚遇刺記》（*Fidel Castro Assassinated*）。」他說。

真的嗎？什麼時候的事情？

「還沒發生。」亨利說，「但誰知道他什麼時候會挨冷槍？真有這麼一天，我不確定海克曼會不會在葬禮上送束花致意，但你一定會跟他道賀，恭維他未卜先知，搶先出了這本書。」

看起來這個計畫跟唐諾的伊莉莎白．泰勒傳記不同。出了她的傳記，泰勒活著也好，萬一死了當然更好——別人沒差，但對帝王圖書來說，尤其特別的好。

「當然不同啊，」亨利說，「唐諾寫的是傳記，你寫的是小說。你有沒有讀過傑弗瑞．浩斯霍德（Geoffrey Household）的《惡男》（*Rogue Male*）？講一個英國運動員試圖暗殺希特勒的故事？」

當然，任務失敗。男主角最後行刺的對象不是希特勒，地點也不是他獨裁統治下的德國（譯註：在《惡男》中，男主角最後是在英國殺掉緊追不捨的納粹分子）。

「在你的這本書裡呢，國家是古巴。」亨利說，「目標是卡斯楚，而且一擊得手。這本書寫完的時候，卡斯楚剛好死了，就是這本書最特別的地方。」

應該是特別可笑的地方吧——這個念頭或許掠過我心頭，但不曾留駐，我也沒多琢磨。相反的，我開始忙了。我把蒐集到的資料，細讀一遍，儘管不多，隨即開始撰寫《費德爾・卡斯楚遇刺記》，筆名，李・當肯（Lee Duncan）。

書名是海克曼想的，亨利送給我的筆名。李・當肯是記者，但真實身分必須保密——無法向世人揭露，尤其不能讓海克曼知道。海克曼顯然不在乎，幸好我也無所謂。

我光處理手頭上的稿子就忙不過來了。

對我來說，這次的寫作別具價值。不是從錢的角度著眼。稿酬一千五百美元；可是我在打字機前乒乒乓乓的打兩百〇五頁的對話、每一句就分一段的稿子給比爾・漢林，也能拿到一千兩百元。如果這本書賺到錢，我可以分潤版稅；但，最後距離回本還有好一段距離。

《遇刺記》消失在茫茫書海中，對我的寫作生涯並沒有直接的衝擊；不過卻讓我有機會鍛鍊出新的寫作技巧。我不是派出一個訓練有素的刺客，直接暗殺卡斯楚，而是編造出一個祕密顛覆組織——有的是古巴流亡人士，為的是政治，也有人圖謀商業利益——雇用五個人，執行任務。

理所當然的，我必須寫出一部容納不同觀點的小說，結構比較複雜，還要增添動作場景。打鬥必須刺激，維持一定的懸疑風格也是好主意。

動筆的時候，我對古巴了解不多，對於美、古雙方的政治情勢與派系，更是一無所知。說遠一點，世界上發生哪些大事，我其實也沒概念。

我應該是在一九六一年一月，接到亨利打給我的電話。二月中的某天，我猜，我也說不上來究竟是哪一天，開始寫這本小說；但有件事情，我記得非常清楚：我空下兩行，打上「完」。日期是三月二十九日。

我也可以很確定的告訴你，我下一個動作。我在打字機裡，捲進一張新的稿紙，打上《費德爾．卡斯楚遇刺記》／李．當肯著／獻詞的位置在高處，空下半行，打下這麼幾個字：

寫給愛咪．喬，她在昨天誕生。

我的大女兒，誕生於三月二十八日。我在我們中央公園西路租屋處隔個公園正對面的第五大道花兒醫院待了一天。第二天早晨，我處理完給帝王圖書的稿件，沒花什麼力氣就想出這本書的獻詞。

一九六一年，三月二十九日。一個月不到，也就是四月十七至二十一日，豬玀灣入侵古巴之役慘敗。

巧合？

我想不是，至少不是百分之百的巧合。我想海克曼可能聽到什麼風聲，至少知道點大概。當時謠言滿天飛，總有一兩個會跑進他的耳朵裡。他應該很喜歡我交給他的這本書，但我猜主要是時間，讓他可以盡快的把我的作品付梓，趁著熱潮趕緊搶市。

結果跟入侵古巴的挫折一樣，讓人提起來就傷心。

《費德爾・卡斯楚遇刺記》出版後，無聲無息，乏人問津。半個世紀後，硬底犯罪（Hard Case Crime）再版這本書，改個比較像樣的書名（《處決卡斯楚》〔*Killing Castro*〕），重新設計誘人封面（一個穿著小可愛的辣妹，圍了幾圈彈帶），作者也換回我的真名。

說巧也巧，硬底犯罪重新印行的時間是二〇一一年三月二十九日。你可能還記得，就是我當初寫完這本書的日子。

巧合？

我想是吧。

那時，查爾斯．海克曼已經在六年前過世，高齡九十一歲。上谷歌搜索若望二十三世與伊莉莎白．泰勒過世時間的工作，我留給你。二〇一一年這兩人早就不在，而藍道．加瑞特跟唐諾．威斯雷克也都走了。

但費德爾．卡斯楚還在，此人相當長壽，活得比他們都久，死於——終於！——二〇一六年十一月，享年九十。

15

愛咪出生——一九六一年三月二十八日，你應該還沒忘吧——之後，我們立即把她帶回中央公園西路四四四號的公寓，兩間主臥室，寬敞得很。一年之前，我們剛結婚，搬到紐約時，還住在哥倫布與阿姆斯特丹間的西六十九街一一〇號。有家具，我們倆住沒問題，但有了孩子，我們覺得需要較大的空間。

新公寓豪華得多，月租兩百〇二元，水電全包，相當合理。地點在一〇四街跟一〇五街的公園出口，有好有壞。鄰近公園入口當然加分。（但我們租的公寓在後棟，並沒有公園景觀，放眼望去就是一片公營住宅。）附近有地鐵出口——第八大道區域線——就在一條街開外。走三條街就是百老匯，購物很方便。只是這附近有個街區——哥倫布與阿姆斯特丹中間的西一〇四街——除開哈林區，據說是曼哈頓犯罪最猖獗的治安死角。

我們很喜歡這間公寓，慢慢安定下來。餐廳被我徵用充當辦公室，一面牆設計成我的書架，餐桌兼作辦公桌。客廳好大，甚至還有一個玄關。我記得有個窄窄的陽台，不過我們很少出去就是了。如果不想透過窗戶，你也可以在陽台上，直接觀察公營住宅。

愛咪一歲的時候，我們卻搬到四百英里開外去了。

你應該還記得，當我著手寫這個不大確定是什麼類型的作品時，是拿埃爾斯金・柯德威爾做為榜樣的。他的《稱之為經驗吧》寫的是他的作家生涯，我就是依循他的準則，將生命中的其他環節摒除在外。

（但根據蘇格拉底的說法，我也就沒什麼好活的了。但管他的呢。）

但坐在紐貝里這張書桌前的我，卻發現我更想檢驗我的過去，而不是回憶我寫過的每一本書、追記每一筆流水帳。我一度不想讓人知道我的私事，但現在卻變成一個迫不及待、渴望與人分享的老頭。

也許並不盡然如此。我一直覺得我的人生過得很有價值。離開雷格戴爾之後，我越來越希望有機會再次審視。

而究竟為什麼一對新婚的年輕夫婦，剛剛在他們夢想的城市裡，找到一個舒服的公寓，安定下來，又得打包回到他們出生的地方呢？

這就是我們的遭遇。我們在托納萬達市愛柏林大道四十八號買下一棟二戰後牧場風的平房，距離水牛城郊區不遠。為何做此決定，有幾個理由。

其中一個是：我們現在為人父母了，意味著一家人應該住進一棟房子裡，有草坪、有後院，還應該有地下室跟閣樓，要不要白籬笆倒是可以商量。

犯不著搬到紐約州的另外一頭，才能享受這樣的生活品質。愛柏林大道的那棟房子售價兩萬七千五百美元，相同的價格在布魯克林或者皇后區，都可以找到不差的住處，只要一趟地鐵就能到時代廣場。回到一九六二年那個時代，也只需要添一點錢，還可以在格林威治村買下一棟褐石住宅。

我們壓根沒有考慮過這種可能性。即便是唐諾・威斯雷克大老遠搬到卡納西，在紐澤西英吉利敦找到一個房子；我們也沒有想跟隨他的腳步，去紐約市郊找個地方住。

不，我們搬回水牛城，為的是一個簡單卻未必合理的原因：

愛咪誕生前三個多月，一九六〇年十二月十七號，五十二歲生日前，我父親過世了，猝然告別人間，親友不曾預期，死因是主動脈瘤。

我曾經寫過這段往事。一九九〇年六月二十四日，五十二歲生日之前不久，我寫過一篇散文，《比父親長壽》（*Outliving a Father*）。那時節，《紐約時報星期六雜誌》（*New York Times Sunday Magazine*）最末頁有一個抒發個人情感的專欄，由男性作者執筆，可能想藉此表達男人也是感情動物，甚至還有真情流露的片刻。我寫我父親的死、即將到達他過世的年紀，心裡做何感受。投稿被退。兩年之後，厄尼・布洛編撰《收工之後：勞倫斯・卜洛克訪談錄》，需要額外的內容。我撢去這篇舊稿的積塵，交給他出版。

極少人看過《收工之後》，《比父親長壽》自然也沒幾個讀者，我幾乎完全忘記這篇稿子。直到泰瑞・佐貝克（Terry Zobeck）編纂我的書目之際，打電話給我查詢，我才赫然想起。「喔，對。」我說，「收在那本書裡沒錯。」我一度想要把它收進《跟著曲指甲獵水牛》，但那本書已經過長，我只好跟我自己說，這篇文章反正在厄尼・布洛的書裡出現過了。

那時，我們已經簽下中央公園西路的租約，但蘿莉塔跟我還住在西六十九街一一〇號。午夜一通電話驚醒了我們。我母親打來說，爸爸被緊急送往醫院。兩個小時之後，我們又接到摩・卻普勒打來的另外一通電話，他是我父母的摯友，也是我們的家庭醫師。句點。

我們返鄉參加喪禮，回到紐約，搬進新家。日子照樣過，等著迎接我們的第一個孩子。這不就是人生？

幾乎所有人都忘記，直到孩子呱呱墜地，才知道性別的那個年代吧？我們想好兩個名字備用：安德魯・強納森與愛咪・喬。無論是男是女，這兩個名字的組合，都能紀念我的父親，亞瑟・傑洛米・卜洛克（Arthur Jerome Block）。

愛咪如期報到。快要一歲的時候，我們搬進了托納萬達的獨棟住處。

為什麼要這麼大費周章？如今的我，看得比以前明白得多。我父親走的時候，我沒有在場送終。這是一個錯誤，不在父母跟前照料的罪惡感，一直盤桓在我的心頭，搬回老家，或許是一種救贖。

我無需深究內心，你也沒必要理會。反正在一九六二年春天，我們搬家了。

我以為我在哪兒都能創作。我從小就知道，想要當作家得上紐約去；長大之後實現目標，搬去了紐約。其實，我在水牛城、在俄亥俄黃泉，寫作都很有效率。只要有史考特・梅雷迪斯經紀公司幫我接洽工作，我住在哪兒，有什麼差？不就是一樣的有效率（或者沒效率）？

愛柏林的住處有三個臥房。我選擇一個當做辦公室。後來，我裝修地下室，挑了一個內縮的凹處，布置我的寫作空間，比較聽不到電話鈴聲或者講話的聲音。（這樣過了大概一年吧，我還是在幾條街外的一家小型商辦大樓裡，租了一間辦公室。我似乎有一種逃避的傾向，喜歡獨自面對工作。住在中央公園西路四四四號的最後幾個月，我租了一個旅館房間寫作——再次回到西四十七街的里約旅館。）

我在托納萬達量產甚豐。每個月都能生產一本小說交給比爾・漢林，還寫了好些短篇故事，首次成功銷售給《希區考克推理雜誌》。我繼續扮演好心的摩爾斯醫師，幫帝王圖書撰寫更多「非虛構」的虛構小說，同時還供稿給蘭瑟出版（Lancer Books）。

一如羅伯特·希爾偉柏格形容他的早年歲月，這些作品不過是混飯吃的劣作罷了。

羅伯特跟我有一段平行的歲月。他專攻科幻小說，我寫推理小說。一直到最近，我們才真正見了面，迅速成為好友。我聽說過很多有關他的事情，也知道他經常可以在一個月內，創作以及銷售近二十五萬字——也就是說，三本書以及科幻雜誌發表價值相當於一本書的短篇故事。

我不像他那麼有系統、有組織，創作跟印行量都沒法跟他比。但過了好長一段時間，在我們倆擺脫幫比爾·漢林、哈利·薛頓粗製濫造，先後獲得各自領域大師獎的肯定後；我卻是借鏡羅伯特的經驗，重新認識我早年的作品。

他是一個很直率的人，從不避諱他的發家史。「都是不錯的劣作。」他宣稱，從不否認他用筆名發表過作品，像是唐·艾略特（Don Elliott）、羅倫·布查普（Loren Beauchamp）以及伍沃德醫師（L. T. Woodward, M.D.）。

如今的我，見賢思齊；不像以前，總是躲躲藏藏，遮掩過去的痕跡。我承認也接納了發表早期作品用的筆名，盡一切可能讓它們重新出現在讀者眼前。我擅自決定作品的類型名稱——將性小說（我們當時通用的術語）、軟調黃色小說（一般大眾的稱呼），改成經典中世紀情色文學（classic midcentury erotica）——只有我一人這麼叫。這是我的過往，只能與之俱存。

如果在那個時候有人跟我說，我的作品六十年後還找得到讀者，我一定會覺得他得了失心瘋。我不期待甚至也不希望它們存在那樣久。我只需要它們能馬上給我帶來收入——版稅分潤或許不大現實，但稿費至少讓我過得很舒坦；換成別種謀生方式，日子未必這麼輕鬆。我對寫作的要求也就只有這麼多而已。

我視它們為作家的成長與提升，算是一種在職訓練吧。這不是我事後的領悟；當時，我就是這麼想的。我把它們當做習作，儘管我沒有師事任何特定大師。

提醒你，我當時才多大年紀，或許有助於你了解。那時是一九六二年春天，我跟蘿莉塔還有愛咪一起從紐約搬回水牛城，還沒滿二十四歲。

我記得——鮮明得如在眼前——一九六三年六月二十四日。年滿二十五那天，我站在浴室，看著鏡子裡的自己，說（也許真的是脫口而出，也許只是在心裡默唸）：「我猜，男孩子的奇蹟，就此結束了。」

的確如此。就像是山謬爾・強森（Samuel Johnson，譯註：英國最有名的文學家之一）的觀察心得一樣：女子佈道就跟訓練狗用後腿走路一樣，不該問她說得好不好，而是她能做到，就是奇蹟了。

「你相信嗎？勞倫斯・卜洛克。蕾諾兒跟亞瑟的孩子，寫了書，還有人幫他印行，靠創作也能過日子。你說是不是很了不起？」

很了不起。

回到水牛城的決定，可能比留在紐約更加了不起。在紐約，我有好些作家夥伴跟同業。還有從事藝術活動的朋友，繪畫、玩音樂或者歌唱，或許還沒拚出名堂來，至少是走在成功可期的道路上。

但我卻搬離紐約，每日伏案數個小時，用打字機工作，這是我日常生活的一部分，也是我之所以為我的原因之一。而我在水牛城與之互動的人們，卻構築一個迥然不同的宇宙。

我們也結交了幾個朋友。在我們離開紐約之前，某次造訪水牛城，跟隆與朵莉絲·貝尼斯（Ron and Doris Benice）夫妻消磨了一個愉快的夜晚，還啟發了我蒐集硬幣的興趣。隆是我在班內特高中的朋友兼同學；朵莉絲也是蘿莉塔的朋友、同學，還參加同一個姐妹會。我們兩家好像不是特別親密，但是那晚的聚會卻是影響深遠。

回到中央公園西路之後，我馬上跑去銀行，帶了好幾捲硬幣回家，尋找特殊的出廠日期與印記，填補我那本惠特曼硬幣蒐藏本的空缺。我本來就有不少消遣，但這個嗜好異軍突起，很快的讓我深陷其中。我訂了兩份專業期刊《硬幣世界》與《錢幣新聞》，待我們搬回水牛城愛柏林大道，我已經成為道道地地的錢幣蒐集迷了。

我從小蒐集郵票。高中時期，我還跟隆・貝尼斯買過幾枚。他十來歲的時候，短暫經營過郵票買賣。但現在他改蒐集硬幣，我也是。

我還是小朋友，大概十或十二歲的時候，我父親送我一把他長期蒐集來的老硬幣——幾枚印地安人頭一分錢（Indian Head pennies）、巴伯一毛錢（Barber dime），全都是他還沒誕生前就已經發行的古董。我還記得其中一枚是一九〇八年的自由女神坐像一毛（Liberty Seated dime），是這枚硬幣設計生產後，最後的發行年份。我的蒐集都是精品，約在極為罕見到幾乎未流通之間。雖說這批硬幣頂多也只值個兩塊美金，卻把我引進這個特殊的領域。我當然也蒐集其他種類的美國硬幣，專精類別卻是我父親引我入門的。我買了專門珍藏自由女神坐像硬幣的蒐集簿，撞見有緣分而我又負擔得起的同類精品，也會買上幾枚。

我不知道在紐約的朋友裡，哪位蒐集硬幣；但在水牛城，我卻找到一個硬幣俱樂部，每週聚會一次。我參加之後，認識不少同好；有他們作伴，生活生色不少。

蒐集硬幣並不是我唯一的消遣。在愛柏林大道四十八號安頓下來沒多久，我走進一間寵物店，帶了一個水族箱回家。早在我跟父母同住在史塔林大道的年代，我就開始養熱帶魚。沒多久就養了好幾箱，其中不乏極具吸引力又討人喜歡的魚種。講起養魚，跟我蒐集錢幣一樣，幾乎同等投入，想盡辦法增進專業知識。我有沒有訂閱相關雜誌？不記得有，但我倒想起一本插畫相當豐富的專業著作，《水族箱裡的異國魚類》（*Exotic Aquarium*

Fishes），作者是威廉．T．因尼斯（William T. Innes）。書裡面的每一個字我都仔細看過，反反覆覆讀了好幾遍，幾乎都背下來了。

我相當確定就是因為養魚，讓我認識了李奇．布朗史坦（Richie Brownstein）。但也可能是因為蒐集硬幣。我知道他喜歡養魚，至於硬幣，多半是淺嘗即止。（論起熱愛的強度跟涉獵的廣度而言，但這兩門消遣都比不上他對鳥類的興趣。一頭栽進去，無法自拔，頓時成為終身狂熱的鳥類學家。）

我倒不覺得這是我倆交情的起點。從任何你想像得到的標準來看，李奇都算得上是個角色。一九六四年中，我們離開水牛城，搬到威斯康辛拉辛，跟他失去聯繫。十五年後，他被某人射殺在他媽的房間裡。我從來沒有寫過他的故事，或許現在是時候了。

李奇大我兩歲，父親是水牛城一名聲譽卓著、事業有成的律師。班內特高中畢業後，他理所當然的應該進入水牛城大學，再去法律學院深造，以優異的成績畢業。不知道為什麼，他並沒有按照劇本走。我知道他大學畢業了，但在法學院裡，卻混不出個名堂。不確定他什麼時候輟學，也沒人過問。在我認識他的時候，大家都以為他又回法學院讀書，而且順利畢業了。

在我認識他的這兩年裡，他幹過什麼正經事嗎？我猜是沒有。他老爸每個月開張支票給他，足夠他的開銷。李奇結婚了——太太叫做瑪麗琳．雅波布恩（Marilyn Applebaum），是晚我一年的班內特高中學妹。他們生了兩個女兒，羅蘋與黛安，租在距離我們家開車十分鐘的地方。

李奇是個騙徒、橋牌高手，擅長金拉米（gin rummy，譯註：一種撲克牌戲），也難怪他這半輩子，絕大多數的時間都消磨在市中心的蒙帝菲歐爾俱樂部裡玩牌，沒日沒夜的，總是贏多輸少。

跟我結識大半輩子的老友，傑瑞・卡爾波（Jerry Carp）告訴我一個有關李奇的故事。他曾經刻意誘使傑瑞跟他比伏地挺身。誰能做得最多，誰就把對賭的現金拿走。李奇瘦瘦小小的，壓根不是運動的料；但也可能很結實，只是隱藏得很好，外人不曾察覺。我還記得他小時候罹患過急性風濕熱，無法參加任何體育活動。傑瑞可是天生的運動員，班內特高中的明星網球選手，跟李奇比體能，看來是佔盡各種優勢。

我不知道李奇是怎麼設計傑瑞的，但我可以想像。他早就想要坑殺老友，在暗地裡苦練伏地挺身，直到自信必勝的那一天，才提出賭博的要求。他唯一沒算到的是：傑瑞還是識破真相，明白自己中了他設下的圈套。在最理想的騙局裡，苦主連上了當都渾然不覺。

他也騙過我一次，小打小鬧而已。有天晚上，我們倆閒著沒事；他來我們家，提議來一局金拉米。我大概知道他想要幹什麼，反正我也不在乎；我就依著他，坐上牌桌，賭點小錢，助興好玩罷了。下注金額很小，玩著玩著，我發現李奇在他的小筆記本上飛快的寫了幾個字；我問他寫了什麼。

「喔，沒什麼啦。」他說，很明顯的，有點不好意思，隨即把第一張紙撕下來，揉成一團，往口袋一塞。「給我自己的備忘錄。」他說，「沒什麼啦。」

我們就接著玩，但我還是設法看到了那張紙條，弄明白他到底提醒自己什麼。「慢點贏。」上面寫道。

這可能只是一個有趣的故事。那天晚上，他贏了我一兩塊錢——我們沒有玩很久，也沒有提高賭資——一點小代價，認清一個人，不算貴。

我當然可以把這個插曲當成是針對我的惡意舉措，或者認定此人包藏禍心，但我始終不曾放棄我跟李奇之間的友誼（或者說不上名稱的某種來往）。我喜歡有他作伴，只是我不會再跟他玩牌，除了無傷大雅的小事，我再也不會相信他。但我就是有點喜歡他。

有一次，我們兩個一起旅行。開車上快速道路（Thruway，譯註：這是連結紐約與周邊大城的收費高速公路）往東，計畫到紐約的柯柏史基爾；但我們先去到沙拉托加泉，聽說那邊有一匹快跑馬，叫做蘇．麥克．雷德（Su Mac Lad，譯註：這是美國賽馬史上的傳奇快跑駕馭手）要參加一場重要的比賽。（我剛還上谷歌查過蘇．麥克．雷德。不知道為什麼，我記得那匹馬的名字，甚至還拼對了。想想自己的腦海裡居然有這麼多莫名其妙的東西，刻意要記的事情，反而忘得一乾二淨，實在很讓人訝異。）

他壓了幾塊錢，賭蘇・麥克・雷德。這匹馬實在很受歡迎。李奇把我拖到那裡，不只想要賺個幾塊錢，還想親眼看看這匹馬競技。我們沒有白跑一趟，他贏了。然後，我們才轉往斯科哈里郡的柯柏史基爾。我買了幾枚硬幣，但現在也搞不清楚是哪幾枚了。

我還把列斯・沙勒（Les Zeller）介紹給李奇認識。他是跟我很親近的錢幣同好，交情維持到日後的很長一段時間。列斯住在托利（Tory）——好啦，其實是瓦特弗利特（Watervliet）——三十五歲那年，認識一個十一歲的女孩。兩人過著夫妻般的生活，長達七年之久。對這一點，我從未評論。

回到李奇。那個週末跟他在一起的記憶，殘存不多。除了有天晚上，我們一起去某個錢幣蒐集同好的汽車旅館房間，參加撲克牌局。我只記得房間裡煙霧繚繞，一片白茫茫的。那時，我已經進階到一天兩包無濾嘴香菸——一般是駱駝，但有時也會抽幸運，偶爾是英國歐佛。即便是如此，我也受不了。

又是一件莫名其妙記得的事情。

但是，這趟旅程最值得記載的一件事，發生在稍早，我們開在快速道路，往東前進的路上。我們坐李奇開的車，開到一半，他突然說，「方向盤替我握一下，」雙手鬆開，脫外套，因為他覺得熱得很不舒服。外套脫了，居然還轉身，放到後座，從頭到尾腳都踩在油門上。他對於我的「幫手」看來有十足的信心，覺得我歪著身子握住方向盤，絕對不會偏離道路，或者撞到什麼人。

天啊。

他開車不時開到完全閃神，注意力根本不在前方。至少有一次，他看到路旁有小鳥，勾起了他的興趣，不管三七二十一，一隻手拿起望遠鏡，一隻手握著方向盤，眼睛全貼在望遠鏡上，車子依舊高速前進；儘管鳥都飛了，他還是不肯把頭轉過來，看看前方路況。「一隻黃腹吸汁啄木鳥耶。」心滿意足的說。（誰管那是什麼鬼生物啊！）望遠鏡總算放下來了，雙手放回方向盤，繼續前進。

天啊。

透過李奇，我又認識另外一個朋友，隔壁門的鄰居厄爾．杜沃金（Earl Dworkin）。厄爾跟他的妻子艾莉（Ellie），也有兩個女兒，蕎薏跟蕾思莉，後來又生了一個男孩，約翰。厄爾是銷售代表，專門批書給學校書店，同時，他還有辦法讓自己順利從水牛城大學臨床心理學研究所畢業。

他怎麼進入這個領域執業的，倒是很值得一說。他是在念大學——我想是康乃爾吧——跟艾莉在一起的，關係越來越正式，超出他原本的預期。他決定找個藉口，謀求脫身，乾脆跑去服兵役。

厄爾還真的登記入伍，但是，艾莉發現自己懷孕了。接下來，他知道他只能：(a)結婚；(b)然後去當兩年兵。

這個經過本身就是個好故事，沒想到還有意料之外的發展。受過基礎訓練之後，厄爾不知道被派到哪個基地駐紮；心理醫官發現他是個品學兼優的聰明年輕人，把他調去執行特殊任務，做他的助理。厄爾的工作之一是面對尋求諮商的大兵，篩檢他們的狀況。醫官告訴他，幾乎每一個例子都可以歸類成下面三種說詞：「我想念我媽」、「我想殺了我的班長」、「我受不了在淋浴間裡那種異樣的眼神」。每一種類別都有合適的料理方式。厄爾處置得宜，判定對方並非做偽，轉診給心理醫生就行了。

厄爾學會了應對技巧，跟著老闆，觀摩了幾次。沒多久，就可以獨當一面了，坐在辦公室裡，等待第一個上門的大兵。

這傢伙走了進來，東張西望，神情鬼祟，皺著眉，裝出一副不開心的模樣。厄爾請他說明心理問題的原委，看他是想媽媽、想殺班長，還是浴室裡舉止蹊蹺的同袍，投來讓他不安的眼神。

對方挪近了些，降低音量。「我有一部分的腦子不見了。」他說。

賓果！這是他的第一次獨立諮商。桌子對面坐著一個明顯出現幻覺、看來隨時會發作的精神病患。

「我馬上回來。」厄爾告訴他，連忙跑出去找醫官，這個腦子丟掉一部分的可憐蟲，很快就根據第八條款（Section Eight，譯註：心理狀態失調即可退伍的軍法規定）被踢出軍隊。厄爾愛上這份工作了。從此以後，坐在對面的大兵全都落入媽媽／班長／眼神的固定套路。他發現自己精於分類，善於分發情緒OK繃或阿斯匹靈，更重要的是：他找到了自己的專業，知道他這輩子該幹什麼了。

他真的讀完研究所，取得博士學位，靠專長養家，在紐約斯克內克塔提開了一間診治兒童心理狀況的私人診所。一邊執業，一邊還成為擁有全國排名的壁球選手。

這也就是他在追求他的

16

二〇二〇年九月二十一日

紐約市

我又回來了。

前一段日子不妨稱之為「延長缺席」。六個月前，差不多也在二十號左右，我突然離開紐貝里，計畫搭乘美國國鐵到處逛逛，月底返回紐約。但憂慮新冠疫情，讓我決定在三月二十號直接飛回家。

紐約還沒有正式封城，但看得出來為時不遠。我是作家，幹這行的在本質上就有點反社會人格，所以我比大多數人更歡迎保持「社交距離」。我在紐貝里出租公寓裡，基本上也是與人群隔絕。在紐約也可以過著差不多的日子，找張桌子安頓下來即可——只是沒法跟朋友相約午餐、到書店閒逛，或者參加某個匿名戒酒聚會——我發現我做完好多事情。對。

其實，我就是在處理你看到的這本書，起碼連續好幾天了。我相信第十四章是在紐約寫完的，或許還有更前面的那章。我不確定，但好像也不重要吧？我在三月間寫到「這也就是他在追求他的」，就停在那裡了。

第二天早上，我坐回書桌，想寫完這個句子，再跟大家講點我朋友厄爾的故事。

某人——非常可能是海明威——建議作家每天的工作應該結束在某個未完成的句子上。從那時候到現在，我都沒打開那個檔案；所以無法判定乾脆把那個句子寫完，或者停在前一個句子，會有什麼差別。

他是一個很有趣的傢伙。有他作伴支持，在水牛城寄居的那段時間，經常會有靈光一閃的觸動。但我不確定這是不是我赫然發現自己正在寫他跟李奇．布朗史坦的緣故。可能只是嘮叨吧，老人都免不了的通病；滄桑的心靈回顧過去，按捺不住據實回報的衝動。我覺得有些經歷本身就很有趣，值得我繞路跟大家聊一下。

走筆至此，不把原委講清楚，我就不知道要怎麼繼續下去了。一九六四年中，我搬到威斯康辛的拉辛，跟李奇失去聯絡。但他還是過著放蕩的日子。

直到有人不想讓他逍遙下去。

他始終沒在法學院混畢業。不過，他還是找著路子，儘管沒有學位，最終還是當上律師。在那時候，書記員也可以參加紐約州律師考試，取得執業資格。這條路不好走，成功的人寥寥可數。李奇在他爸爸的法律事務所當書記員，發憤研讀（或許也沒有），準備考試。居然給他考過了。他在他爸的事務所工作一陣子，然後跟人合夥，開了一間自己的法律事務所。

他專精刑案訴訟——在某個時間點免不了——自己也成為這個行業裡的罪犯。他販售毒品，賺了不少。跟所有人一樣，想要賺得更多；他開始冒險，弄些亂七八糟的東西來混充販售，江山易改，本性難移。就這麼一路騙下去，終於來到虧空扯得太大，欠債還不清的關鍵點了。一九七九年的某天，他坐在他媽家的客廳，獨自一人；不知道誰走進來，朝他前額開了一槍。

李奇，難識你的廬山真面目……

即便警察知道兇手是誰，也沒有認真偵辦的念頭。李奇之死至今仍是懸案。

17

我記不清我在托納萬達的第一年寫了什麼。據我記憶所及，大概差不多就那些吧。我寫了好些短篇，其中四篇刊登在以前屢攻不下的《希區考克推理雜誌》上、幫海克曼寫了幾本班傑明．摩爾斯的心理諮商、幾本賣給了賴瑞．蕭的蘭瑟出版。每個月還用安德魯．蕭的筆名，寫一本給比爾．漢林的床頭書。

我實在記不清我到底寫了什麼，只知道一定吻合床頭書的內容要求，除此之外，腦海一片茫然。米德伍德與床頭書是絕佳的習作機會。我想不出更好的方法精進自己的小說寫作能力。

但我有點懷疑我在這市場裡待太久了。每月的小說只是例行公事。挑戰越來越小，自我越放越少。在寫書之際，有時壓根不覺得我在創作。

一個很好的例子：我的次女吉兒（Jill）一九六三年誕生於陣亡將士紀念日（Memorial Day，譯註：一九七〇年前，紀念日為五月三十日，之後改為五月的最後一個週一）。我們那時沒有醫療保險，實在嚴重失策，幸好當時的醫療費用只有現在的幾分之一（佔比很低）。我記得產科醫生的收費跟醫院帳單加在一起，連兩千五百美元都不到。

即便是如此，我手頭上也沒有那麼多現金。我打電話給亨利，問他有什麼辦法在最短時間內，把這筆錢湊齊。「我確定比爾這個月會多跟你要一本書。」他說。

那時，我已經在愛柏林住家的地下室，用松木板隔出一個還挺合用的工作空間。但我覺得在外面寫作更舒服。於是，我在布萊頓與艾格特交叉口的街角，租了一個辦公室，距離我家大概四分之一英里。在我跟亨利講完電話的第二天，我把自己關進辦公室，劈哩啪啦打了八個小時的字。第二天，態度、速度依舊。第三天繼續，唯一的差別是我在下午兩點收工，整整早了三個小時。

因為我寫完了。

我根本連那本書叫做什麼名字、講些什麼故事都不知道——而且跟逐漸衰退的記憶力沒有任何關係。在我寫完這本書的一到兩天之內，就把它忘得一乾二淨。其實我是邊寫邊忘，唯一拖慢我打字速度的，就是有時我被迫停筆，翻閱前面的稿子，確認筆下人物到底叫什麼。

不管了。這本書順利完成任務。漢林的編輯找不到毛病挑剔，床頭書二話不說，付了一千兩百美元——扣掉一成佣金，實收一〇八〇元——醫療欠債，即時清償。

這實在是太好了。我們越來越喜歡吉兒。我討厭見到有人上門討債，把吉兒抓回去抵押。

作家嘛，在什麼地方都能幹活。真的，我也只需要一把椅子、一張桌子、一個打字機跟一疊稿紙。（在那個時候，還要複寫紙。打到稿紙的最末端，我就從打字機的滾筒裡取出來。把打字紙放一邊、複寫本放在另外一邊。然後，再跟夾三明治似的，把複寫紙夾在兩張打字紙之間，捲回打字機裡。是的，這個環節相當費功夫。而且，是的，對於過去的眷戀，往往會抹殺這個記憶。）

論起舒適程度，我在愛柏林大道地下室的工作空間與布萊頓、艾格特交叉口的街角二樓辦公室，都不遜於我在曼哈頓租的旅館房間。工作相當有效率，也完成了大量作品。

搬回水牛城並沒有減低我的量產，卻阻礙我持續成長做一個真正的作家。我最親近的作家朋友，都遠在四百英里之外，只能跟唐諾．威斯雷克與賀爾．崔斯納（Hal Dresner）密集通信。整個下午跟晚上發呆、無所事事，怎比得上跟同行瞎扯挖苦，講上兩句專業行話？李奇．布朗史坦、厄爾．杜沃金以及我蒐集錢幣的同好，都是很有趣的同伴，但他們不是作家——事實上，我才是他們唯一認識的作家。

在我寫完一本書或者一個短篇故事，我就會寄給亨利。有一陣子，我會親自到他的辦公室交稿，聊會兒寫作跟出版，時間或長或短。再早些年，我們每個週二晚間碰面，玩撲克牌，小賭兩把。牌桌上起碼有一半是作家。

我定期去紐約，每次都會待上幾天。唐諾・威斯雷克跟他太太妮德拉（Nedra）有一次遠道來訪；賀爾、瑪西雅（Marcia）夫婦也來看過我們——後來，賀爾離婚、唐諾的婚姻也是岌岌可危，兩人結伴計畫到墨西哥，來個哥兒們狂歡之旅；開頭第一站就是到我們家作客。（在我們家停留期間，忘了其中哪個，把一大堆髒衣服扔進洗衣機。不知道誰的牛仔褲褪色，把另外一個人的襯衫染成醜醜的藍色。我猜是賀爾的牛仔褲弄壞了唐諾的襯衫，但我也不確定——就算我記反了，故事還是一樣，是不是？）

重點是：我已經不算圈內人了。與其他作家互動對我來說是很重要的，搬到水牛城後，我就不再有同行的助力了。

軟調色情世界頗能激發小說創作靈感。在賀爾揚棄這種類型寫作，離開東岸，前往好萊塢當電影編劇之前，曾經寫過一本滑稽小說，《寫黃色小說的人》（*The Man Who Wrote Dirty Books*），賣給賽門與舒斯特出版公司（Simon and Schuster）。他當時的編輯彼得・施威特（Peter Schwed）帶他到公司大廳，面見出版社僅存的合夥人，M・林肯・舒斯特（M. Lincoln Schuster）。他已經退休了，但每天還是會來辦公室。

「麥克斯，」施威特說，「我想要跟你介紹賀爾・崔斯納。他第一本小說就寫得精采絕倫，我們恨不得馬上出版。」

舒斯特的眼神穿過一段距離，盯著他瞧。「作家，」他說，「總是一直寫。怎麼都學不乖呢？」

幾年之後，唐諾把這段見聞寫進了他的小說，《再見了，雪赫拉莎德》（*Adios, Scheherazade*，譯註：雪赫拉莎德是《一千零一夜》中講故事的王妃，主角是一個江郎才盡的情色小說作者，也是由賽門與舒斯特出版），一九七〇年印行。

而我呢，在愛柏林安頓後不久，也寫了一本小說，原本講的是兩個傢伙的故事，寫著寫著，變成一本軟調情色小說。我取了一個相當費解的名字——《免押免還》（*No Deposit No Return*）——寄給亨利。他不怎麼喜歡，寫了一個便條給唐諾，解釋他的憂慮：不知道該怎麼委婉的告訴我，這本書寫壞了。我猜這就是他想出來的方法，也只好把這本書束之高閣，打消投稿的念頭。

如今，超過半個世紀以後，我幾乎忘記這本書，更別說是重新打理一遍了。一九七〇年代初，我把一箱書稿寄給奧勒岡大學，裡面就包括了這本無緣出版的《免押免還》——至少我是這麼以為的。日後，我請尤金（Eugene，譯註：奧勒岡大學所在地）的好朋友幫我找一下，他們卻說怎麼找都找不到，也沒有任何蛛絲馬跡，證明我曾經把這篇小說寄給他們。

真可惜。我還挺想再看一眼的。我想亨利是對的，這本書不忍卒讀，就算印出來，也只會讓作者難堪。我只是不介意用五十年後的眼光，打量當時青澀的創作菜鳥而已。反正這麼多年都過去了，饒了他也無妨吧。

〔請特別注意：在我寫完這本書並且束之高閣後的十三或十四年後，華德·迪士尼製作公司發行一部家庭喜劇，由大衛·尼文（David Niven）、達倫·麥加文（Darren McGavin）、唐·納特茲（Don Knotts）、赫歇爾·伯納迪（Herschel Bernardi）主演，片名就叫做「免押免還」（譯註：台灣的片名是「大財神」）。我沒看過，事實上，幾分鐘前，我剛剛谷歌才發現有這部電影。很顯然，除了名稱以外，這部電影跟我的作品沒有半點相似之處——可能不盡然；這部電影的評價，也是「不怎麼好」。我寫在這裡，是提醒熱心讀者，不要誤把這部電影的劇本寄給我。〕

我倒是寫了一本犯罪小說，在我搬到水牛城的頭一年。

點子來自唐諾·威斯雷克。可能是一九六〇年吧，他在卡納西住處告訴我的；一對夫妻在度蜜月，正要享受新婚甜蜜的時候，目睹一起幫派凶殺案。這夥混混痛毆新郎，強暴新娘，揚長而去。兩人沒有報警，決定自行報復。

連書名都想好了，他說，《致命蜜月》（*Deadly Honeymoon*）。

我說這個創意棒極了，他說，他迫不及待，當下就想把這個故事寫出來。光陰流逝。他跟妮德拉還有孩子搬到了紐澤西英吉利敦；蘿莉塔跟我也在托納萬達定居下來。突然之間，我想起《致命蜜月》。

我的意思是：認真思考這個故事。

最終，我拿起電話。「你上次講到的那個故事，」我說，「《致命蜜月》。後來到底寫出來沒有？」

他沒有。

「還想要寫嗎？我一直無法忘情這個故事，如果你沒有計畫——」

「這故事是你的了。」他說。

我真的動筆。殺青後寄給亨利。他挺喜歡的，我相信他寄給了金獎的諾克斯．柏格，卻遭到退回。亨利又試了幾個地方，也許只是扔到一邊。沒過多久，他就把稿子還給我了。

就在這個時候，亨利寄一封信來通知我，史考特．梅雷迪斯經紀公司不再代理我的任何作品。

18

我真的不知道發生什麼事情，亨利為何如此絕決。

我也不確定具體的日期。想來是一九六三年的夏天或秋天。我猜，有可能是因為我好幾次拒絕亨利派給我的工作，也可能流露了一些意氣、某種態度。就算是有好了，我現在完全記不得了。只知道事起突然，讓我極感詫異。我還接到亨利給我的一封短信，要我冷靜接受經紀公司的決定，或者，是某種空泛的安慰。就此斷絕我們之間的委託關係。句點。

日後，我跟亨利還維持了長久的交情，至今也還是朋友。只是回想起這宗懸案，有件事情我始終想不明白：為什麼我不找亨利好好談一談，確認究竟發生了什麼事情？我記得他說那是史考特的決定，就程序而言，最後當然是他拍板沒錯，但我相當確定史考特只不過是亨利的橡皮圖章而已。他可能在事後才聽說這件事情。

到底起因為何？一直到近幾年來，才有人告訴我，亨利那個時候情緒幾近崩潰。我不知道他是被哪件私人困擾拖垮的，我只知道梅雷迪斯經紀公司唯利是圖，在業界鬧得烏煙瘴氣，這層負擔始終沉甸甸壓在他的心頭。

（你還記得他計畫以此為題，寫一本小說，名叫《死命的扯謊》。經紀公司裡無所不在的謊言，讓他坐立難安。一方面，他並不認同，能閃就閃；但另一方面，他又極端擅長見鬼說鬼話。補充一件事情，可能有助了解。他是雙子座的。）

我聽說在亨利炒掉我之後，言行舉止更加異常，經常忘記寄還簽好的合約，也不回覆各方來的查詢，疏忽層出不窮，工作荒腔走板。這是我兩個作家朋友告訴我的，消息來源一定是史考特本人。但他不可能客觀，說謊成性，這次多半也不例外。

根據史考特的說法，有次他度完假，發現亨利把事情搞得一團糟，完全無法收拾。他沒有任何退讓的餘地，只好開除亨利。

但是亨利說，他是自願離開的，因為再也受不了了。

我無法判定哪一邊的說法更接近事實。我也不在乎。不知兩人鬧什麼玄虛，在我被剝奪客戶資格之後的好幾個月，這齣活劇還是演得欲罷不能。

我二十四歲，有一個老婆跟兩個孩子，背負貸款。突然間，收入沒了著落。

我不明白我為什麼沒被嚇傻。

我也不知道自己怎麼不做點什麼，設法挽回。我大可趕下一班火車衝去紐約，當面把話講清楚。再怎麼消極，至少也該打通電話給亨利，請他建議我該怎麼辦。即便是受點屈辱，厚著臉皮忍耐下來就算了。明明是身陷絕境，我連一封信都沒有寫。

我平靜的接受了。

「你被開除了。」

「喔，好的。我想沒問題吧。」

是因為自尊嗎？這是最明顯的答案，但我不以為然。比較像是我把新情勢當成新現實。對此，我無能為力，所以也不必白費功夫了。我能做的只是默默接受。

你知道嗎？這他媽的怎麼能夠接受呢？這不只是說：遠在四百英里開外，出版工業的中央政府所在地，再也沒有經紀人代理我的作品了；這更是說：我當場、永久的被趕出這個市場，大部分收入就此泡湯。

比爾・漢林旗下的企業——床頭書、午夜讀本、綠葉出版（Greenleaf Publications）之流，都是封閉式經營。史考特每月固定供應若干稿件，漢林不得跟其他供應商交易。（我後來才知道，單就這一單生意，史考特就賺了不少。他跟每個作者抽百分之十的佣金，而這只是標準收入；另外他還會跟漢林收「發掘新人」跟「加緊趕件」的費用，至少是佣金的一倍以上。作家當然只知道這十趴的佣金。還有需要在這裡註明的是：史考特知道文字檢查的力度終究會鬆弛的。他可不想站在第一線，被流彈射到遍體鱗傷。因此他成立盲目公司（blind corporation，譯註：股東不過問，交給專業經營的一種信託模式）跟漢林成立的盲目公司布萊克製藥（Blake Pharmaceutical）打交道。即便是如此，幫只有一隻手可以翻頁的讀者〔作者按，我寫的是情色小說，所以，有一手在忙〕寫幾本小說，我想我應該駕輕就熟。）

過去兩年，我每個月都幫漢林寫一本書，如今，行不通了。其他的出版商雖說不是封閉式經營，但我也很難跟他們打交道，比方說帝王圖書——我並不特別想幫查爾斯．海克曼延續班傑明．摩爾斯醫生的職業生涯，但我也找不到別的出路。海克曼根本不知道勞倫斯．卜洛克是誰，還以為班傑明．摩爾斯是芝加哥莫頓．班傑明醫生的筆名。

前景看來著實黯淡。這麼多年之後，回想過去，我實在懷疑，當時我怎麼沒有把打字機收一收，換個工作算了。

現實，就是最好的解釋。我除了在史考特．梅雷迪斯經紀公司寫過審核報告、在潘恩出版當小弟之外，連履歷表上該填什麼都沒概念。但總有什麼是我能幹的吧？現在，我住在自幼成長的老家，我父母的家族圈內，有很多長輩有辦法幫我弄到工作。我的兩個嬸嬸，莎兒（Sal）與妮蒂．娜森（Nettie Nathan）都是世界級的雨刷供應商——特瑞科公司（Trico Corporation）的資深員工，各據要津。莎兒是薪資會計長、妮蒂是總裁特助。我覺得她們不難替我張羅工作，指引我一條發展的明燈。

我也有機會轉進房地產、保險或者投資等商業領域。我沒有大學文憑，但問題不大；

只要這條路走得通，我不用費太多力氣，就能在水牛城大學混到畢業。如果我願意多熬個兩年，增加一個法律學歷也不難。

上述的假設都沒有發生。就像是明明應該做點什麼，回復亨利對我的好感，我也沒半點動靜一樣。我就是搖搖頭，一肚子狐疑。我是寫小說的，再怎麼沒本事，也應該有源源不絕、百變多端的想像力；但是，處理生活中的柴米油鹽，我好像半點想像力都沒有。

我是作家。既然我把人生寫成這樣亂七八糟；那麼，我也要靠筆寫出一條活路來。

首先，有個迫在眉睫的問題，必須應付。在亨利那封「敬啟者」式的來信，抽冷子塞進我郵箱之前，交給比爾・漢林的每月書稿，已經撰寫大半。我不知道還能賣給什麼別的出版商，而我又最痛恨浪費時間精力寫了半天的東西，最後求售無門。

所以，我寫了一封信給比爾・漢林。我從來沒有見過他，也不知道他究竟是怎樣的人。但我知道他掌握床頭書的生殺大權；而且顯然不知道有我這麼個人。打從一九五九年夏天，我在打字機上敲完《浪蕩學園》開始；床頭書中，安德魯・蕭的作品都是我跟我的影子寫手比爾・庫恩斯（Bill Coons）一手包辦的。

我說，或許他已經知道了，史考特・梅雷迪斯不再代理我的作品；所以，我無法再提供任何書稿給他。但是，我解釋道，經紀公司知會我的同時，我正在著手一本新書。我想，能不能至少把這本書寫完，寄給他？

幾天之後，我接到漢林的電話。「這是搞什麼鬼？」他氣急敗壞的問道。（據我所知，這是他經常脫口而出的慣用語。）漢林接著說，我是他最喜歡的作家，我幫他寫了這麼久的書，當然希望我能夠繼續為他效力。他致電史考特，我手上這本書，他要定了。

不曉得是當天，還是第二天晚上，史考特也打電話給我。

那晚，我在愛柏林老家臥室裡面講這通電話的情景，歷歷在目。這是我第一次跟史考特講電話，認真算起來，也只是我第三次或第四次跟他講話而已。他說，他跟比爾・漢林聊過，漢林希望出版我手頭上的這本書，當然，我也知道根據兩人的安排，漢林只接受史考特交給他的書稿。

「我們破個例吧。」他說，「書寫完了，歡迎你寄給我們，我們轉給床頭書，再把稿酬付給你。」

我說，很感謝。

「但我有個更好的點子。」史考特繼續說，「你還是回來當我們的客戶吧。過去的事情就讓它過去吧。你可以繼續創作，我們可以繼續做你的經紀人。」

「不，」我說，「我不想給你們代理了。」

我一定得了失心瘋。

19

真的，我的腦袋進水了嗎？

我了解人類有一種傾向：其實明明大有挽回餘地，偏偏要把情勢想成無可逆轉。我想起一個故去的朋友，約翰・麥卡錫（John MaCarthy）是我在匿名戒酒協會裡認識的朋友，很會講故事，讓人聽到難以自拔，身材魁梧，很像悠里西斯・葛蘭特（Ulysses S. Grant，譯註：美國第十八任總統）。他有次受邀去參加廣播脫口秀的主持人試演，這對一個建築維修工人來說，跨界的幅度還真不小。他在試演的時候表現很差，電台錄取了另外一個人；非常可惜，約翰其實是個天生的聊天高手。

某次的晚間聚會，他告訴大家：當天早上，他在工作場合情緒失控，暴跳如雷，嗆聲說他不做了，他們還真的不讓他做了，叫他滾。他怒不可扼，但事已至此，就只能這樣了。

第二天晚上，他又跟與會的朋友報告，他改變主意了。當天早上，還是在正常的時間上班。工地現場的對話，大致如下：

「你來這裡幹嗎？」

「來這裡上班啊。」

「你不是辭職了嗎？」

「我知道啊，但那是昨天的事情。今天我改變主意了。」

「但是……可以這樣嗎？」

「看不出有什麼不可以。能不能把扳手遞給我？」

幾年之後，約翰得了肝癌，力抗疾病帶來的各種折磨，走得很痛苦。知道他撒手人寰，我覺得很難過；但也慶幸至少跟他做過一陣子朋友，感謝他給我上的一課——你永遠可以改變主意。

這是一個受益無窮的教訓，早點學會為宜。

我可能不知道我大可改變主意。你可能也以為我死也不想委屈求全。一直到最近，我才理解這決定並不高明，如果不鑽牛角尖，何苦如此絕決？不論什麼緣由——年輕、驕傲、愚蠢，也可能是三者匯聚——我採行當時認定、唯一可行的路徑，從此不再回頭。

時來運轉之後，人們經常會頌揚過去的挫折是「我經歷過最好的事情」。如果我沒被炒魷魚，我就不會從東賣到西，進帳美金幾百萬。如果我的前伴侶沒有拋棄我，我就沒法找到真愛。如果不是避孕失敗，我現在怎麼當得上阿公？

諸如此類。

這種想法想必來自「凡發生過的事情，就是最好的安排」，可能是伏爾泰構思的各種世界裡，最棒的一種。我很滿意我這輩子，不難把過去種種當成今日不可或缺的前奏。既然今日是我積極追求的人生顛峰，那麼，我有什麼理由埋怨把我帶到這裡的林林總總？我們當然可以擁抱這種說法，視之為精神真理；或者斥為無稽，只是包著糖衣的狗屎。不管你選擇哪種解釋，只是信者恆信，並不是理智的判斷。

就像，你知道，隨人說吧。

在這個特例裡，亨利莫名其妙的把我從史考特・梅雷迪斯客戶清單中剔除；而我更莫名其妙的拒絕重修舊好。這個轉折，近六十年後，依舊讓我感激不已。

「需求是發明之母」，這句諺語在「再次發明」中也扮演重要的角色。我的寫作生涯早期出乎意料的成功，突然之間，翻車出軌。我是家中最重要也是唯一的經濟支柱，說什麼我也得想出辦法創造收入。很明顯的，除了寫作，我也不知道未來有什麼新的發展方向；所以我得繼續寫、繼續出版新書。

首要之務，當然是把供給床頭書的新作寫好。我寄給亨利轉給漢林，走完流程，收到酬勞。這很好，但此路以後不通。安德魯・蕭封筆，再也不會創作其他新書了。

同樣的道理，班傑明・摩爾斯醫師也退出文壇了。套上醫師白袍，我其實越來越痛苦；但身不由己，還是得繼續客串，在沒有經紀人的現狀下，設法兜售出去。

於是，約翰．華倫．威爾斯應運而生。

約翰．華倫．威爾斯的初登場，悄悄出現在我跟蘭瑟出版編輯賴瑞．T．蕭的電話對話裡。我跟賴瑞見過一兩次，但至少也是一九五七年的往事了。那時，我剛在史考特那裡工作，賴瑞也跟李．霍夫曼結婚沒多久。我的朋友戴夫．凡．藍克經常在他們家消磨竟夜，有時還在他們家沙發將就一宿。

李是科幻小說迷，而這也是她跟賴瑞在一起的原因。在賴瑞轉去蘭瑟之前，主編過幾本科幻雜誌，李呢，還是個民謠癡，曾經運用科幻同仁誌的概念，改編過幾首民謠，編輯、出版一本叫做《篷車》的雜誌。（從以前到現在，我不時會寫歌，也不妨稱之為「戲謔的仿作」〔parodies〕。李在《篷車》裡為這兩種類型創作，都預留了空間。我先前提過的《老闆歌曲集》就是我跟戴夫、李在某個夜晚共同發想出來的。）

在我打電話給賴瑞．蕭之際，他跟李剛離異，辭去科幻雜誌的編輯職務，回到蘭瑟替艾爾文．史丹（Irwin Stein）工作。在蘭瑟安頓下來之後，亨利賣給他三本班傑明．摩爾斯的著作，《性的偏差》（*The Sexual Deviate*）、《現代婚姻手冊》（*A Modern Marriage*

Manual）、《美國大專院校女學生性行為》（*The Sexual Behavior of the American Colleges*）。（我實在沒臉說，摩爾斯醫師的永久退休是這世界的損失。）

我在電話裡，跟賴瑞透露一個祕密。我是協助摩爾斯醫師的寫手，不知道能不能為蘭瑟效力？我們倆腦力激盪半天，最終不知道哪個臭皮匠想出個點子，寫一本比較性技巧的專著。我想是他的創意吧，因為書名是我取的《愛慾與魔羯座：性技巧的跨文化調查》（*Eros and Capricorn: a cross-cultural survey of sex techniques*）。我心頭雪亮：這書名壓根胡謅；但我必須要說，我很喜歡唸起來的感覺。

我刻意跟他強調：這本書是從摩爾斯卷帙浩繁的檔案中，精挑細選出來的：也許我能獨立整理，讓醫生安心退休？賴瑞想了想，也許這是最簡單的解決方法吧。要不要給他一個我想印在書上的筆名呢？

「約翰·華倫·威爾斯。」我說。

他想了想筆名、書名，覺得很順耳。問我說，摩爾斯醫師能不能錦上添花，幫這本書寫個序呢？

我說，我想我可以說服他。

我寫完《愛慾與魔羯座》之後，依約，得到——大概是一千五百美元吧。這就是我替摩爾斯醫師捉刀的稿酬，但不用付佣金。而且，我好像還多拿到了——一百美元？兩百美元？——是給摩爾斯醫師寫序的費用。

我當時沒有意識到一層更重要的意義：我其實開啟了另一面的自我，證明我有能力拓展新的工作領域。摩爾斯一九七四年退休之後，約翰．華倫．威爾斯又出版了十九本書，還包括每個月刊登在《鋒頭》雜誌上的一篇專欄。

頂著約翰．華倫．威爾斯這個新筆名，《愛慾與魔羯座》本質上是文獻研究。其餘的作品，在結構上，幾乎就是摩爾斯醫師報告的翻版，每一章的開頭，都是一個個案。《鋒頭》專欄開始是偽裝成「小組探索」（Group Grope）；隨後就變形為「給約翰．華倫．威爾斯的信」。

我偽造個案，自己去函。

嗯，多半啦。經過一段時間，約翰．華倫．威爾斯的作品，變得有模有樣了。就拿《鋒頭》雜誌的專欄來說好了，頭幾篇的讀者來信，當然是我編的。我猜一般的「讀者來信」專欄，最開始都是這樣幹的；根本沒人知道有這個專欄的時候，哪裡會有什麼讀者投書呢？

當然啦，總會有人看了你的書，會寫信給你問些疑難雜症。我看看覺得還不錯，就把它放進《鋒頭》專欄中。專欄開始有知名度了，來信量隨之大增；但我無法中斷自編來信，儘管在專欄中，有越來越多的內容，是真正的讀者寄來的。

（當然，這並不意味著我引用的來信，百分之百的如實照登。有時，我能看出信件的內容多半是炫耀或者流露出捏造的痕跡，但無礙於它出現在雜誌上。既然，如果我自己也杜撰讀者投書，有什麼理由剝奪讀者相同的權利？）

我會回信，偶爾甚至還會跟來信的讀者見面。慢慢的，來自讀者的真實經歷充實專欄的內容，讓未來的創作更加活靈活現。

請原諒我先前沒提及威爾斯空前的成就。應該是一九六〇年代末期吧，那時我搬到紐澤西新布倫瑞克。亨利·摩里森再度成為我的經紀人，不過這一次，他是自行開業。

亨利在東三十八街開了一間辦公室，某天下午，我路過，進去坐坐。「我有個能賺上百萬的點子，」我得意洋洋的說，「且讓我先把書名跟副標告訴你，《奇妓淫巧：妓女床上功夫手冊》（*Tricks of the Trade: A Hooker's Handbook of Sexual Technique*）。」

亨利想了一會兒，並沒有盤算很久。隨後拿起電話打給新美國文庫的妮娜·芬科斯坦（Nina Finkelstein）。十分鐘之內，我就拿到七千五百塊的訂金。

在那個時候，威爾斯除了成功出版《愛慾與魔羯座》之外，又幫蘭瑟生產了更多作品，還幫戴爾出版（Dell）寫了一本《換妻報告》（*The Wife-Swap Report*）。我從蘭瑟那邊拿到的稿酬，一般是一千五百美元，但是亨利幫我從戴爾那裡弄到三千塊——只是過沒多久，態勢明朗：這本書寫不下去了。

我是過了一陣子才琢磨透到底怎麼了。為了《換妻報告》，戴爾花了兩倍的費用，這意味著成書的品質也得是給蘭瑟出版的兩倍才成。試問，我要怎麼寫才能比一般水平出色兩倍？假設我平常有所保留，故示無能也就罷了；問題是：威爾斯是蘭瑟出版旗下的知名暢銷書作者，每一本都竭盡全力，哪有可能幫戴爾寫出什麼驚天動地、脫胎換骨的名作？直到我想明白問題的本質，不安終於消散。戴爾沒要我提升品質到蘭瑟出版的兩倍；他們要的就是我出品的那種，只是這次幫他們寫而已。

一旦我識破心魔，想明白「廢話，不然咧」的關鍵之後，我便開始創作，設法討好每一個人。

所以，我著手撰寫《奇妓淫巧》。稿酬高得出格，我喜出望外。這是一個絕佳的暢銷構想，不能浪費，一定要好好的發揮一番。這樣一來，也就不用擔心妮娜跟新美國文庫大失所望，對於書稿一再刁難。

為了要把這本書寫到無懈可擊，我是應該安坐在書桌前，從腦海裡的想像世界中，召喚十幾二十個妓女出來？還是在某種程度上，為了求真實，跟幾個真正的性工作者好好聊聊，把訪談內容記錄下來？

我應該說（或者說，我不應該這樣說）這並不是我全然陌生的領域，算是有點實戰經驗。我不好稱之為「研究」，並且扣除相關支出，但我實在需要找個行家或者實際執業的當事人來當顧問才行。不過，我還沒機會拖著卡帶錄音機，找個合適對象，問一堆私人問題。

我跟一個安提阿的同學，在奧美做廣告文案的彼得・賀希史丹（Peter Hochstein），談起手頭上的這個作品。他說他有個朋友兼同事，迪克・華森（Dick Watson）說不定幫得上忙。華森後來自己創設本頓、鮑爾斯與迪克廣告公司做得有聲有色。彼得告訴我，此人謹守法律界線，遊走在婚姻規範與縱情通姦之間，全身而退，無可挑剔。做法很簡單，就是召妓。不會把婚姻關係搞得一團糟、雙方都不可能墜入愛河，底線畫得清清楚楚，就連最沒有出軌之虞的一起喝杯酒、吃頓晚餐都不行。

「華森還有記錄歸檔的習慣。」彼得跟我說，「考量各種變數，進行評等；其中，最重要的一點就是『態度』。如果你想找一個健談的性工作者，在這種另類交易裡，跟你客客氣氣的，他應該可以推薦一個。」

過沒多久，我就跟另外一個作家朋友，借一部八軌帶錄音機，費盡力氣，拖到莫瑞丘伊麗莎白住的地方。（我只記得她的名字，但你應該也不需要知道她貴姓。）我跟她解釋我寫這本書的目的，搞了半天讓錄音機轉動，跟她談了大概一小時。我忘記我們商量好的價碼是多少，反正我把錢付清了，再把錄音機拖回家。

我靠訪談內容寫好第一章，再靠想像力，又湊個兩三章，好讓亨利寄給妮娜・芬科斯坦，得到她的批准，我再把整本書寫完。她覺得我寫得不壞，但其中有一章不盡理想，比其他章略顯遜色：不夠有趣、不夠鮮活，也沒有說服力，找不到深入女「性」肌理骨髓的感受。

你應該猜中她說的是哪一章吧？

這就是教訓了。真相可能會也可能不會比小說更奇怪。但是，天啊，娛樂性一定比較低，因為它一點都不「現實」。

故事講得有些超前了，且把時序拉回到水牛城北郊的一棟農莊式住宅裡。我跟亨利的工作關係已成往事，要再過兩年，我們才會再次交會，進入到對方的生命中。

為了要付貸款、讓餐桌上有食物，我創造了一個新的身分，約翰・華倫・威爾斯。大約在同時，我又替我的筆名家族新增了一個成員。

吉兒・艾默森。

20

布萊頓路八六一號
托納萬達，紐約一四一五一
四月四號，一九六四年

約翰・布朗奇（John J. Plunkett）編輯
米德伍德出版社
第八大道五〇五號
紐約十八區，紐約

親愛的布朗奇先生：

寄上我的作品，《陰影與曙光》（*Shadows and Twilight*），請您審閱。希望您會喜歡，也期待您的回覆。

誠摯的祝福，
吉兒・艾默森

淘兒出版公司
第八大道五〇五號
紐約十八區，紐約
四月八日，一九六四年
吉兒·艾默森小姐
布萊頓路八六一號
托納萬達，紐約一四一五一

親愛的艾默森小姐：

《陰影與曙光》的書稿收到，我們很樂意印行您的大作，並附上合約。希望您能盡快將共計三份的合約簽名後擲還，以利我們啟動付款程序、安排未來製作出版。請特別注意，稿費並不會一次付清，主要是因為我們可能需要您修改某些章節，但次數並不會太多。

在我們進入修改階段前，我個人想要向你表達祝賀之意，將難以下筆的敏感主題，寫得如此出色。我親自讀過一遍，愛不釋手。毫無疑問，這本書會是米德伍德——淘兒，最精采的作品之一，足可跟薇樂莉·泰勒與蘿倫·當臣並駕齊驅。

麻煩您給我們一份背景資訊，兼及您的個人與職業經歷，以備我們建檔。有時出版社會在封底附上作者的簡介。我也相當好奇，您為什麼會把書稿寄給我們，特別是，指名寄給我本人……

……再次強調，我們非常高興能將您列入我們的供稿名單之中，在本公司才華洋溢的諸多作家外，再添助力。我們希望日後能夠出版更多您的作品，相信《陰影與曙光》只是您的處女秀而已。

您誠摯的朋友
總編輯
約翰・J・布朗奇敬上

就這樣，一九六四年四月，吉兒・艾默森出現在世人眼前。

我大概是在三月份的時候，著手寫這本準備寄給布朗奇的小說，沒花多少時間，因為篇幅相當短，印行的數字就只有四萬五千多一點而已。從動筆到殺青，兩個禮拜左右的時間。如今我只記得我急著寫完、急著看它有沒有銷路的焦慮。

我不知道我是不是把它當成新的開始。但除了重新振作，我也沒有別的方法。我寫的第一本小說，叫做《陰影》；被顛峰出版改成《千奇百怪的愛》，主題是有點敏感的女同志戀情。過了五六年，出版了十來本書，我重新拾起這種私密的女同性戀類型作品。

為什麼不呢？偽裝女同志，我有一些珍貴的實戰經驗，算是老手。重作馮婦，把新作交給米德伍德，對我來說，是很合理的選擇，畢竟我可是名列在他們最早的作者群中。（最早的是編號七——《愛巢》〔*Love Nest*〕，作者是羅伯特．希爾偉柏格以蘿倫．當臣的筆名發表。薛爾頓．洛德的作品，《卡拉》與《千奇百怪的愛》，分別編號八、九。）

這幾年來，我都沒有給哈利．薛頓任何稿件，不是因為雙方有什麼爭執；而是漢林付的稿酬比較優渥，月繳一本，情色程度也符合我的想法。只是事到如今，沒有理由不打通電話給哈利，或者寫封信給他。他的出版社並不屬於封閉式經營，我跟史考特經紀公司分道揚鑣，也不會讓他拒絕出版薛爾頓．洛德的新作。

但我卻決定這麼做：新寫一本小說，碰碰運氣，寄給一個全然陌生的編輯。我在《作家市場》（*Writer's Market*）看到他的名字之前，根本沒聽說過這個人。我改頭換面，塑造一個新的身分，開啟新的事業；等於是讓一個名不見經傳的菜鳥作家，第一本作品就莽莽撞撞的寄給出版社。

我說的就是吉兒．艾默森。標誌著她非凡的勇氣。

但，為什麼呢？

我不是應該更老練一點嗎？我幹作家這行，多久了？六年？多半的時間，都是幫經紀人打工。我當然知道這種「自投羅網」的下場。沒有任何人用這種方法賣掉過任何作品。如果你的運氣奇佳，兩個月後，可能有人會看你的稿件一眼，然後再退給你。

注意到剛才那兩封信的日期嗎？四月四日，我把《陰影與曙光》寄出去，然後趕緊在郵箱上，添了吉兒・艾默森的名字。沒等多久，四天之後，約翰・布朗奇就給我一封鉅細靡遺的錄取信，說奇怪也奇怪，還附上合約。

世道無常。

你應該想像得到，我是如何大喜過望。我克服重重困難，逆勢過關斬將，完成不可能的任務。但，話也要說回來，不好太誇張。首先，我們要知道米德伍德—淘兒出版並不是阿爾弗雷德・克諾夫（Alfred Knopf）與藍燈書屋（Random House）這種等級的出版社；它是二級平裝本書商，只想提供足夠火辣的作品，滿足消費者的情慾渴望，但又不能露骨到害作者身陷囹圄。

即便如此，我的突破堪稱一大勝利；即便過了這麼多年，我還是覺得難以置信。

看起來，我應該是證明了什麼。沒有經紀人助陣，也沒有任何人幫我鋪路敲門，我自己就把書賣出去了。不靠人美言推薦，我的書稿展現真正的實力。

我不想大驚小怪，好像需要鼓起無比的勇氣，才能把這本書寄出去似的。我冒了什麼風險？就算第八大道五〇五號的編輯把書稿退給我，除了郵資之外，我又損失了什麼？

成果證實這點風險是值得冒的，那封錄取信強化了我的信心，讓我樂觀破表。

二十多年後，一九八七年，喬伊斯．卡羅爾．歐茨（Joyce Carol Oates）以蘿莎莫德．史密斯（Rosamond Smith）的筆名出版小說。她不只給自己取了一個筆名，還把長久以來幫她接洽的經紀人蒙在鼓裡，另外找了她的朋友代為處理出版事宜。她希望讀者撇開先入為主的成見，讀一本沒有印著她真實姓名的小說；只可惜，書還沒有出版，消息就走漏了，真相揭露。

但她還是證明她有實力。她的書自己會說話。

而我在一九六四年就做到了。

我保留了吉兒與米德伍德──淘兒出版的通信──先是約翰．J．布朗奇，然後是史丹佛．列文（Stanford Levine），奇蹟似的，這批郵件竟然保存下來。

我真的很想把全部的往來信件收錄在這裡──大概有二十封左右，最後一封的日期是一九六五年五月二十一日。即便是在這本書裡，一字不漏的照抄，也未免放縱過頭；選擇幾個樣本也就夠了。

吉兒致布朗奇，四月十日，一九六四年

《陰影與曙光》是我的第一本小說，之前，我寫詩與短篇，但始終無法勾起編輯的任何興趣。我今年二十六歲。誕生於約翰・奧哈拉——賓州貝瑟爾。二十年前，跟家人一起搬到現在住的地方。念了兩年伊利諾大學、兩年西北大學。隨後寄居紐約，經常出沒在格林威治村，時間長到我懶得計算；職場生涯交錯在蒼白機械的文員工作與失業賦閒的快樂片段之間。大概八個月前，我搬回家人住處，退無可退了，勢必不計任何代價，也要寫出一本賣得掉的小說才成。結果就是這本《陰影與曙光》。我想我的生活是很平庸的，但還是有閃耀的一刻。

我為什麼會把書寄給貴公司？可能是因為我曾經讀過米德伍德出版社的書吧，我想。至於為什麼會挑上您？我擔心我的解釋可能無聊到讓您啞然失笑。我是在《作家市場》米德伍德欄位下面看到的……

吉兒致布朗奇，四月十四日，一九六四年

我竭盡可能重新修訂《陰影與曙光》，多達三十頁，主要是達成您提及的兩個目的——刪減呆滯的贅詞、渲染性愛場景。我不知道成不成功，但希望能符合您的期待……

布朗奇致吉兒，四月十六日，一九六四年

親愛的吉兒：

請原諒我信筆寫來的隨意，內心澎湃激盪，自認有權如此坦率。每次我見到你這種深具潛力的作者，總是如此情不自禁。……父親的直覺吧，我想，二十六歲，這樣年輕。

我們收到修改過的書稿，看來，表現絕佳……

在我進入我們公司之前，收拾過不少垃圾；如今，我們吸引了這個領域的各路高手，而且仍然在持續挖掘新秀當中。你的名字非常可能會跟我們兩大知名暢銷書作家——薇樂莉．泰勒與蘿倫．當臣並駕齊驅。她們兩位至今仍是我們獨家的簽約作者、定期提供書稿。只要你再交一至兩本大作，必能追上前賢，媲美兩者，斷無疑義。……懇請你能夠以一定的間隔，持續交稿，以利我們宣傳造勢，讓吉兒．艾默森進入讀者熟悉的成功作家之林。

21

十月十九日，二〇二〇年
紐約市

實在很誇張，也有點沮喪，我竟然花這麼長的時間才寫到這裡。我一直不願意把我手上的工作稱為「在製品」，四個星期前，我銜接前文，斷斷續續的接著寫了八千字。只比一九九四年興起創作念頭，靈感在湖邊森林汨汨流出之際，多那麼一點。我原本想一鼓作氣，寫完算了；但是，一週至三週前，我發現辦不到。我連續工作一星期，計畫休息一天。但等我回過神來，彷彿做了一場李伯大夢，倏地來到現在。

我想不明白發生什麼事情。

部分原因要怪環境。新冠疫情如怒濤澎湃，屢次來襲，不知道已經是第二波，還是第三波，看你怎麼算。兩個星期之後，關係重大的國家選舉即將到來，結果以及美國民主的未來，尚在未定之天。我幾乎天天都窩在家裡，人生相當於服了一個短期徒刑，神似個別監禁的囚犯。這個隱喻經常浮現心頭。

在隔離的狀態下，我是不是每天早上一起來，就直奔書桌？是不是絞盡腦汁，拚命回想、記錄一九六四年以後我的所思、所為？

除開環境不利，還有年紀作祟。總有人忙著告訴你，年紀不過是個數字。但是在托納萬達的那個年輕人，只有二十五歲；現在這個格林威治村的老頭，已經高齡八十二了，哪是迴避得了的事實？如果有人堅持說：年齡不過是個數字，我也只能誠摯的建議，「你去死吧。」

這一陣子我特別容易感受到年紀。在我們身邊肆虐的病毒，攻擊老年人特別致命。我因此失去好些老朋友，未來，走的人可能更多。病毒虎視眈眈，單單就我的年紀而言，就已經夠要命的了；更何況我在兩年前還動過冠狀動脈繞道手術，更容易引發共病效應。如果我感染了新冠病毒，多半難逃一劫；就算沒感染新冠病毒，終究也會死於別的原因。

每個人都躲不了這一天。人生自古誰無死？死亡與生俱來，只是時間問題。但是這種想法以及寄託生死感嘆的文字，在二十五歲的小夥子與八十二歲的長者心中，卻會激盪出完全不同的共振頻率。

年紀，除了把人生終點帶進視線內，還會減損精力、混淆焦點、模糊記憶。這種說法大致沒錯，但是，對於我的危害卻是特別嚴重。

我是一個老頭，卻在寫年輕人、寫年輕人的世界。有關那個人、那個世界，誰知道我還記得多少？這些年來，我始終自豪自己的記憶萬無一失；但我不確定今日的記性仍堪信賴。除開自詡牢靠的記憶，我還有著作家的想像力——我無法保證記憶絕無漏洞，但可能在不知不覺中，被想像力填補起來。

這麼說可能有點抽象，但再想下去，除了頭疼，多半也無濟於事。

什麼是記憶？什麼只是認知中的記憶？

我最早的記憶，可以追溯到兩三歲。那時候，我跟父母住在水牛城德拉維爾大道二一五五號，一棟公寓，上下層的兩戶住家。樓上那家姓古吉諾（Gugino），有個孩子，比我大一歲，叫做查爾斯。我最早的記憶就是上樓去他們家拜訪，跟查爾斯在陽台上玩。

其實，我也不記得那個場景了。我只記得我記得那回事，就此認定那是我最早的記憶。我甚至沒法很確定的告訴你，我能回想起那個記憶點。我知道我一度記得，至少能辨認出那是記憶，或者——

算了吧。

不管我跟查爾斯有沒有在陽台上玩，反正過沒多久，我們離開德拉維爾大道二一五五號，搬到園邊大道六七三號。我們在那邊暫住一陣子，一九四三年五月，我妹妹蓓希誕生之後，我們就住進我爸新買的房子，史塔林大道四二二號。

我還記得那些門牌號碼。真不明白這批數字為什麼至今盤據心頭。明明六十年來，我連一次都沒撥過的電話號碼，也依舊忘不了。我記得西班牙無敵艦隊慘遭擊潰的年代，因為我爸有一次突然發現這跟我祖母的電話號碼一模一樣，PArkside一五八八。我們史塔林大道的住家電話是PArkside〇五二七。我的朋友迪克．李德曼（Dick Lederman）住在北大道八十二號，電話是PArkside〇三九六，傑瑞．卡普（Jerry Carp）是VIctoria八二九六。

我跟迪克、傑瑞至今還是朋友，只是他們現在的電話幾號，可一點概念都沒有。我跟賴瑞．李維（Larry Levy）保持聯絡，當年他住在達納路六十六號。賴瑞的電話號碼開頭是ＲＩ，代表Riverside，但我忘記後面四個數字。當然，不敢說什麼時候突然會在我腦海裡冒出來。

記憶。

我猜，遲早查爾斯．古吉諾家的地址與電話號碼，會繼他們家的陽台之後，消失無蹤。現在的我不用擔心早發性失智症，不用憂慮殘留的心智悄悄棄我而去，不免有些小得意——現在看起來，死亡率先掩至，一命嗚呼的可能性還比較高些。就算我的逐漸腐朽的肉體活得比清明的心智還要久，我也不可能現在就知道。之後，我可能會察覺。再之後，我又無法察覺……

你知道嗎？我不可能一直在琢磨這些。很久以前，有個挺好心的記者跟我說，婚姻嘛，不是終結於離婚，就是終結於死亡。有關這點，我也沒打算細想。

你可能想跟我一樣。就算你忍不住，最好不要把接下來的十分鐘，用來擔心白犀牛從天墜落。

22

於是。

吉兒·艾默森。

我想多寫一點吉兒，不費半點功夫，便可長篇大論。我們倆通力合作，讓她的創作累計到八本小說。我們的合作始於兩本敏感的女同志小說，供稿給米德伍德的約翰·布朗奇——《溫婉意願》（*Warm and Willing*，作者按：原名《陰影與曙光》，布朗奇發行時，改了書名）、《悲傷不再來》（*Enough of Sorrow*），繼之以三本情色原創平裝小說，由柏克萊出版社（Berkley）印行——《三十而已》（*Thirty*）、《三人行》（*Threesome*）、《瘋女日記》（*A Madwoman's Diary*），外帶一本精裝小說，《伊甸園的麻煩》（*The Trouble With Eden*），有些段落很有幾分葛莉絲·梅塔利奧斯（Grace Metalious）跟約翰·奧哈拉的味道、一本主流小說——《扮演安潔雅·班斯達克的一週》（*A Week as Andrea Benstock*），安柏書屋（Arbor House）出版精裝，隨後由紅書出版（Redbook）接手，發展成為系列。

《扮演安潔雅·班斯達克的一週》出版於一九七五年，《溫婉意願》的十一年後。在這段時間內，這七本書就是吉兒・艾默森的全部創作。直到二〇一一年，以一個刑事組無名女警探為主角的獨立短篇故事，被我組成一本小說，取名為《勤務結束》(*Getting Off*)，追加副標題，《性與暴力的小說》(*A Novel of Sex and Violence*)。硬底犯罪印行的時候，開放署名為「勞倫斯・卜洛克以筆名吉兒・艾默森發表」。

無法用商業考量來辯護。《勤務結束》冠上吉兒・艾默森的名字，並沒有增加任何銷售量，反而造成我些許損失。我讓某些讀者誤以為這是新瓶裝舊酒的促銷手段，還有人以為我大概不滿意這本書，才用筆名發表。我堅持要把這本書放進吉兒的創作目錄中，絕對沒有任何商量餘地；只是事隔九年，我還是說不出來為什麼如此執著。

最近，我又重新看了一遍我與約翰・布朗奇的通信。厚厚的一疊，看來是極為重視，才保留這麼多年。我無法迴避我坦然真誠的那一面。繞過經紀人，直接找上米德伍德自我推銷，讓我非常開心。不但是因為他們肯定我的才華，證明我不需要史考特或者亨利替我掌舵，照樣可以揚帆啟航。更是一種寬慰。只是這種暗地裡的喜悅，卻揉雜著一絲不安，覺得我玩得有些過火，何苦戲弄一個自認發掘出新秀、想要幫助我成為作家的編輯？

想明白這一點，這麼多年後，樂趣蕩然無存。我沒有因此輕視這批作品、忽略創作與出版時煞費的苦心、低估這關鍵性一步。但，我不免有點瞧不起自己。

吉兒．艾默森名下，其實有九本小說，但我只講到其中八本。第九本回到圓圈的起點，就是我的第一本小說，《陰影》，原名為《千奇百怪的愛》，作者為「雷思利．伊凡斯」。二〇一〇年，我授權通衢（Open Road）出版電子書，用我的本名取代雷思利．伊凡斯；八年後，我自行出版電子書與平裝本，書名為《陰影》，作者署名「勞倫斯．卜洛克以筆名吉兒．艾默森發表」。看起來順眼多了。

我覺得應該把吉兒每本書的原委都寫出來；但想想，其實，我已然寫好了。《事後的感觸》結集四十幾篇短文，講的都是「庫存書目」（backlist titles，譯註：出版社早期印行，現在較少流通的舊書）的老故事，裡面有的是吉兒創作時的大小事，想要窮究吉兒的寫作生涯，絕對不會失望而回。我在寫這段的時候，這本書已然絕版；但等你讀到這裡，《事後的感觸》會以紙本與電子書的形式，同時發行。

我得補充一句，我替米德伍德寫的第二本書——《悲傷不再來》，靈感來自瑪麗．凱若琳．戴維斯（Mary Carolyn Davies）的一首短詩。很特別的是：布朗奇保留了原書名，還在封底附上熱情的讚詞——「絕少作者有這樣驚人的手筆，撕開神祕面紗，直擊女同志的心理與生理真相。絕少作者能夠全面反映女性之間的柔情似水，展現如此的了解與體諒。絕少作者能以讓人動容的坦誠、淒美細膩的敏銳，處理這樣隱諱、難以啟齒的題材。」——接著，還宣稱這本書榮獲一九六五年米德伍德卓越文學獎。

哇。

這是我得到的第一座獎項，揭曉之後，我有足夠的理由相信，保證這也是最後一座了。我是看到這本書，才發現我得獎了；儘管封面上印著醒目的金色徽章，封底還有諸多溢美之詞，但我卻不大確定這到底算不算是一個獎項。沒有可以擺在架子上的小獎座、也沒有可以讓我揮舞感謝的圓形浮雕，唯一能確定的是沒有獎金。這是米德伍德唯一頒發過的卓越獎，儘管日後他們出版了許多品質絕不遜色的名家作品。

所以，我還是把這個「獎」當成是書商的噱頭吧。

當然，給了你就拿吧。你當然可以說這是垃圾，你也可以說這算什麼玩意兒。但我可以說我的書贏得一九六五年米德伍德文學卓越獎，而你沒有。

奈我何？

你可能會想說，看到書商還會想促銷噱頭、刻意包裝，甚至頒發獎項，我應該覺得很振奮，對不對？你可能認為，我會繼《悲傷不再來》之後，再接再厲，一本接著一本寫；甚至可以預見我實現了約翰·布朗奇的夢想，進入女同志小說的萬神殿，跟薇樂莉·泰勒與蘿倫·當臣，相提並論。

這個嘛，你知道嗎？這是我幫米德伍德寫的最後一本書，也是我跟約翰·布朗奇簽的最後一個合約。

我沒法跟你、跟我自己解釋。我好像不曾考慮幫他們寫第三本書，一直到現在，回想過去，我還是覺得我不跟米德伍德接續前緣，是理所當然的事情。

我雖然無法解釋，但我至少可以還原當時的情境。寫《溫婉意願》的時候，我還住在托納萬達的愛柏林大道，辦公室設在布萊頓路；但寫《悲傷不再來》的時候，我搬到千里之外的威斯康辛州，拉辛，馬凱特大道四〇五一號，兩單元住宅的東側，過著迥然不同的人生。

23

在我接到來信，亨利・摩里森拒絕代銷我的作品之後，等於是逼我一頭栽進游泳池的深水區。不想溺斃，就得學會游泳。

我沒意識到我把它比喻成魚跟水的關係，但一直到我培育出兩個分身：吉兒・艾默森跟約翰・華倫・威爾斯，這個隱喻依舊盤桓腦海。此時，我又聯絡上烽火叢書的柏尼・威廉斯（Bernie Williams），我用薛爾頓・洛德的筆名，幫他們寫了少數幾本書。我記得有一次，我造訪紐約，跟他共進午餐，賣給他一本以撲克牌騙局為背景的犯罪小說。（烽火印行的時候名為《隨「性」洗牌》〔*The Sex Shuffle*〕，許多年之後，硬底犯罪重新出版這本小說，改名為《牌運亨通》〔*The Lucky Cards*〕。）

大約同時，水牛城一家新成立的出版社，跟我聯繫上了，希望我幫他們寫一本類似床頭書的小說。也許我以前知道是誰居中介紹，但過了這麼久，已經了無記憶——跟我打交道的出版商叫什麼名字，也沒印象了，說不定我一開始就不知道。

我們商量好的價錢是五百美元。當然有個書名，但想不起來了；筆名倒還記得。我往我的打字紙盒瞧了一眼，當下決定叫做霍華・龐德（Howard Bond，譯註：一家位於波士頓的老牌紙業公司）。

（你知道嗎？我猜我幹的事情是剽竊我自己的構想。如果我沒記錯——當然這只是個不算太牢靠的假設——在我遺失的那本小說，《免押免還》，主述者跟我一樣是個作家，用的筆名就是他創作時使用的打字紙。他用的品牌非常可能就是霍華．龐德。）

我跟他沒有互信基礎。所以，我們約在市中心，一手交書稿給他，一手交稿酬給我。我拿了錢就回家。幾天之後，我接到他的來電，說我給他的書稿太短了，確定只有這麼多字嗎？

我這才驚覺，那本書的頁數是比平常交給漢林的篇幅略短一些；但我當然也不可能去善後。亞伯拉罕．林肯（Abraham Licolon）說得很好：他的腿往上連得到身體，往下站得到地面。我交出來的書稿當然也足夠從第一頁印到最後一頁。

所以，我跟他保證：長度剛剛好，無法確定他是信還是不信。這是我最後一次跟他聯絡。從此，我把這本書忘得一乾二淨，許多年後，某起意外讓我想起這本我一直以為沒有出版的舊作。

泰瑞．佐貝克耙梳故紙堆，整理我的書目，出版了《一「網」打盡「書」不漏》（*A Trawl Among the Shelves*）。我強迫自己回憶曾經短暫留駐心頭的小說、故事與散文，想出多少回報多少。孜孜不倦的泰瑞，瘋狂的在網路上搜索，非要找到前所未見的新發現，放進蒐集名單、寫進書目裡，才肯罷手。

終於，霍華・龐德的苦心，浮現腦海。我同意將這段典故，寫進《一「網」打盡「書」不漏》的後記裡。我一直沒看到這本書問世，看來，真的是印出來了。但他怎麼有辦法翻出來？我講不出書名，更不知道書商正式發行時，有沒有根據他們的需要換個名字？我只記得我用的筆名。

單單這點線索就夠了。《一「網」打盡「書」不漏》編目A六十六是這樣寫的：《「盡性」假日》（*Sex Takes a Holiday*），一九六四年，鑑賞家出版（Connoisseur Publications, FN112），俄亥俄州：克里夫蘭；（零點七五美元），一五九頁；無版次註記。以筆名霍華・龐德發表。（初版為平裝；小說）

泰瑞手頭上有一本，我也弄來一本，草草的翻閱一遍，裡面的內容，怎麼也勾不起半點記憶。不過，我認得出這是我寫的就是了。自戀跟貪婪會不會讓我厚著臉皮放進我的「經典情色選集」（Collection of Classic Erotica）重新出版？

說不定喔。

那陣子為了謀生，兵慌馬亂，四處開發新市場，引領我找到許多新方向。在我的生活中，蒐集錢幣扮演越來越重要的角色。這個嗜好是我們住在曼哈頓最後幾個月中養成的；搬到水牛城，興趣更加濃厚。那裡沒有作家同業，倒有不少錢幣蒐集發燒友。蒐集者將消遣轉為生意，並不罕見。我也學了幾招，在地方性的錢幣展覽會中，租張小桌子，開張做點小買賣。

這當然沒什麼前景。在這個時候，我考慮寫篇文章，勾連推理與錢幣蒐集。這個念頭卻改變我的生活。

雷蒙．錢德勒的《高窗》（*The High Window*），我讀過好幾遍，其中的關鍵元素就是一枚身價驚人的美國早期金幣布拉瑟達布隆（Brasher Doubloon，譯註：這是全世界最貴的金幣，二〇二一年拍出一枚，得標價超過二點五億台幣）。我想，不妨幫幫錢幣蒐集同好寫篇隨筆吧，標題為《雷蒙．錢德勒與布拉瑟達布隆金幣》，寄給位於拉辛的《惠特曼錢幣月刊》（*Whitman Numismatic Journal*）。

我知道惠特曼這個名字，它的主力產品是錢幣封套夾與我拚命想要裝滿的蒐集簿，但我不知道這家公司是西方印刷（Western Printing）與石板印刷（Lithographing）的關係企業。拉辛，位於威斯康辛某處，我聽說過。至於雜誌呢，據我所知，應該是新出的，不確定自己有沒有看過。一九六四年一月創刊，在我寄出隨筆之後沒多久停刊。

雜誌編輯是肯．布萊塞特（Ken Bressett）。很快就收到他同意刊登的回信。我不記得他們付了多少錢，但應該不會高過二十五至三十美元。我記得，他在信裡寫道：我的隨筆正是雜誌所急需的稿件，希望我能踴躍投稿。

這是封挺振奮人心的來信，讓我相當感激。緊接著錢德勒，我又寫了瑪麗亞・特蕾莎（Maria Theresa），奧地利女王。幾個世代以來，她的尊容都是銀幣上的雕像，一元硬幣大小，整個中東都認識，也能流通。一七八〇年首發以來，女王造型與硬幣款式，自始至終沒有改變。書架上整套《大英百科全書》，提供我足夠的歷史資訊，為錢幣蒐集愛好者寫篇文章，將這個女中豪傑的故事，娓娓道來。寫完，寄出，肯開心的收下了。

管他的呢。我真正的興趣是蒐集自由女神坐像一毛錢。這個系列擁有悠久的鑄造歷史，美國從一八三七年到一八九一年發行過好多版本。為了某些原因，我特別鍾愛這種硬幣，從年份講究到印記，想找到一枚上好的精品。我寫了一篇文章，詳述這枚硬幣的歷史，完稿之後，沒有寄給惠特曼，轉投給《錢幣剪貼簿》（*Numismatic Scrapbook*）。對方也是很快的就收了這篇稿子。

這個主題最早亮相的是《惠特曼錢幣月刊》的錢德勒，七月出刊。那時，我已經每天早上六點起床，打領帶，穿好西裝外套，兩個小時後，規規矩矩的坐在拉辛的辦公桌後頭。

到底是發生什麼事情？這個嘛，那年春天，我不是賣了兩篇隨筆給《惠特曼錢幣月刊》嗎？肯・布萊塞特打電話來說，他計畫出一趟差，明天晚上到水牛城來。請我吃頓晚餐如何？我們在市中心挑了一間餐館，飯局即將散場之際，他跟我提到惠特曼公司可能有一個工作機會。幾個禮拜之後，我跟蘿莉塔造訪拉辛，去公司參觀，認識好些人，還在城裡面逛了逛。

他們給我的工作是助理編輯或是執行編輯。公司支付搬遷到拉辛的各種費用，第一年起薪是六千美元。

現在看來，六千美元並不是一筆大數字；當時也不是。我記得很清楚，一九六二年單靠寫作的進帳，據我記憶所及，從史考特·梅雷迪斯那邊，扣掉佣金，收進三萬兩千美元。這筆錢在當時可不算少了，按照我們家的生活方式，也用不了這樣多。日子過得簡單，就算是史考特·梅雷迪斯不再代理我的作品，我還是找得出方法養家活口。

為什麼這麼點薪水能誘使我搬去威斯康辛？我們得把房子賣掉，打包家具，搬家，大費周章的結果反倒是賺得更少。

如果工作表現不差，薪水當然會隨著年資調整。如果證明我過得慣公司生活，我大可留在拉辛發展，接下來四十年都留在這家公司裡。這種家族企業多半不會虧待為公司打拚半輩子的老員工。我得承認，這樣的前景的確讓我有些心動；只是這不是我期盼的生涯，在此之前，也沒有考慮過。

我更沒有理由相信我會喜歡過這種日子，坦白說，連能不能忍受都成問題。我這個人就不是依照鬧鐘、月曆安排時間的人。我的習慣是：愛熬多久的夜就熬多久，愛睡多晚睡多晚。天亮了，再來考慮今天要幹什麼。每個月應場合需要，我會打上一兩次領帶；要不然，我就牛仔褲或卡其褲，配件襯衫就算了，領口的鈕釦永遠敞開。這些年來，我留著形態各異的鬍子。在跟肯共進晚餐前，才剛剛刮乾淨；但也要隔上好幾天，才會再刮一次。

但在我去過拉辛的錢幣供應部門，發現那邊每個人都穿著白襯衫，打領帶。每天早上，全部都西裝筆挺的進辦公室；進來之後，許多人還是規規矩矩的穿著。

這是我想要過的生活？顯然我不曾嚮往過。到底是為什麼，我竟然容忍下來？

就事論事，我認為我的期望非常保守。我覺得在拉辛生活、在惠特曼工作，一定有很多會讓人感到愉快的地方；除此之外，我就未必欣賞了。但我覺得改到這裡工作，一定能夠處理一個心腹大患。

至少能讓我們離開水牛城。

在愛柏林的生活不算難過，但不是我們結婚搬去紐約時的初衷。我們回到水牛城，是因為父親過世的時候，我沒有隨侍在側，覺得失職、內疚。

有我們陪著，母親也不會嫌棄，但她並不需要我們在一邊繞著她轉。父親的猝逝當然對她是一大打擊，但她面對現實，重新調適，當上圖書館員，重新回到職場，生命中也有了新的男人。她當上祖母了，沒錯，但這身分對她來說，並不是不可或缺，更不是她生活中的焦點——換句話說，如果我們需要人看孩子，還是拿起電話，找個十來歲的年輕人吧。

跟她說，我們想搬回紐約並不是件難事。單單那裡的社交圈與專業助力這兩個理由，就無懈可擊了。如果要我幫她寫段台詞，我想像應該是這樣：「喔，我會想你喔。但我一直不明白，當初你們搬回老家，到底是幹什麼來的？」

蘿莉塔的媽媽就是另外一回事了。她沒有太多自己的生活，兩個外孫女就是她的全部。

倒也不是說，我實在不想讓這個可憐的婦人陷入失望的困境。我只想讓搬家看起來有其必要性。如果我想要寫作，留在水牛城也可以照寫不誤；但是如果我不想錯過好工作，那我不是得往西邊或北邊搬？

等我們在威斯康辛待滿兩年，全家搬回紐約，搬回屬於我們的地方。而我也不再覺得我是十惡不赦的爛人。

我們刊登售屋廣告，被某人買走。七月，我獨自一人來到拉辛，向新公司報到；幾個星期，搬家公司打包好我們的家俬之後，蘿莉塔也來了。

就在這個時候，發生一件我畢生難忘的事情：上班第一天，我要求配置一部打字機，把所有人都弄糊塗了。桌上有部打字機，不是理所當然的事情嗎？通信跟幫《月刊》撰稿不都需要一部打字機？肯跟辦公室裡的所有人卻理所當然的認為，我應該跟大家一樣，只要口述，就交給某位祕書繕打。

這算是溫柔的文化衝擊吧。我拿到一部打字機。

24

十月二十六日，二〇二〇年
紐約市

一九六四年七月某日，我開始在惠特曼上班。應該是在一九六六年的二月或三月，也就是一年半後，我把桌上的私人物品收乾淨，回家吃自己。

這個決定狀似不按牌理出牌，但毫無疑問的，這是一種以消極攻勢的策略，掙脫水牛城，打道回紐約。不管我的人生指向何處，拉辛絕對不是終點。

你要稱之為什麼？自費行程？誤入歧途？

相去不遠吧。但我不覺得犯了什麼錯誤，也不會懊惱在我繞路旅程上花費的時間。

有件事情倒是讓我大吃一驚。原來我在職場上的表現還不錯。

喔，我料想得沒錯，替《月刊》寫寫文章，或者編輯修改讀者來稿，的確輕車熟路。

但我發現行銷跟廣告幾乎跟編輯一樣有趣，硬幣供應部門沒有其他人跟我一樣關注。這裡有空洞，如果我自告奮勇去填，不會有人反對，只會感謝我的挺身而出。我撰寫廣告內容、策動直接郵寄促銷、構思文案，還跟公司的藝術部門合作，製作錢幣銷售目錄。

硬幣供應部的銷售經理，是個叫做彼得的老好人。絕大部分的專業要求都可以從容應付；唯獨怕寫銷售信。他毫無天分，壓根無計可施，於是要求我替他寫草稿，沒想到佳評如潮。我確定他很不好意思，認為他是利用職位剝削我；其實我做得滿開心的。公司上上下下都覺得彼得的銷售信，跟以前相比，簡直脫胎換骨。

我也因此認識華納，負責支援我們部門的廣告代理總監。我讀了些廣告與行銷的專著，要求公司訂購《廣告年代》（*Advertising Age*），每一期都從頭看到尾。我不覺得這是我份內的工作，也不想藉此喚起高層的注意，純粹只是因為搞廣告很好玩。

我並無意花太多時間在這上面。這是我的工作，行禮如儀就好。但隨著領域的拓展，我找到更多可以施展拳腳的空間。一九六五年底，態勢變得很明白：原誤入歧途的自費旅程，在不知不覺間，已經轉化成前景無限的工作。

剛剛講過，我的起薪是六千美元。一擁有加薪資格，薪水立刻調整為七千兩百美元，這是調幅的極限。錢還是不多，但朝正確的方向踏出一大步。

我的同事也很喜歡我。要說辦公室暗地裡沒半點齟齬、怨懟、勾心鬥角是不可能的，但大致上，我跟大家都處得不錯。只要我想做，就一定有成績。一個世紀前，西方印刷公司才剛從地下室搬出來，是一對兄弟創立的，家族企業色彩濃厚，不怎麼聘用人，但也不怎麼解雇人。如果你的工作應付得過去、跟同事相處大抵平和，一定可以在公司混到退休——還可以參與分紅、享受各種福利，保證退休生活過得很舒服。

這世界已經不是過去的面貌了。在一家公司裡，從年輕做到退休，動輒待四十年、五十年，對於二十一世紀的工薪階級來說，實在難以思議。但回到一九六五年，這不但是可能的事情，還是挺合理的安排。

畢竟，這就是美國夢啊。這個名詞存在已久，只是不同的年代擁有不同的定義。如今，它指的不只是優渥舒適的中產階級生活，還有各種致富的機會——幾乎比擬成天賦權利了。我不知道怎麼會變成這樣，當下的美國夢看來包括了癡心妄想都難以企及的驚人財富。

當然，絕大多數的老百姓可望而不可及。

六十年前，美國夢就在手邊，等你安安分分的領取。如果你是白人、美國土生土長，願意每週工作四十小時，不招惹麻煩，保得住某家公司裡面的職位，那麼你一定買得起市郊舒適的洋房、開得上工藝牢靠的美國車，養得起家，供得起孩子上大學……

諸如此類。

我從來沒有這種夢想，也看不出吸引力何在。但是，一個月一個月過去，態勢越來越清楚：我能夠實現這種夢想。

在硬幣供應部，我看不出什麼個人發展的契機。基本上這部門就是一灘死水。利潤不錯，但幾乎沒有成長跟拓展的可能。我的未來應該寄託在硬幣之外才對。惠特曼公司別的部門，比方說行銷部，對我來說才是大展長才的所在。長久以來，行銷部門一直被認為是某種從旁助陣的新增單位，但它的成長勢不可遏。從各種跡象研判，我有很大的機會，可以跟它一起與時俱進。

一個有未來的職位。這不是我在拉辛尋覓的標的，但瓜熟自落，我無需表態，只要坐等，機會自然從天而降。

也就是在這個水到渠成的關鍵時刻，我明白了：這不是我想要的。眼前浮現更實際的選項，是回紐約的時候了。

是該重拾作者生涯的時候了。

我始終沒放棄創作。

我也沒考慮停筆。低薪也有低薪的好處，那就是打一開頭，我就知道我得搞點外快，補充收入。我們的住處是一棟雙層公寓，二樓有三個臥房，愛咪跟吉兒同住一間，最小那間就當辦公室用。

我帶了兩本撰寫中的作品，一起到拉辛報到，其中一部是寫兩個歹徒行騙的小說。我還從兩趟旅程間，硬擠出時間去多倫多與奧利安勘景。這本書在拉辛殺青，諾克斯．柏格買去，金獎在一九六五年刊行。

這時我又有經紀人了。儘管我從沒見過這個人，也不知道他到底為我做了什麼，或者沒為我做什麼。此人名為傑洛德．凱利，是凱利、布拉霍爾與福特經紀公司的首席代表。他透過比爾．庫恩斯跟我聯絡。比爾是唐諾．威斯雷克的朋友，很多床頭書作品，都是他在幕後為我操刀。史考特．梅雷迪斯把我踢出代理名單，自然也連累了他。然後，他就轉投凱利；不確定兩人是新近結識，還是早從大學就有交情。我只知道比爾打電話給我說，他有新經紀人了，我要不要順便也找一個呢？如果有興趣，他的朋友想要代理我的作品。

業界還沒有其他人表達招攬的意願。我受困水牛城，一時之間，不知道到哪裡找經紀人；所以，我同意由凱利的公司代為銷售，但不是獨家，我要直接打理跟米德伍德、烽火以及蘭瑟的往來業務。

我依稀記得，我寄給凱利兩個短篇，至少有一篇銷給《希區考克推理雜誌》。我也很確定賣給金獎的《長綠女兒心》（*The Girl With the Long Green Heart*）是他負責談判的。

我從沒見過凱利，合作次數也不多。三十年後，我在馬德里參加一個英語匿名戒酒聚會，有個與會者，叫做湯姆．福特（Tom Ford），說巧也太巧了，剛好是當年跟傑洛德．

凱利、大衛·布拉霍爾一起開經紀公司的合夥人。我們倆有話題可以閒聊，但講個一兩段，也就無以為繼了。

我跟凱利、布拉霍爾與福特經紀公司的淵源，寫這麼一兩段也就夠了。如果我想岔題，那也應該岔去講我的影子寫手，特別是比爾·庫恩斯。

我回過神來，發現自己正坐在雷格戴爾的房間裡，《酒店開門之前》最初的五萬字像文字噴泉，在我腦海汩汩流出；那時候的我，想盡辦法抹煞生涯開端的情色作品，避之唯恐不及，只想眼不見為淨。有些收藏家拿薛爾頓·洛德或者安德魯·蕭的作品給我簽，我非但不會簽，甚至否認這些書是我寫的。

我不只一次說，幸好我早期的作品都不是無酸紙（acid-free paper）印的。「我可不想當『酸民』。」我都這麼說。

如今，情勢丕變。我正在寫的這本書，沒完沒了的回顧從前；最近這幾年，還花了不少時間與精力讓我早期的作品，重新問世，用電子書或平裝書的方式，賦予它們新生命。

以往我矢口否認這些作品，雖說百般牽拖，但至少有一種說法，至今看起來依舊合理。那些書不見得都是我寫的。

我永遠感激情色小說給我磨練文筆的機會。獲益匪淺。不過打著學習的名義，在舒適圈裡待太久，卻是非常危險的事情。一九六一年的某個時間點，我覺得該停止以安德魯．蕭為筆名，每月寫給漢林一本的粗製濫造了。

約定在先，也不是想停就停得了的。我找威斯雷克商量半天，兩個人想出了個主意。威斯雷克有個朋友，叫做比爾．庫恩斯。好幾年前，不知道在學校還是軍隊裡的時候，兩人就認識了。比爾念書之際，就喜歡舞文弄墨，一直想當作家，如今結了婚，住在雪城，太太即將臨盆，自己呢，卻只能在倉庫當裝卸工，賺取微薄的薪水。距離他夢想的生活越來越遠了，但始終沒放棄作家夢。

有個故事是這麼說的：兩個自以為聰明的傢伙，看中了一個年輕的歌手。他們說服一個經紀人去看他表演，卻回報了壞消息——此人根本不是當明星的料。兩人大失所望，因為他們挺喜歡這個孩子的，也在他身上投了不少錢，幫他付房租、資助他去上歌唱與舞蹈課，還幫他置裝。錢全泡湯了，現在該怎麼辦？

終於冒出一個靈感。「這樣吧，」其中一人說，「那小鬼多重？也許有個一百五十五、五十六磅？」

「怎樣？」

「管他的呢。我們改訓練他成為中量級拳擊手好了。」

唐諾跟我決定把庫恩斯改造成作家。

回首過去，我才明白這事還真不容易。我不知道比爾寫過多少作品，現在已經沒有活口可以問了；可能他已經開始嘗試寫小說，也許只完成草稿。但我不認為他的文字曾經出版過。於是我們找他來紐約，提供他一個工作，請他每三十天寫出一本小說來。

我們倆請比爾到我在紐約的公寓聊聊，拿一本我的小說給他看，請他模仿我的風格，外加某些他必須要寫進去的細節。

比方說，施維納這個姓。史帝夫・施維納，是我在安提阿一年級的室友。他曾經跟我說，這個姓獨一無二；還拍胸脯保證，我在這世上找不到第二個姓施維納的。

這倒是讓我靈機一動，也許我該幫這個姓氏開枝散葉。接下來兩年，我特別在每一本我寫的書裡，都安排一個姓施維納的人物：算是我的一個特色。

只要派得上用場，我跟唐諾總會拿出「鼙鼓雷鳴」（不知道是書名還是劇名）——或者是從這個詞衍伸出的文字遊戲——來說明。

比爾乖乖照做，在他代筆的每本小說裡，都有一個姓施維納的小角色，也都運用類似的手法，讓鼙鼓在遠處雷鳴。我不知道床頭書那邊有沒有注意到，但是，幾十年後，這種手法用一種出乎意料的方式，上門討債來了。類型書迷在行文間，搜索蛛絲馬跡，尋找真正的作者。「這一定是卜洛克寫的，」有一個讀者這麼寫道，「因為書裡面有個人物叫做戴夫・施維納，而且還留了『鼙鼓雷鳴』這麼個尾巴。」

對。

唐諾這行沒幹多久，就找影子寫手。他用亞倫．馬歇爾為筆名，幫米德伍德寫書，每個月漢林也想跟他要一本，唐諾同意了。但是供給漢林的任何一本書，都不是他自己寫的。賀爾．崔斯納幫過忙，還找了很多同業加入每月寫手的行列。

我不知道唐諾跟賀爾是怎麼安排的，又是怎麼跟其他影子寫手拆帳。我跟比爾之間是我先抽兩百元，剩下的一千元全部歸他。我們兩人都沒有版稅，一千兩百元是固定費用，不管書印了沒有、賣掉沒賣掉。

從財務的角度來看，影子寫手的收入其實不壞。一個新進作家打著自己的名號出書，當然也可以拿到一千元以上；但頂著名家的身分，銷路比較有把握。比爾．庫恩斯這樣一來，保證年收入一萬兩千元——不，在史考特抽完佣金後，實收一萬零八百。此外，他還可以藉此掌握這個行業的技巧，算是個收入不壞的學徒。

我不確定我們是不是真的幫上忙。他跟所有人一樣，希望代筆只是個過程，慢慢的還是要更上層樓。有些人得到這把助力，真的走出自己的道路，比方說戴夫．凱斯（Dave Case），比爾的朋友、賀爾手下最有才華的影子寫手，日後成為知名的恐怖小說作家；但也有人始終代筆，自給自足。

比爾在二〇〇一年過世。幾十年前，我就跟他失去聯絡了，不知道他最後幾年過得怎樣。多半日子不會過得很輕鬆。冒著唐突死者的風險，我想講兩個有關此人的小故事：故事本身很有意思，只是我懷疑我可能是這世上唯一還講得出來的人。

第一個故事發生在比爾當影子寫手的初期。當時，他跟妻女還住在華盛頓高地——但也不是一開始，因為那時候床頭書每月已經訂購兩本安德魯・蕭的小說了。利潤豐厚，我禁不住誘惑，重作馮婦，每個月每人各寫一本。你應該可以料想得到，漢林的某個編輯起了疑心，但憋在肚子裡，沒吭聲。比爾跟我埋頭苦寫，支票一張張寄進來。

有一天，我打電話給他。「這本書我寫了三章。」我說，「但現在文思枯竭，寫不下去。看了就煩，不知道接下來該怎麼辦，又不想浪費寫好的六十頁。你要不要看一下我已經寫好的內容，設法接下去，如果你能再寫三章，我們就這麼輪流下去，把這本書寫好。亨利可以用我們倆聯名的方式交給出版商。」

「安德魯・蕭與戴爾・賀蘭（Dell Holland）合著？」

除了安德魯・蕭的小說，別的作品，比爾都用戴爾・賀蘭的筆名發表。

「當然。」我說，「我們各寫一半，稿酬平分。」

他同意這種做法，我搭乘A號地鐵把稿子送去上城。「這是母豬的耳朵，」我說，「想辦法做出個皮包來，犯不著非是絲質的不可（譯註：原文引自俗諺，you can't make a silk purse out of a sow's ear，哪可能用母豬耳朵做出個絲質皮包來？朽木不可雕的意思）。」

我倆出門喝了一杯啤酒，也許兩杯，還是三杯？然後我搭地鐵，打道回府。

他也逕自返家。他太太臨時回來，看見比爾扔在桌上那疊亂七八糟的母豬耳朵書稿。比爾進門的時候，她剛巧把最後一頁看完。

「寫得真好，」她跟比爾說，「你的文筆真的進步了，親愛的。這絕對是你有史以來最好的作品。」

這裡最好的一點——當然，說不定也是最壞的一點——就是這些故事都是比爾自己說出來的。這傢伙總是充滿著反諷的意味兒。他真的依約把接下來的三章寫好，我們就這麼來回交換書稿，順利殺青。亨利把書稿交給床頭書，經過例行的編輯程序，也就出版了。作者並不是安德魯・蕭與戴爾・賀蘭，因為床頭書沒有合著的前例。這本書的書名是：《此人出租》（*Man For Rent*），作者叫做約翰・戴克斯特（John Dexter，這是出版社取的「菜市場名」，遇到畸零書〔odd books，作者按，指的是很少見特例出版品，有的是這種聯名創作的，有的來自僅此一本的作家〕跟額外書〔extra books，作者按，平素只供應一本的作者，本月份突然繳出兩本，多出來的那本就是額外書〕的時候，編輯就會胡亂湊一個。而我們聯合創作的這本書，兼具以上兩種特質。）

至少有兩本書是掛著比爾的筆名，戴爾・賀蘭出版的。一是《罪惡之城》（*Sin Town*），枕邊圖書（Bedside Books）發行；二是《情慾的幻象》（*Illusion of Lust*），享樂時光（Playtime）出版。但代筆每個月的安德魯・蕭小說，還是佔去他大部分時間。

他經常在截稿前，趕稿趕得昏天暗地。亨利最討厭的就是遲交。在他們第二個孩子誕生前，比爾跟康妮搬去偏僻的村落——派秋谷，距離長島薩福克郡還有好長一段路。照理來說，應該沒什麼讓他分心的事物才對。沒想到他在那裡照樣魂不守舍，每天都不知道在瞎忙什麼，及時送達稿件，好像越來越困難。

有本書稿在延期兩週後，終於快寫好了。他速速殺青，跳上車，趕著去交稿，穿過皇后—中城隧道，在西七十四街找到停車位，此處距離史考特・梅雷迪斯經紀公司，不到半條街。

此時何妨來杯啤酒？他出了車門，在第六大道的角落，找到一間招呼親切的酒吧，點了一杯啤酒，然後，再來一杯吧。

之後，他走回停車處，你猜發生什麼事情？有人把他的車門撬開了，只要是拿得了的東西，全都搜刮一空，其中還包括一個購物袋，裡面裝著已經誤了期限的書稿。

他當然保留了一個複寫本。不過複寫本跟原稿一起放在購物袋裡。兩份稿子就此人間蒸發，再也沒有人看過了。

至少他是這麼說的。

你覺得這是真的嗎？這些年來，我從來沒有懷疑過。哪有人蠢到自己編造一個故事，把自己講得這般不堪？對啦，我知道我應該直接上樓，把稿子交給亨利不就算了嗎？但是一路開過來，口乾舌燥，我覺得喝杯啤酒解渴比較好。也對啦，隨手把稿子帶著，慘劇不就不會發生了？但是留在酒店裡，忘了帶走的機率也不低吧？是，你說得對，哪有人把複寫本跟原稿放在一起的？複寫本留著也沒用不是？本來複寫本就跟原稿放在一起，我承認我沒有考慮清楚……

你會編一個這麼蠢的故事，讓自己看起來像豬頭嗎？除了這是事實，還有別的可能嗎？

但終究不能排除故事是他捏造的。也許他根本沒有寫當月的書稿，至少沒有寫完，錯過了截稿期限，難道能跟亨利說，稿子被家裡的狗吃了嗎？這故事讓他看起來像笨蛋，但他本來看起來就像笨蛋了，有什麼差別？這樣一來，至少沒人可以指著他的鼻子大吼大叫，因為他是受害者啊，辛辛苦苦寫好的書不見了，血本無歸。

他大可開車回家，把剩下的情節寫完，下個月再交。這次肯定誤不了期限。對吧？不就回歸常軌了？

在我被史考特・梅雷迪斯除名之後，比爾代筆的零工也沒了。過了幾年，他在史積德摩爾學院覓得一個教職。至少在他賣兩錠迷幻藥給臥底的便衣緝毒刑警，當場被抓個人贓俱獲的時候，我記得他在教書。他擅長自保，擁有絕佳的天分、驚人的運氣，總能化險為夷；但這次弄巧成拙，鋃鐺被關進阿提卡監獄。一九七一年，監獄發生暴動，他逮著機會，榨乾有限的素材，硬生生寫成《紐約時報週日雜誌》（*New York Times Sunday Magazine*）頭條故事；隨後擴展專著，《阿提卡日記》（*Attica Diary*）。據我所知，這是他最後的文字創作了。

我記得唐諾一直把比爾比擬成艾爾・凱普（Al Capp，譯註：美國的諷刺漫畫家）筆下的小阿布諾（Lil Abner，譯註：永遠十九歲，頭腦簡單、經常受騙，但個性善良的山間年輕人），覺得自己的人生總有塊烏雲照在頭頂上。他時運不濟，意志不堅，瞻前顧後。有人評論他這輩子，雖說諸事不順，至少，但挺長壽的，超乎預期。

「不。」唐諾說，「只是活得比預期的時間長一點罷了。」

25

十一月二十五日，二〇二〇年

紐約市

這一岔開，就是好長的一段是不是？但比爾．庫恩斯的故事，很值得附在這裡，而且還可以藉由他的生平，讓大家知道新進寫手搭上老牌作家順風車，兩蒙其利的整體現象。只是這麼一來，卻把我的敘述再次從拉辛拉開，進入記憶迷宮的小巷內。

我想現在是該告一段落的時候了。

敘事理應順其自然，適可而止。我聽人說，神之所以創造高潮，就是讓人們知道什麼時候該結束做愛；同樣的道理，寫書寫到高潮，也差不多該擱筆了。

《酒店開門之前》是以我不完美的記憶，回顧早期的寫作生涯，那段歲月要寫多長才夠？

從某個角度來說，我覺得還要繼續講下去。我依舊在學習，儘管我最常發現的，卻是我的所知竟是如此有限。

或者說，記憶是如此有限，要這麼說也成。我十四歲的時候，曾經這麼想：「如果再回到十一歲，能擁有現在的知識，那該有多好？」

但我現在究竟知道了什麼？

不管了。這些文字重回腦海，一次又一次，更新的只有數字而已。只要我一息尚存，我始終願意致歉，為了前一年我的各種愚行，向大家說聲對不起。

> 有人這麼告訴我：有個天賦異稟、卻無緣出書的作家，小說一本接著一本寫，每次寫到精采大結局的時候，最終章總是會出現一個莫名其妙的句子。「然後，鍋爐爆炸，所有人命喪當場。」故事裡的人物可能置身沙漠，距離最近的鍋爐起碼一百英里。這不打緊。反正他就是這麼寫，至少在出版界裡是這麼傳。一般人很可能認定：他這輩子想來是發生了什麼大事，生命中有揮不去的陰影。

我好像不只一次講過這個故事。我在這本書裡寫過，我重新出版安德魯・蕭的作品，重新收進「經典情色選集」中。（其中一本，一定會讓人眼睛一亮，《高校性愛俱樂部》〔*High School Sex Club*〕。）谷歌搜尋顯示，我在《作者協會新聞信》（*Authors Guild Newsletter*）的訪談中，講了一個略為不同的版本。我也不確定這故事是從哪裡聽來的——

唐諾．威斯雷克？羅倫斯．真納佛？——我並不完全認為這是出版界裡的鄉野傳奇。

說真的，這有什麼差別？管這個故事是真是假，但教訓栩栩如生。作家是不是經常寫到痛不欲生？是不是渴望立馬擱筆？

吸口氣，空一行：

「然後，鍋爐爆炸，所有人命喪當場。」

我深受誘惑，也許這就是一個合適結尾的註腳，我在拉辛朝九晚五的辦公室生涯就此打住，標誌著我就此揮別學徒生涯（這可能有點爭議）。至於起點，可以推到搬去托納萬達之前良久，我就已經嘗試小說創作了。

約在同時，兩件原本看似完全不相干的事件，勾起了我的注意。第一個是《時代》雜誌上一篇超長的文章，容納了有關睡眠各種現象，還有你想都想不到的知識。我早就忘了這篇報導的重點是什麼，只覺得文章特別有趣，拿得起，卻放不下。作者最後總結說：現代科學家已經能區隔睡眠的不同功能、如何達到休息的目的；同時，筆鋒一轉：極少數的特例可以不睡覺，照樣活得下去。

最後這個發現好玩極了。這個人每天都多了八小時，他打算怎麼辦？我猜你一定會跟自己說：去做一直想做卻沒時間做的事情吧——現在有的是時間了，對吧？你想學葡萄牙文？想學吹巴松管？兄弟，你一年睡了三千小時知道嗎？現在時間突然寬裕起來。為什麼只學葡萄牙文呢？為什麼要侷限在單一的木管樂器呢？你可能還沒發現呢，說不定就組個一人樂團，或者在聯合國擔任翻譯。

你抓到重點了。我的想像力開啟了一個主角的概念，他睡不著。《時代》採訪某個專家，他斷言腦子裡有一個睡眠中樞，可能藏在下視丘某處，何妨讓我的英雄睡眠中樞遭到破壞？他打過韓戰，一枚榴霰彈碎片嵌進他的腦中，讓他這輩子永遠睡不著。這個點子不差吧？

這是第一個事件，我要出發了。

另外一起事件出現在《大英百科全書》裡。一九四八年版，是某個巡迴銷售員說服我父母買下來的。某種因緣（很可能跟錢幣蒐集有關）又引起我對斯圖亞特皇室的興趣。我知道詹姆士一世是斯圖亞特王朝的開朝國君，安妮女王則是最後一任；隱約記得在斯圖亞特王朝的支持者眼中，老復辟是詹姆士三世，小復辟就是我們熟知的邦尼王子查理。我讀過戰史，知道一七四五年，坎伯蘭公爵如何在卡洛登擊潰支持詹姆士的叛軍，密探四處追殺，迫使查理畢生亡命江湖。

這段歷史就是有趣。但我萬萬料想不到，斯圖亞特皇室至今綿延不絕，詹姆士復辟者堅持他擁有英國皇室繼承資格。如果你想知道的話，這位王公之後，叫做阿爾布希特・呂特波德・斐南迪・米夏埃爾（Albrecht Luitpold Ferdinand Michael），巴伐利亞公爵（Duke of Bavaria）。他的長子法蘭茲誕生於一九三三年，繼承爵位，是現任的復辟者。如果斯圖亞特中興，那麼白金漢宮就歸他跟妻子、孩子所有了。

天啊。

那一期的《時代》雜誌一定擁有諸多讀者，但我不禁懷疑有幾個人會去查《大英百科全書》呢？這兩幅圖像——有關睡眠、有關斯圖亞特王朝——栩栩如生的在我眼前鋪展開來。突然之間，我把兩者結合起來了，我的失眠武士，這下子找到任務，可以打發睡不著的多餘時光了。他謀畫起義，推翻篡奪者伊麗莎白・巴騰柏格（Battenberg，譯註：這是英國女皇伊麗莎白二世父系所冠的姓氏），恢復斯圖亞特家族，重新奪回英國王位。

那是一九六二或者六三年的事情吧，當時的我還是史考特・梅雷迪斯的客戶，我記得我把這個想法告訴亨利。他鼓勵我繼續發想，但是，贏得好評並不夠，我還需要故事、英雄，還有追尋的旅程。我想了幾個，但無疾而終，只得扔到一邊，淡出記憶。

一九六五年某時，大概在拉辛安頓下來一年左右，有個我久聞其名的人物，出現在辦公室，林肯・希吉三世（Lincoln W. Higgie III），錢幣部門的同事都管他叫比爾。一九六二年，惠特曼幫他出了一本書，《美屬威京群島殖民鑄幣事業》（*The Colonial Coinage of the U.S. Virgin Islands*）。他在伊斯坦堡待了幾年，出生入死，冒險將古代錢幣與文物走私出境，那時才剛剛回到美國。

我們倆一拍即合。我邀請比爾到家裡便飯。他依約準時而至，帶著一瓶布希米爾愛爾蘭威士忌。蘿莉塔把晚餐在餐桌上布置妥當，但我跟比爾卻在客廳，喝光了整瓶威士忌，聊到深夜，欲罷不能。

多半是他在講，因為他有太多太多引人入勝的精采趣聞。他在土耳其的那幾年，多半在搞非法買賣，稍有不慎，就會斷送性命。比爾好幾次死裡逃生，講起來眉飛色舞，我聽得如癡如醉。他說，有一次他登上飛機，準備從伊斯坦堡飛去蘇黎世，隨身行李中，有幾件嚴禁出口的古代珍玩，來路並不乾淨。

他發現自己身旁坐了一個祖母模樣的英國女士，態度雖然和善，但不免有些提防。不知道哪裡來的靈感，他從隨身行李中，取出違禁品，問她能不能塞進她的皮包裡？老太太居然答應了，把珍玩收進皮包，放在頭上的置物櫃裡。

飛機關門準備起飛。等了半天卻沒有動靜，過了幾分鐘，艙門又打開了，幾個便衣刑警登機，筆直走向比爾，把他拖出飛機，全身上上下下的搜了一遍，翻檢他的隨身行李，好像是在乾草堆裡，尋找一根繡花針。過了好一陣子，才護送他回飛機，道歉，儘管比爾感受不到一絲一毫的誠意。

抵達蘇黎世之後，比爾身邊的老太太取回皮包，把那個小袋子還給他。「我不知道你在鬧什麼玄虛，」她說，「相信我，年輕人，我也不想知道。但是，剛剛的冒險實在有夠刺激。」

我猜我當時的心境跟他身邊的那個英國老太太一模一樣，興起了參與其中的衝動。其他經歷也是同等刺激。但影響我最深遠的卻是一個很長、有點亂，有頭沒結尾的故事。我有點記不清細節了，那瓶布希米爾都快要空了。故事有關一群人，其中幾個是阿拉伯美國石油公司的雇員。他們不曉得從哪裡聽來一段傳說：當年，為了躲避一九一五年種族大屠殺，流亡到士麥那也就是後來改稱伊斯密爾的亞美尼亞社群，曾經把他們手頭持有的黃金，偷偷摸摸的，悉數藏在巴勒克西爾某間房子的水泥天台裡。

這群人絞盡腦汁，想方設法，終於找到了那棟房子。他們闖了進去，準備破壞天台，卻發現已經有人捷足先登。證據顯示，亞美尼亞的黃金真的藏在那裡，只是已經不知去向。

好吧。威士忌乾光了。比爾回家，我上床睡覺。

第二天及時醒來，淋浴、刮鬍子，準時坐在辦公桌後。奇妙的事情發生了：我始終無法忘卻我那宿醉的好友、他的妙語如珠，絕大部分的軼事深深烙印在腦海裡——尤其是那藏在巴勒克西爾的亞美尼亞黃金。

兩年前被我拋在腦後的英雄，此時在眼前一閃。那個在下視丘嵌進一枚榴霰彈碎片，永遠也睡不著的奇人，他有很多時間可以學習各種語言，也可以幫大學生寫期末報告，以此為生。

你還記得他吧，是不是？如果這個徹夜難眠的傢伙，志在恢復斯圖亞特王朝呢？我還在托納萬達的時候，想不出任何有關他的故事，名字倒是取好了。至少，我知道他叫伊凡・譚納。此人生性奇特，致力於許多匪夷所思的事業。他是死硬派的詹姆士黨人，自然不在話下；此外，他是地平學會（Flat Earth Society，譯註：堅信地球不是圓的，是平的研究組織）的會員、拉脫維亞流亡軍的軍官——而且，我的天啊，他還是隸屬於小亞美尼亞復興聯盟的革命志士。

這也就是他為什麼知道巴勒克西爾某間房子裡，藏有黃金的緣故。他從不同領域裡的邊緣團體、稀奇古怪的復國運動陣線中，徵集能人異士，找到了那房子與半個世紀以前亞美尼亞人留下的保險櫃。不像石油公司的倒楣鬼，這回他還真的尋獲寶藏了。

這就是譚納的初登場。一九六六年，開年之後的頭幾個禮拜，我用五萬五千字寫完這個故事，寄給亨利・摩里森，他賣給了金獎的諾克斯・柏格。

沒錯，亨利・摩里森。一兩年前，亨利離開史考特・梅雷迪斯（是不是自願，端看你相信哪個版本），開了自己的文字經紀公司。自立門戶的幾個月前，當時亨利還是梅雷迪斯的心腹，唐諾·威斯雷克跟經紀公司嚴重齟齬，雙方對簿公堂；但在各方驚訝的眼光中（說不定最不敢置信的就是他自己），唐諾成為亨利·摩里森經紀公司的第一個客戶。

亨利打電話問我，《致命蜜月》下落如何？當年，他把事情搞得一團混亂的時候，曾經把這本書稿退給我。他說，他現在覺得說不定賣得掉。我跟凱利、布拉霍爾與福特經紀公司討回這本書，反正他們也銷售無門，寄給亨利。幾個月後，他接洽麥克米倫（Macmillan）公司的瑪麗·海斯科特（Mary Heathcoted），對方同意出版，這是我第一本精裝小說。

於是，在我完成伊凡·譚納的冒險小說之後，還是委請亨利處理。他寄給諾克斯·柏格，很快的，我就得到一紙合約。出版社給這本書換個名字，《睡不著覺的密探》（*The Thief Who Couldn't Sleep*，我自己也取了個書名，但怎麼想也想不起來。）

這本書還沒寫完呢，我就知道不是跟主角說再見的時候。這只是我伊凡·譚納系列的第一本。

之後，還有幾本續集。

共計八本。《睡不著覺的密探》在打字機上處理完畢，或許才剛剛送到編輯的辦公桌上，我就忙著寫《作廢的捷克人》。接下來幾年，續集逐一登場。我每年都讓譚納外出冒險個兩到三次。頭六本，由金獎出版印行平裝本，第七本，《我叫譚納，你是珍》（*Me Tanner, You Jane*）交給麥克米倫精裝出版。

我努力轉型為系列小說作家。這是我從進這行之後立定的目標。做為一個讀者，我總是特別喜歡一再閱讀喜歡的角色，看他們有什麼新的經歷，就跟老朋友重逢一樣。如果我喜歡尼祿・沃爾夫（Nero Wolfe）、珍・瑪波小姐、陸・亞傑或者艾德與安伯斯・杭特，難道不願意再看個一兩百頁，跟著他們一起去冒險？

讀者是這種心態，作家何嘗不然？就創意的角度來說，你用不著每次都面對一張白紙，皺眉苦思。筆下的角色與世界已然存在，等著你分配工作給他執行。從商業的角度來說，這本書的讀者自然而然的會成為下一本的核心觀眾。續集問世，系列茁壯。

如今，這些盤算已經算是常識了，不需要解釋；所有出版商都全力營造類型小說系列。他們是接受還是拒絕系列的第一集，取決於作者有關主角的後續寫作計畫。但你得跟我一樣，看遍類型小說的滄桑，才會知道情況未必如此。

系列角色總是特別受到讀者歡迎——年輕世代幾乎是跟南希・德魯（Nancy Drew）、波布希雙胞胎（Bobbsey Twins）、哈帝小子（Hardy Boys，譯註：這些都是美國廣受歡迎的青少年偵探）、泰山（Tarzan）、獨行俠（Lone Ranger）還有《綠野仙蹤》裡面的各種怪咖，一起成長的。也有人可能會想起莎士比亞的名劇，《溫莎風流婦人》（*The Merry Wives of Windsor*）之所以問世，就是因為伊麗莎白女王還想再看一齣法斯塔夫（Falstaff，譯註：貪財好色的騎士，體型臃腫，曾經在《亨利四世》中出現過）的好戲。

無論從藝術或者商業的角度觀察，系列創作卻也暗藏著顛撲不破的限制。大家也都了解：一本成功的小說，應該會把主角吃乾抹淨，讓他在結尾脫胎換骨，照理來說，沒留什麼餘地，在下集繼續發揮。系列小說一本接著一本，主角不動如山，等於是讓作家的生命不斷重複，大好時光浪費在拼裝文字的生產線上。

你的核心讀者忠心耿耿，跟隨系列的每本新作，寫作工程既是地板也是天花板。你也明白，系列就是類型小說，絕無疑問。偵探一再登場，你寫的當然是推理小說，當下的出版社也知道推理小說該有哪些元素。故事大約一本書的長度，以犯罪為核心情節，精裝頂多只能賣到六千本。

當然也有例外。在極其罕見的情況下，推理小說也能登上暢銷排行榜，這時，一般會被歸類到另外一種文學形式，因為它超越了類型窠臼，開闢出全新境界。

這種想法難道不能改變嗎？總有人喜歡舉艾嘉莎．克莉絲蒂當例子。有兩本小說在她身後才出版。一九七五年的《謝幕》（*Curtain*），赫丘勒．白羅（Hercule Poirot）偵辦最後一案；瑪波小姐則在一年後出版的《沉睡謀殺案》（*Sleeping Murder*）下台一鞠躬。

兩本書，無可否認的推理小說，都登上暢銷書排行榜，而且高踞不下，蟬聯良久。出版業一致揚揚眉毛，根據現實，調整說詞。

就我而言，我是一直希望創作系列小說。《懦夫之吻》（*Coward's Kiss*）是我第一部私家偵探小說，男主角叫做艾德・倫敦（Ed London）。即便在那個時候，我都覺得這傢伙是個沒什麼個性的平庸角色。

這本書是我賣給金獎的第二本作品。我確定這並非巧合，就跟《騙子的遊戲》一樣，我對這本書期望甚低。那時我攬到一個工作，轉寫電視小說，衍生自週播影集《馬克漢》（*Markham*），由雷・米倫（Ray Milland）飾演羅易・馬克漢。三流平裝出版社，貝爾蒙（Belmont Books）取得版權。一本一千塊錢，任我以馬克漢先生為主角，構思情節，讓他屢破奇案。

書寫到一半的時候，我發現更多可能性。殺青之後，立刻交寄亨利，他同意我的判斷，轉給諾克斯。諾克斯相當滿意，當場買下，但附帶兩個編輯建議。我記得其中一個，他強調，男主角不但要改姓，還要換名。諾克斯說，他接受新兵入伍訓練的時候，班長就叫做羅易。他可不想讓金獎出版社的英雄跟這個名字有什麼牽扯。

於是我把名字改成艾德・倫敦，還換掉他那部不怎麼稱頭的雷諾多芬。這家法國車商是節目的贊助單位之一，所以，我非得讓他開雷諾不可。這個先決條件，相當累贅，讓我處理得苦不堪言。

諾克斯買走這本書，我得回頭去幫貝爾蒙，趕出一個羅易．馬克漢探案交差。結果，這個影集遭到腰斬，雷．米倫忙別的去了，但是他的照片還是成為《馬克漢：春宮照奇案》（*Markham: The Case of the Pornographic Photos*）的封面。書名跟副標都出奇笨拙。

艾德．倫敦的書名也高明不到哪裡去。我稱之為《懦夫之吻》（*Coward's Kiss*），借用自王爾德（Oscar Wilde）的《瑞丁監獄之歌》（*Ballad of Reading Gaol*），講一個人殺掉自己的摯愛：「懦夫屠戮以吻；勇者拔劍相對。」這本書出版的書名改為《死亡扯出的變卦》（*Death Pulls a Doublecross*）。

我一直不喜歡這個書名。艾德．倫敦更是一個平板僵化、了無生趣的角色。他是私家偵探，在小說的結尾還活著；自然而然的不妨假設他會在下一集繼續辦案。但我怎麼也寫不出來。（最終，我還是勉強擠出三篇文采黯淡的中篇小說，一九六二至六三年，在《男人雜誌》〔*Man's Magazine*〕上陸續刊出，並結集為《艾德．倫敦探案鉤沉》（*The Lost Cases of Ed London*）；可以在我的早期推理小說選，《一夜情與消失的週末》〔*One Night Stands and Lost Weekends*〕中看到。還有兩本小說現在也能找到，分別是《懦夫之吻》和《你不妨稱之為謀殺》〔*You Could Call It Murder*，譯註：這本書就是《馬克漢：春宮照奇案》〕。）

有的時候，結束一本小說，卻赫然發現我已經幫續集鋪好基礎。《長綠女兒心》裡面那兩個騙徒，為了爭奪名副其實的蛇蠍美人，竟然反目成仇，相互出賣，最後不惜大打出手，直到迫不得已，勉強達成協議——今後還是要攜手合作，繼續行騙。而兩人在未來還能像以前那樣和衷共濟嗎？

說真的，我不知道。我沒花時間考慮兩人接下來會怎樣。但大門依舊敞開，這些年來，我收到幾封信，問我還會不會再寫約翰・海頓（John Haydon）與道・蘭斯（Dough Rance）的故事？

這麼問也合理，如果我能認真思考，替他們想出合適冒險的話。比較說不過去的是《致命蜜月》的收場。新郎、新娘報復得手，婚姻步上常軌；但是在兩人聯手打擊犯罪，伸張正義之餘，會不會讓他們浮想聯翩，再也無法安於傳統美國的居家生活？他們會不會考慮乾脆改行？

唐諾・威斯雷克一眼就看出我接下來該往何處去。「你剛剛幫續集布好局了。這兩個人會繼柏莎・庫兒（Bertha Cool）跟唐諾・林（Donald Lam，譯註：美國最著名的男女偵探組合，聯名開設庫林偵探社，曾多次改編搬上螢光幕）之後，最奇特的搭檔。」

當然，我沒有花半分鐘時間籌設「致命蜜月偵探社」。（儘管這名字聽起來著實響亮，對不對？）那個擁有長綠之心的女孩，從此以後，身體也沒長出其他什麼彩色的器官來。（約莫半個世紀後，我的確也寫出一本《深藍眼珠的女孩》〔*The Girl With Deep Blue Eyes*〕來，除了書名神似，兩本書半點關係也沒有。）

譚納不同。他改變了我的人生。

自然不是一夜之間天翻地覆。《睡不著覺的密探》並沒有讓我脫離拉辛。在以譚納的口吻，寫出半個字之前，我就辭職，打定主意，準備搬回紐約。譚納也不曾讓我賺進大筆鈔票，暴享盛名。金獎收購、出版了這個系列的前六本，大致還可以，但沒有任何一本再版。因為銷路平平，所以，我把《我叫譚納，你是珍》轉給麥克米倫出版，精裝版本吸引了一點較為嚴肅的評論；但跟前作相比，接觸的讀者反而比平裝本更少了。（這本書也沒有發行平裝本。在那段時間裡，精裝出版社會把版權賣給平裝書商。當然，也可能跟《我叫譚納，你是珍》一樣，無疾而終。）

那麼譚納是怎麼改變我的人生呢？

我想，譚納具有里程碑意義，標誌實習生涯的正式結束。早在十一年級，我在傑普森小姐的課堂上，就選擇寫作做為生涯目標；隨後，我把我創作的詩、小說寄給一家無可挑剔的雜誌社（除了老是愛退我稿之外），還把他們的拒絕信貼在牆上。辭去密爾德巧達濃湯店的工作，在海恩尼斯理髮店的樓上，寫完那個短篇故事，是我當實習作家的起點。

這個階段終結於我動筆創作譚納。他初次登場在一本只能由我執筆的小說中。從角色的觀點來看，他也突破了前人窠臼。這個虛構人物的冒險經歷，獨一無二，完全是我一手打造出來的。

我不想講得太誇張，也無意貶抑《密探》之前的習作，都是粗製濫造、浮華俗麗的瑕疵品。我在十天內趕給漢林的那批，某個程度，的確是兼具上述兩種弊病；但也算得上是善盡職守，達到磨練文筆的目的。

時至如今，某些讀者認為我早期犯罪小說——舉例來說，《騙子的遊戲》、《邊緣》（*Borderline*）——蘊藏著強大的驅力與能量，文字精簡明快，比後來的作品，更具野心，讀起來更加過癮。我不同意，至少不完全同意；但我看出重點來了：誰說我的判斷就比讀者更到位呢？

不管了。重點是我早期的作品，不管優缺點，本質上是接受委託撰寫的類型小說；但這是一個想像泉湧、略有才華的年輕人，為了當上作家，所留下的文字記錄。

我得把話講清楚；即便我在寫第一個譚納的冒險故事，也無法跟過去一刀兩斷。但我找到自己的聲音、打磨出自己的風格。創作譚納是愉快的經驗，我受寵若驚。我寫了一本我生來就該寫的書。這輩子的時間，就想用在這種地方。

26

十二月一日，二〇二〇

紐約市

我想，現在是該結束這本書的時候了。故事開端是一九六六年的往事，那時我還不到二十八歲，娶了老婆，有兩個女兒，寫了排得滿滿整個書架的小說。我寫出一本可以視為揮別學徒生涯的小說，即便在公司發展得不錯，我也毅然辭職，準備返回紐約，重拾自由的作家生活，想來並不是巧合。

《酒店開門之前》。是啊——我把準備過程，按照時序，拉拉雜雜的寫來，可能不只我一個人懷疑：是不是太過嘮叨，犯不著這般東拉西扯？

但是，我也有一種感受，我實習階段應該永遠也不會結束才對。學習，難道結束得了嗎？《一「網」打盡書不「漏」》的作者泰瑞·佐貝克蒐羅了我完整的書目，起始於單冊出版品，《睡不著覺的密探》是A七十一，《死亡藍調》是A二〇九。一旦譚納幫我找到自己的聲音，我顯然再也無法閉嘴。

這一百三十八本書，始於自認的實習結束，好些作品卑之無甚高論，只是保持手感，不想停筆罷了。其中最寒傖的幾部出自尚未成熟的轉型作家之手。每個人都可以質疑約翰・華倫・威爾斯作品的價值，但比起班傑明・摩里斯醫師，卻是像樣得多。吉兒・艾默森幫柏克萊出版社寫的三本平裝書——《三十而已》、《三人行》與《瘋女日記》——跟使用洛德／蕭做筆名、渲染情色的創作，本質一樣，不過，玩的遊戲，又高了一個層次。

如今的我，經歷這麼多年，坐在電腦後面，依舊設法搜索最合適的字眼。我不知道還有多久，但只要是人，就免不了那一天。我感激我曾經擁有的時間、賜予我這樣的稟賦，得以在文字堆裡，創造自己的世界。

我想，我已經寫完我最後一本小說了吧；但在好幾本小說問世前，我應該也講過類似的話。就跟《北非諜影》裡面的瑞克・布萊恩（Rick Blain，譯註：《北非諜影》裡的酒吧老闆）跑去卡薩布蘭加找水一樣，我可能也是誤會了。

幾年前，我那個書商兼獨立出版人的朋友奧圖・潘斯勒，告訴我一個故事。老早以前，跟他素來敬重的里昂・烏里斯（Leon Uris）共進過晚餐。這位作家以《戰場哭嚎》（*Battle Cry*）與《出埃及記》（*Exodus*）享譽文壇。烏里斯私底下告訴他，他最近寫完一本小說，卻找不到人願意出版。經常打交道的出版社建議他找別家，但也沒有任何人掌握契機，跳出來接手。奧圖立刻說，他有興趣；烏里斯承諾把書稿寄給他評估。奧圖興高采烈——讀到書稿，卻是當頭一盆冷水澆下。他尋思半晌，想出一套外交辭令，委婉的退稿，搖搖頭。

這個故事讓我不寒而慄。我很能體會奧圖的感受、進退兩難的尷尬；也能想像里昂·烏里斯美人遲暮的感傷，尤其是我那樣喜歡他的作品，敬佩他的造詣。我也不免有些自憐，一個老頭風光了大半輩子，到頭來，卻用一篇爛到骨子裡的作品，畫下難堪的句點。真的很容易流連在無限好的夕陽中，忘卻離去。

烏里斯最終還是找到出版商發行他的作品，雖說風評不佳，但好像也沒有影響到他的聲譽。

我倒不怎麼擔心自己的聲譽。如果我真的這麼要面子，早該把先前那些匿名作品，挖個洞埋起來，而不是開開心心的重新出版。無所謂，姑且隨遇而安。

這些作品反正都不會留存太久。一個作家老是玩那套老把戲、揮霍自己的遺產，那就比政客還傻了。有些書可能活得久一些，但頂多就多個幾年吧，這麼想，還有什麼好在乎的呢？如果真有下輩子，我會花時間去研究哪些人閱讀《隆納德兔子是個糟老頭》（*Ronald Rabbit is a Dirty Old Man*）、讀得開不開心嗎？我還真懷疑。

最後的話

一月二十四日，二〇二一年
紐約市

原委就是如此。

上個月，我歸納出結論：還是個人出版這本回憶錄，我會最開心。我琢磨出某些可能性，也有一些出版商表達深淺不一的興趣。但由我自己出版《酒店開門之前》卻有兩個難以否認的優點。

第一是這本書除了我自己，不會因為編輯的觀點，篩去他認為敏感的內容。有關這一點，我要趕緊招認，不見得是好事。超越作者的客觀角度，通常會引導出更好的作品。

這本書也可能需要編輯客觀的意見。但這是一本非常個人的書，所以，我真的希望能從我的嘴巴直接送達你的耳裡。我也沒有力氣跟時間，跟編輯往往返返的討論修訂，趨近永遠是高懸在那兒，卻極少獲致的共同目標。

或者，雙方議定的時間表。

時間，我得這麼說，是個人出版的第二個好處。我的目的是在動筆的五個月內，將成品展現在讀者眼前。《酒店開門之前》預計在二〇二一年六月二十四日，也就是我八十三歲生日當天，正式發行；跟二〇二〇年的《死亡藍調》同一天。

我喜歡這種同步的感覺。更喜歡書早點印出來，拖過預定時程，會覺得很不舒服——在這種心態驅策下，好些書都提前出版，較少延後。

這是我的習慣。

威斯雷克告訴我一個故事：他有個朋友，性喜高速飆車，難以自拔，他的最終理想，唐諾說，就是從A點到B點，耗時零秒。（經過藝術加工，此人改頭換面，出現在唐諾的小說中。多爾孟德犯罪集團〔Dortmunder Gang，譯註：威斯雷克筆下的小偷，率領一個小型犯罪團夥，運氣奇差〕指名的司機，史丹．莫屈〔Stan Murch〕，靈感就來自那個飛車手。當然啦，在莫屈身上，更常看到唐諾自己的影子。這個評論出自我的觀察，請勿在意。）

我對出版就是這般急性子。寫完一本書，就希望每個環節都上緊發條，處理流程盡可能的快。一旦我空下兩行，打好「完」這個字。我就恨不得站起來，出門，走到街角，看到我的新作品放在書店的架上。

A點到B點。

零秒。

這些年來，當然，我培養出耐心。時間需要等待時間。
即便光陰飛逝。
不捨晝夜消失的時光，磨出我的耐心。

至少有我耐得住的時候。試舉其例：二〇二〇年頭，我決定接續寫作這本書。從那個時候開始，我開始記錄故去作家朋友及舊識：

瑪麗・希金斯・克拉克（Mary Higgins Clark）
克里夫・卡斯勒（Clive Cussler）
傑洛德・蒙帝斯（Jerrold Mundis）
派崔克・特雷斯（Patrick Trese）
派翠希雅・波斯沃斯（Patricia Bosworth）
布魯斯・傑・斐迪南（Bruce Jay Friedmand）
彼得・韓米爾（Pete Hamill）
帕奈爾・賀爾（Parnell Hall）
約翰・盧慈（John Lutz）

以及瓦特・伯恩斯坦（Walter Bernstein）。我跟他不算熟，但是，在我倆行經的路線，偶爾有幾次交會，深喜有他作伴，回味無窮。我真的以為瓦特會長生不老，但就在昨天，高齡一百零一歲，他終究加入了凡人的行列。

《所有人都死了》（*Everybody Dies*）。

這是馬修．史卡德（Matthew Scudder）編號十四的作品。這本書印行之前，我有時會問自己，這個書名是哲學性的，還是描述性的呢？這有什麼好問的呢？我挺懷疑，不是同一回事嗎？

在《一長串的死者》（*A Long Line of Dead Men*）的開頭，我曾經引用威廉．丹巴爾（William Dunbar）四行詩，《創作者的輓歌》（*Lament for the Makers*）中的幾句。這是這位蘇格蘭詩人對於死後的召喚，每一節，都以如下的拉丁文作結：Timor mortis conturbat me。

「死亡的恐懼擾亂我心。」（Fear of death disturbs me.）

谷歌的翻譯實在很得力。但線上拉丁文－英語辭典卻不用擾亂（disturbs）這個字，而是「困惑（to confuse）、不安（to disquiet）、混淆（to confound）、狂悖（to derange）、沮喪（to dismay）、煩惱（to upset）、迷茫（mix up）」。

以上皆是。的確是這樣百感交集。

一個星期前，琳跟我去史丹頓街上的公立高校接種第一劑莫德納疫苗。最近這一年，我跟西門・斯泰萊特（Simeon Stylites，譯註：敘利亞的基督徒，曾經在一個平台上閉關修行三十七年）一樣，與外界保持社交距離。在這段時間裡，我理所當然的認為，我遲早會感染病毒。根據我先前的醫療記錄：心房纖維性顫動、繞道手術，一旦染疫，看來難以倖免。

當然啦，也說不定。也許這城市補足了它急缺的疫苗、也許我們打上第二劑、也許他們終於控制住病毒的傳播。

也許我剩下的時間，並不是幾個星期、幾個月，而是可以用年計算。

我當然希望如此。三年前，我動過繞道手術。非常開心發現，我求生的慾望如此強烈。我不害怕黑暗，但希望能在光線下多停留一會兒。

有些我想做的事情，我做到了——真的，運氣這樣好，至少還能做完一部分。只是慾望難填，我還想知道接下來會怎樣。

同時，我急著要把這本書付梓。在我生日那天，我計畫要看到《事後的感觸：二點〇版》，外帶一批舊作重新出版；以及《收藏品》（*Collectibles*）的問世，這是一個耗盡才氣的作家，躲在最後的庇護所裡，兼任選書編輯的成果。

上帝垂憐，在祂的羽翼下，我應該還有想寫的題材，但應該只是中篇小說的規模。我不是非寫不可、也不覺得那是需要我講的故事；不過，每一次我把某個想法拋去腦後，它總是掙扎著爬回來。即便我開始動筆，在過程中，我非常可能失去興趣，難以糾結精力，看著它殺青、印行。

甚至來不及寫完，我可能已經尾隨那一連串的死者。

《A Writer Prepares》。

獨家精采收錄

《比父親長壽》寫於一九九〇年，原本希望發表於報紙副刊，但未獲採用。五年之後，我把這篇散文放進《收工之後》。厄尼・布洛與我的訪談記錄結集，新墨西哥大學出版社印行，此外，未曾在別的地方出現過。我認為這篇文章很能展現我早期寫作的時代背景、思想主旨，適合收錄進限量本的《酒店開門之前》。

比父親長壽

過了六月二十四日，我就五十二歲了。

判定哪個生日最具意義，難度非比尋常。如果我是撲克玩家，我可能會把過去的每一年，當成是牌桌上的一張牌那般計較。否則的話，數字哪有特別的意義？但，這一年，很重要。過完這一天，我就比父親活得還長一天。他在一九六〇年十二月十七日過世，在他五十二歲生日前。

我記得異常清晰，也不意外。那年我二十二歲，同年三月結婚，跟我的妻子住在西六十九街。她懷孕了，我們預計在翌年春天，迎接我們第一個孩子。

我的父母住在水牛城，跟我妹妹住在我長大的老家。那年秋天，三個人作伴來看我，住在距離我們家幾條街外的小旅館，待了幾天。

那天早上，電話大概響了四聲吧。我媽打來，說我父親急送醫院，好像是某種急性症狀，狀況很嚴重。我掛上電話，知道我父親不久於人世，赫然驚覺自己早幾個月前就意識到，他在人世的時間，所剩無幾。

一個多小時後，又一通電話響起。來電者是摩·卻普勒，我們的家庭醫師、我父母畢生的好友。父親過世了。

我跟街角的文具行，兌現一張支票，趕上下一班前往水牛城的火車。我那時已經知道父親在腹部主動脈上有個瘤，而血管壁上的氣球狀突起意外破裂，導致他的死亡。送醫急救的路上，他對我母親說，「希望下一次，你能碰到好一點的人。」到了醫院還跟護士開了幾句玩笑。然後就過世了。

在他身體急速惡化之前一兩天，他好像感受到不尋常的徵兆，但選擇視而不見，坦然面對人生結局。籌備喪禮的時候，我母親安排貴賓抬棺，只找好五個人。素昧平生的盧瓦克（Lutwack）先生突然找上門，問我母親還缺不缺人抬棺？「我告訴他還有缺，」她說，「反正我也不知道怎麼拒絕。」

日後，我們收拾父親的書桌，找到一份清單，上面有六個人的名字，沒有頭銜，也沒有說明。五個是幫他抬棺的朋友，另外一個就是盧瓦克先生。

我父親跟盧瓦克先生是什麼關係？或者說，盧瓦克跟我父親是什麼關係？說不上來。但他顯然知道死期不遠，自己草擬了抬棺清單。他一定跟盧瓦克先生講了什麼，才會促使他主動登門，請求盡一份力量。

我或許也可以問問盧瓦克先生，但始終不曾開口。我只在喪禮上見過他一面，那時也講不出什麼話來。我只有在父親最後一年的生命裡，聽到他提過這個名字，兩人是生意上的朋友。但我並未深究。

我為父親掉了不少眼淚，替他哀悼。回到紐約，接著寫手上的小說，迎接即將呱呱墜地的女兒。在我父親過世不到半年的時候，我做了一個夢，醒來時內容忘得精光，但也不能說半點印象都沒有。我記得一個日期，一九六三年六月十四日，或者一九六四年六月十三日，那是我的死期。

我有多認真看待來自夢境的警告呢？說不上來。我知道夢境多半無稽。現實生活（不是小說情節）裡的不祥預感，事後也是船過水無痕。但，我也知道這世界奧妙難解，神的旨意有時語帶詼諧，有時卻陰鬱晦暗。我不記得做了這場夢之後，言行有什麼改變，但這兩個日期始終在我心頭盤桓不去。

但也就放在心上，沒跟任何人說起，再交心的朋友，也絕口不提。即便是有威士忌作伴的徹夜長談，聊到興起，都不曾輕言這兩個日期。我甚至沒跟妻子講，只藏在我的記憶裡，等待。

第一個日子來了，又走了。我鬆了一口氣。但下一個年頭，虎視眈眈，不能證明我已經脫離險境。一九六四年的某個時候，我把這事兒忘得一乾二淨，要命的日期，來來去去，而我渾然不覺。

二十年就這麼過去了，無意間，我把這則軼聞告訴某人。（那人大吃一驚，發誓說，他也有同樣的經歷，甚至也是兩個日期、始終悶在心裡。）這一年，我第一次覺得父親的死跟我的夢是有關係的。我再次驚覺人生的終將落幕，之前，我不曾如此聯想。

我的妹妹三十五歲就走了。六個堂兄弟姐妹中，兩個比我小的堂弟也不在人世。剛滿五十歲，我就當上外公了，突然間，長了一輩。兩年後，我再過生日，「耳邊響起時間的飛翼馬車快速逼近」（譯註：這是英國詩人安德魯．馬維爾〔Andrew Marvell〕的名句）的聲音。我現在不需要另外一場夢，就已經看到死神在陰影裡徘徊。

我不再遺憾父親的死、不再遺憾他走得匆促，除了那六個密碼般的名字，沒有留下臨終遺言。我告訴自己，活得比他長，並沒有任何不孝。

生日到了。我一息尚存，寫下這段文字。